W0085847

ro
ro
ro

Mark Spörrle ist Redakteur bei der *Zeit* und schreibt satirisch-humorvolle Bücher über den irrwitzigen Alltag. Das Buch «Senk ju vor träwelling – Wie Sie mit der Bahn fahren und trotzdem ankommen», das er zusammen mit Lutz Schumacher verfasste, stand über ein Jahr auf der *Spiegel*-Bestsellerliste. Im Rowohlt Taschenbuch Verlag erschienen ist ebenfalls «Aber dieses Jahr schenken wir uns nichts! Geschichten vom weihnachtlichen Wahnsinn» (rororo 24720).

Mark Spörrle

Ist der Herd wirklich aus? Wer hat meine Hemden geschrumpft?

Irrwitzige Geschichten
aus dem wahren Leben

Mit Illustrationen von Sabine Völkers

Rowohlt Taschenbuch Verlag

Veröffentlicht im Rowohlt Taschenbuch Verlag,
Reinbek bei Hamburg, März 2011
«Ist der Herd wirklich aus?»
Copyright © 2005 by Rowohlt Verlag GmbH,
Reinbek bei Hamburg
«Wer hat meine Hemden geschrumpft?»
Copyright © 2006 by Rowohlt Verlag GmbH,
Reinbek bei Hamburg
Umschlaggestaltung any.way,
Barbara Hanke/Cordula Schmidt
(Illustration: Sabine Völkers)
Druck und Bindung CPI – Clausen & Bosse, Leck
Printed in Germany
ISBN 978 3 499 25563 2

Mark Spörrle

Ist der Herd wirklich aus?

Irrwitzige Geschichten
aus dem wahren Leben

Für Sabeth

Inhalt

Retour-Kutsche

Unlängst klingelte das Telefon, und sie war dran. Das Paket, sagte sie, mit meinen Sachen, die sie mir vor längerer Zeit geschickt habe, es sei schon wieder zurückgekommen, und was ich ihr damit sagen wolle. «Nichts», sagte ich, «ich wollte dir nichts sagen.» – «Und was», fragte sie, «hat das sonst zu bedeuten?» – «Die Post», sagte ich. «Das ist alles?», rief sie. «Ein halbes Jahr geht das schon, und du behauptest, dass es nur an der Post liegt?» – «Ich schwöre», stammelte ich, «es ist nur die Post, nichts als die Post, ich bin längst wieder in einer anderen Beziehung, ich bin glücklich, bitte, kannst du es mir noch mal, ein letztes Mal …» – «Ja!», schrie sie und legte auf.

Ich warf mich aufs Sofa und dachte nach. Ich hatte kein bisschen gelogen, ich war gefangen in einem Teufelskreis: Irgendwann, wenn ich aus dem Büro kam, lag im Briefkasten diese Benachrichtigungskarte, der Zusteller habe mich nicht angetroffen, aber ich könne die Paketsendung gerne persönlich abholen. Natürlich war die angegebene Abholstelle die abgelegenste aller infrage kommenden Filialen, und sie hatte bestenfalls arbeitslosenfreundliche Öffnungszeiten. Nach Eintreffen der letzten Benachrichtigungskarte hatte ich mich an fünf Tagen hintereinander vorzeitig aus dem Büro geschlichen. Zweimal hatte eine S-Bahn-Verspätung alles zunichte gemacht, einmal war ich beim Endspurt durch die Fußgängerzone mit einem Currywurstesser zusammengeprallt. Ein weiteres Mal erreichte ich die Postfiliale fünf Minuten vor dem angegebenen Öffnungsschluss, aber die Tür war trotzdem schon abgesperrt und blieb es, sosehr ich mich auch dagegen warf, zum Amüsement der Postleute, die mich durch die Glasscheiben beobachteten. Einmal fing mich mein Chef ab und verwickelte mich in ein unangenehmes Gespräch. Dann war die Lagerfrist von sieben Werktagen abgelaufen, und das Paket ging zurück. An sie. Ausgerechnet.

Es gibt Situationen im Leben, da zählt nicht mehr der Aufwand, der erforderlich ist, um ein Ziel zu erreichen.

Zwei Abende lang befragte ich Nachbarn zum Lieferverhalten der Paketboten. Ich würde es vielleicht nicht glauben, sagte die frühpensionierte Frau Schmidtke aus dem zweiten Stock, aber sie habe vom Fenster aus beobachtet, wie die Paketmänner in ihrem Fahrzeug säßen und das Haus observierten, rauchend und mit laufendem Motor. Plötzlich stiegen sie aus, ohne Paket, wohlgemerkt, schlenderten zum Eingang, sähen sich verstohlen um, berührten kurz den Klingelknopf, sprinteten zum Wagen zurück und rasten mit Vollgas davon. «Sie *wollen* niemanden antreffen. Die Pakete sind schwer», sagte sie in heiserem Flüsterton. «Wer im Erdgeschoss wohnt, der hat vielleicht eine Chance, wenn er schnell, jung und tagsüber zu Hause ist. Aber Sie, Sie wohnen doch im vierten Stock …»

Ich nahm ein paar Tage Urlaub, meine Liebste erklärte mich für verrückt, kaufte ausreichend Vorräte und entwarf einen strikten Tagesplan. Morgens ab sechs trainierte ich eine halbe Stunde Treppenlaufen, anschließend öffnete ich das Fenster zur Straße und übte so lange Rufe, die ich aus

Polizei- und Actionfilmen kannte, bis ich allein durch Stimmeinsatz tief unter mir auf dem Bürgersteig fahrende Radfahrer zur Vollbremsung bringen konnte. Von acht bis achtzehn Uhr postierte ich mich am Fenster.

Nach ein paar Tagen kannte ich die Arbeitszeiten der Bewohner der umliegenden Häuser auswendig und hatte außerdem herausgefunden, dass schräg gegenüber jemand ein illegales Bordell betrieb. Am Donnerstag, eben hatte ich meinen Urlaub «aus wichtigem privatem Grund» verlängert, machte mich Frau Schmidtke telefonisch auf einen verdächtigen Transporter aufmerksam, der sich als der des Gemüsehändlers entpuppte. Nachmittags um 14.12 Uhr näherte sich erstmals ein langsam fahrendes Postfahrzeug. Ein Mann stieg aus, ohne Paket. Er sah sich nach allen Seiten um und schlich verstohlen auf das Haus zu.

Ich schnellte hoch, bewältigte die Treppen in Rekordzeit, riss die Haustür auf, donnerte: «Halt! Stehen bleiben!», und sah, wie der Mann in den Blumenbottich an der Ecke pinkelte. Bevor ich mich entschuldigen konnte, löste er sich aus seiner Erstarrung und floh.

Am Freitag verfolgte ich einen heftigen Ehekrach schräg gegenüber und verständigte Polizei und Krankenwagen.

Am Montag um 11.02 Uhr hielt wieder ein Postwagen vor dem Haus. Ein Gelbgekleideter stieg aus.

Er hielt etwas in der Hand. Es war ein Päckchen. Ich polterte nach unten und stieß die Haustür mit einem gellenden Schrei auf. Der Paketlieferant, den Finger gerade auf halbem Weg zum Klingelschild, starrte mich mit geweiteten Augen an. Ich entriss ihm das Päckchen und knallte die Tür zu. Es war an meinen Nachbarn Peter adressiert.

Der dankte mir abends gerührt und erzählte mir von einem dummen Gerücht, die Postwagen seien in Wirklichkeit Fahrzeuge des Verfassungsschutzes, voll gestopft mit modernster Überwachungselektronik, mit der als Auslieferer getarnte Agenten Wohnungen scannten und sich einen teuflischen Spaß daraus machten, immer dort zu klingeln, wo gerade niemand öffnen könne. Nur ein dummes Gerücht, sagte Peter, aber sei nicht an jedem Gerücht etwas dran?

Am Tag darauf, ich saß wieder am Fenster, spürte ich den Druck. Vielleicht war es die einseitige Ernährung der vergangenen Zeit oder die dauernde Anspannung; der Schmerz in meinem Unterbauch nahm ständig zu. Gegen 13 Uhr begann ich mit Yoga-Übungen. Gegen 14 Uhr entschloss ich mich, leise zu wimmern. Gegen 14.25 Uhr konnte nicht mehr. Es gibt Helden, mutterseelenallein in einem Ballon auf dem Weg zum Nordpol, die Windeln tragen oder sich in einer solchen Lage, das Ziel vor Augen, nicht um ihre Unterwäsche scheren. Ich bin kein Held, und außerdem, was würde meine Liebste denken?

Um 14.37 Uhr verließ ich meinen Posten schmerzgekrümmt und für höchstens drei Minuten. Um 14.39 Uhr klingelte es. Kurz und flüchtig. Es war das Klingeln von einem, der niemanden antreffen möchte.

Bevor ich nachdenken konnte, reagierten meine Reflexe. Mit ein paar Sprüngen war ich im Treppenhaus, ich nahm die erste Treppe im Sturm, auf der zweiten entglitt die offene Hose meinen Händen, wickelte sich um meine Fußknöchel, ich stürzte, hörte, wie im Treppenhaus Türen aufgerissen wurden, kam wieder auf die Füße, hörte die anfeu-

ernden Rufe meiner Nachbarn, ignorierte die Schmerzen im Knöchel, nahm die restlichen Treppen, erreichte humpelnd die Tür, riss sie auf und sah den gelben Postwagen gerade noch mit Vollgas um die Ecke biegen.

Am nächsten Tag rief ich sie an. «Ich habe es mir überlegt», sagte ich. «Du kannst meine Sachen behalten. Als Erinnerung, als was auch immer.»

Sie seufzte. «Ich habe es gewusst. Die ganze Zeit schon. Gestern habe ich dir auch etwas geschickt. Ein kleines Paket. Zur Erinnerung …» – «Nein!», schrie ich. «Nein!»

Aber sie hatte schon aufgelegt.

Hemdenasyl

Ich liebe mein rotbraunes Hemd. Ich habe es schon lange Jahre, wir haben zusammen so viel erlebt, und ich würde es niemals im Stich lassen, auch wenn manche das gerne hätten.

Zum Beispiel meine Liebste.

Neulich, es war gegen Morgen, hatte ich den Traum, ein schwarz maskiertes Spezialkommando würde unsere Wohnungstür aufsprengen, um mich zu kidnappen. Ich fuhr hoch, und sie stand vor mir, in der Hand mein rotbraunes Hemd.

«Glaubst du nicht», sagte sie, «es wird langsam Zeit, dass du dich von diesem Fetzen verabschiedest?»

«Warum?», stotterte ich mühsam. «Das Hemd ist doch noch völlig in Ordnung.»

Meine Liebste prustete. «Völlig in Ordnung? Der Kragen ist abgeschabt, überall sind Flecken, und die Farbe – was ist das überhaupt für eine Farbe?»

«Rotbraun», erklärte ich, «große dunkelbraune Karos auf rotem Untergrund.»

«Karos?», fragte sie. «Ich sehe keine Karos.»

Ich sagte, das liege an den schlechten Lichtverhältnissen in unserem Schlafzimmer. Sie deutete auf eine Stelle am Hemdrücken und wollte wissen, ob diese rot oder braun sei. Ich konnte es nicht mit letztgültiger Sicherheit sagen, tippte aber auf Rot. Sie zeigte auf den Kragen. Hier vermutete ich eher Braun. Dann zeigte sie auf eine etwas ausgeblichene Stelle an der Brust, bei der es schon schwieriger war.

Ich fragte, ob sie mich ärgern wolle.

«Du willst mich ärgern», sagte sie. «Dieses Ding hängt seit Ewigkeiten in unserem Kleiderschrank und nimmt Platz weg, ohne dass du es noch tragen würdest, aber jedes Mal, wenn ich etwas sage, behauptest du, du könnest dich nicht von ihm trennen.»

«Ich kann mich nicht von diesem Hemd trennen», sagte ich mit fester Stimme.

«Warum nur?», rief sie. «Warum?»

Ich hätte sagen können, dass Frauen keine Ahnung haben, wie das mit einem Lieblingshemd ist, das man vor über zwanzig Jahren gekauft hat, um zum ersten Mal in eine Disco zu gehen, das man später bei denkwürdigen Ereignissen in der Kneipe und im Biergarten getragen hat, mit aufgekrempelten Ärmeln, damit es noch passte, ein Hemd, in dem man fast in eine Schlägerei geriet (weil jemand es böswillig mit Rotwein überschüttet hatte), ein Trennungsgespräch erlebte (nicht wegen des Hemdes!) und das man bei zwei für die Karriere wichtigen Umzügen trug. Ich hätte sagen können, dass es ein solches Hemd nicht verdient, behandelt zu werden, als sei es irgendein dahergelaufenes Hemd.

Aber meine Liebste hätte es nicht verstanden. Für eine Frau zählen in einem solchen Fall nur rationale Argumente.

«Wer sagt denn, dass ich es nicht mehr tragen kann?», fragte ich.

Meine Liebste wurde blass.

Am folgenden Tag stellte ich fest, dass meine Arbeitskollegen für ihr Alter noch ziemlich kindisch waren.

Gegen zehn Uhr, kurz nachdem ich durch den Flur zum Kopierer gegangen war (um die Arme richtig bewegen zu können, musste ich die drei obersten Knöpfe des Hemdes offen lassen), begannen die Ersten von ihnen unter erbärmlichen Vorwänden mein Zimmer zu betreten, mich wortlos anzustarren und dann schnell und mit zuckenden Lippen wieder zu verschwinden. Gegen elf Uhr gingen sie dazu über, sich im Flur zusammenzurotten, im Fünf-Minuten-Takt meine Tür aufzureißen und in haltloses Gelächter auszubrechen. Gegen elf Uhr dreißig kaufte ich im Kaufhaus nebenan ein Ersatzhemd (als er sah, dass ich wirklich bezahlen konnte, entschuldigte sich der Verkäufer für seine anfängliche Reserviertheit).

Auch die Lippen meiner Liebsten zuckten, als ich abends zu Hause von meinem Tag erzählte.

Von nun an trug ich mein Lieblingshemd im Haus. Nach zwei Tagen zuckten die Lippen meiner Liebsten nicht mehr, nach vier Tagen erteilte sie mir die Auflage, das Hemd zu wechseln, bevor wir Besuch bekämen, und sei es nur der Briefträger. Nach fünf Tagen versuchte sie, es nach dem Waschen im Müll verschwinden zu lassen, ich zerrte es gerade noch rechtzeitig wieder heraus.

«Bitte!», sagte sie, als ich mich hineinzwängte, «ich möchte dieses Hemd nicht mehr zu Gesicht bekommen! Trag es, wann du willst, nur nicht in meiner Gegenwart!»

Im Leben ist alles eine Frage der Organisation. In jeder noch so guten Partnerschaft ist man hin und wieder so allein, dass man schnell in sein Lieblingshemd schlüpfen kann: auf der Toilette, beim ausführlichen Suchen nach etwas sehr Wichtigem im Keller oder morgens um sechs, eine halbe Stunde vor dem Weckerklingeln, wenn Zeit genug ist, sich im Hemd vor den großen Spiegel im Flur zu setzen, über die Flecken und abgeschabten Stellen zu streichen und seinen Erinnerungen nachzuhängen. Bis man dort einmal vom Schlaf überrascht wird, die Liebste nach dem Weckerklingeln aus dem Schlafzimmer tappt und aufschreiend über einen stürzt.

Nach zähen Verhandlungen einigten wir uns darauf, dass ich das Hemd vorläufig nicht mehr tragen würde. Im Gegenzug sollte es einen speziellen Kleiderbügel ganz vorn im Schrank erhalten, wo ich es bei jedem Öffnen der Schranktür betrachten konnte.

«Ich hoffe, du kommt nicht auf die Idee, dabei noch Kerzen anzuzünden», sagte meine Liebste.

Aber schon nach einigen Wochen fiel mir auf, dass ich immer seltener mit meinem Hemd sprach. Nach zwei Monaten ertappte ich mich dabei, wie ich die Schranktür zum ersten Mal öffnete und schloss, ohne es andächtig berührt zu haben. Nach drei Monaten wollte meine Liebste mit mir in aller Ruhe und mit einem Erwachsenen über den künftigen Verbleib des rotbraunen Hemdes sprechen, das ich schon seit Wochen keines Blickes mehr gewürdigt hätte.

Ich argumentierte, das habe nichts zu sagen, und das Hemd könne bei der einen oder anderen Gelegenheit immer noch gute Dienste leisten, beim nächsten Umzug oder notfalls in ein paar Jahren beim Streichen der Küchenwände.

Meine Liebste schüttelte langsam den Kopf. «Würdest du

deinem treuen alten Hemd so etwas Schmutziges wirklich antun?»

Ich starrte sie an und verneinte gerührt. Ich weiß, warum ich meine Frau liebe.

«Gib es ab», sagte sie. «Gib es jemandem, der es wirklich brauchen kann und der es in Ehren hält.»

Es war nicht leicht.

Mein Vater lehnte es ab, das Hemd auch nur anzuprobieren, mein Bruder ebenso. Der Mann im Secondhandladen brach in höhnisches Gelächter aus, als ich es auspackte, und die Frau von der Caritas wollte mir nicht garantieren, dass dieses Hemd nur in wirklich gute Hände abgegeben werde. Blieb noch unser Nachbar Peter, der über viel Platz im Kleiderschrank verfügt und der bereit war, meinem Hemd Asyl zu gewähren.

Nur so lange, bis meine Liebste die ganze Sache vergessen hat.

Fit im Gummikorsett

Eines Morgens, ich stand im Aufzug, um ins Büro hoch-zufahren, drückte jemand von außen die Türflügel auf und zwängte sich hinein. Es war mein Kollege Michael. Lächelnd bohrte er mir den Zeigefinger in den Bauch und fragte: «Wie lange?»

Ich starrte ihn fragend an.

Er holte ostentativ geduldig Luft. «Na, wie lange bist du heute Morgen gelaufen?»

Ich starrte ihn weiter an, denn genau das war das Pro-blem. Man kann auch als Nichtläufer gesund, belastbar und kreativ sein, nur das wusste Michael nicht. Was nicht schlimm gewesen wäre, hätte man ihn nicht in der Firma für den kommenden Mann gehalten.

«Oh, ich bin einige Zeit nicht gelaufen, ausnahmsweise», sagte ich, unauffällig die Bauchmuskeln anspannend, «die Affäre Sommer übrigens …»

«Wann läufst du sonst immer?», unterbrach Michael un-geduldig. Mir fiel auf, dass er von einem Fuß auf den ande-ren trat, als könne er es nicht erwarten, gleich loszulaufen, notfalls hier im Fahrstuhl.

«Oh, das ist unterschiedlich …», begann ich zögernd, aber da hielt der Fahrstuhl endlich. Ich rief: «Wichtiges Telefonat», und stürmte los, aber ich wusste, Michael würde wieder fra-gen. Heutzutage kann es das berufliche Aus bedeuten, wenn man nicht das tut, was andere für angesagt halten.

In der Mittagspause schlich ich an den Kollegen vorbei, die im Gang in kleinen Grüppchen zusammenstanden, Eiweißdrinks schlürften und breit grinsend über den nächsten Stadtmarathon redeten, kaufte in der Buchhandlung eine Auswahl Laufbücher und ließ sie als Geschenk verpacken. «Für meinen Neffen», raunte ich, als ich ins Büro zurückkam, für den Fall, dass mir jemand heimlich gefolgt war, «er ist drei, allerhöchste Zeit, mit dem Laufen anzufangen.»

Am nächsten Morgen war ich todmüde, aber hatte alles gelesen über die richtige Laufkleidung, die richtigen Schuhe und die richtige Lauftechnik; ich hatte außerdem ein paar Freunde angerufen und mir anhand ihrer Laufzeiten im Stadtpark eine fiktive eigene Laufzeit ausgerechnet, die einigermaßen respektabel klang, aber deutlich unter der lag, die ich bei Michael vermutete – möglicherweise wäre er sonst auf die Idee gekommen, sich morgens um sechs mit mir messen zu wollen.

In der Mittagspause stellte ich mich zu den Kollegen in den Flur. Obwohl ich mir alle Mühe gab, dynamisch von einem Bein aufs andere zu treten, waren sie nicht übermäßig angetan von meinem Fachwissen, ja, einige Schlüsselstellen über Glücksbotenstoffe im Hirn und Laufen mit und ohne Sauerstoff, die ich noch im Morgengrauen auswendig gelernt hatte, waren offenbar unter Läufern so bekannt, dass die anderen sie im Chor mitsprechen konnten.

Um Leute wie Michael zu beeindrucken, brauchte ich bessere Informationen. Am Abend klickte ich mich durch Laufforen im Internet, bis ich auf die spannende Frage stieß, wie man es schafft, bei schnellem Lauf ausschließlich durch die Nase zu atmen (es ist unmöglich, gestand ein Sportmediziner). Am nächsten Morgen passte ich Michael wie zufällig vor dem Fahrstuhl ab und verwickelte ihn beim Hochfahren in ein Gespräch zu ebendiesem Thema.

«Wie trittst du eigentlich auf?», unterbrach Michael meinen Redefluss mitten im Satz.

«Na, mit den Füßen», erwiderte ich verständnislos. Er sah mich ebenso verständnislos an, bis sich die Fahrstuhltüren öffneten. Später, beim zufälligen Zusammentreffen in der Kaffeeküche (ich tat, als kaute ich etwas und hätte es zudem sehr eilig), warf er mir einen skeptischen Blick zu. Ich musste deutlichere Hinweise auf meine Laufkompetenz geben.

Ich begann, mit einer Sporttasche zur Arbeit zu kommen, entspannt grinsend (ich brauchte nur dran zu denken, dass die Kollegen vor Stunden aufgestanden waren, um im Halbdunkeln zwischen Hundehaufen Slalom zu laufen). Ich übte vor dem Spiegel einen kraftvoll-federnden Gang. Und als eine Besprechung mit Michael anstand, kaufte ich im Laufshop grell gefärbte Profi-Laufsocken, wusch sie zehnmal hintereinander, bis sie gebraucht aussahen, und zog sie zum Anzug an.

Es lief nach Plan. Als ich Michael gegenübersaß und die Beine so übereinander schlug, dass die Socken zu sehen waren, unterbrach er sofort das Gespräch, zog seinerseits die Anzughose hoch und zeigte mir seine Laufsocken. Es war dieselbe Marke.

Ich verließ sein Zimmer mit dem guten Gefühl, jede Menge wettgemacht zu haben.

In den kommenden Tagen perfektionierte ich das Erscheinungsbild eines passionierten Läufers.

Ich begann, im Büro zu trinken, viel, sehr viel, mindestens drei Liter Wasser am Tag. Auf meinem Schreibtisch stand immer eine angebrochene Flasche, auch in Konferenzen und Besprechungen nahm ich spätestens jede dritte Minute einen gurgelnden Schluck. Zudem kaufte ich im Erotikfachgeschäft ein schnürbares Gummikorsett, das sich unauffällig unter dem Hemd tragen und mich so schlank wie einen echten Läufer erscheinen ließ.

Dann traf ich Michael am Kopierer.

«Wo läufst du eigentlich?», fragte er. «Im Stadtpark?»

«Selbstverständlich», sagte ich und markierte ein paar Dehnübungen, «obwohl ich mich in letzter Zeit dabei erwische, dass ich auch anderswo anfange zu laufen. Ich kann nichts dafür, es geschieht völlig automatisch. Neulich ertappte ich mich zum Beispiel dabei, wie ich durch die S-Bahn rannte. Wieso?»

«Seltsam», sagte Michael und sah mich aus zusammengekniffenen Augen an. «Ich laufe auch im Stadtpark. Aber ich hab dich da noch nie gesehen.»

Am Abend kleidete ich mich in einem abgelegenen Laufshop ein und stellte drei Wecker, unnötigerweise, da ich vor Aufregung ohnehin nicht schlafen konnte. Frühmorgens fuhr ich im Laufdress zum Parkeingang, versteckte mich hinter stehenden Autos, und als ich in einem der aus dem Park strömenden Läufer Michael erkannte, lief ich winkend an ihm vorbei und so gut ich konnte, weiter, bis er außer Sicht war. Keuchend, mit schmerzenden Beinen kehrte ich nach Hause zurück, wo ich erschöpft einschlief und erst Stunden später ins Büro kam, was Michael nicht davon abhielt, mir freundlich zuzunicken.

Zwei Tage später stand ich noch früher auf, feuchtete mein Haar unter dem Wasserhahn an, rieb mein Gesicht mit glänzender Fettcreme ein und fuhr zum Stadtpark. Als Michael im Laufdress auftauchte, kam ich ihm entgegen, armschwenkend, außer Atem und im Gesicht ein seliges Leuchten. Bei der Nachmittagskonferenz im Büro bedeutete mir Michael, ich möge mich doch neben ihn setzen.

Beim dritten Mal geriet ich in einen Stau. Als ich aus dem Auto stieg, sah ich Michael schon in den Park sprinten.

Ich beschloss, ihm über den Weg zu laufen, wenn er zurückkam, und so lange in dem netten kleinen Cafe zu frühstücken, das direkt am Park lag und das erstaunlicherweise schon geöffnet hatte. Noch erstaunlicher war es, dass die Bedienung dort mich verschwörerisch in ein Hinterzimmer winkte.

Dort saßen zwei Dutzend Männer in Sportkleidung, zeitungslesend, plaudernd und frühstückend. Einer von ihnen war Michael.

Meine Liebste bewundert mich sehr dafür, dass ich neuerdings bei Wind und Wetter zum Laufen gehe.

Es hat geschmeckt! Ehrlich!

Ich bin ein drastischer Erzähler, zumal wenn ich etwas getrunken habe. Aber vermutlich hätte ich, wenn ich schon erwähnen musste, dass ich zu Eintöpfen und Suppen generell ein feindseliges Verhältnis habe, wenigstens auf die Details verzichten können: Wie mir das Kindermädchen als Fünfjährigem über Monate eine Tütenkartoffelsuppe nach der anderen anrührte. Wie ich später, beim Mittagstisch in der Schule, jeden Tag Fertigtomatensuppe löffelte (die Alternative war Fertigkartoffelsuppe). Und wie mir meine Mutter mit «Pichelsteiner Topf» so den Rest gab, dass ich die Dosen bis heute nicht sehen kann, ohne zu würgen.

Ich verzichtete nicht auf die Details. Wahrscheinlich war es auch die Erleichterung darüber, dass die Kürbiskarottensuppe, die uns Manuel und Kerstin bei ihrer Essenseinladung als ersten Gang vorgesetzt hatten, für eine Suppe erstaunlich gut schmeckte. Viel besser, als all diese widerlichen Suppen und Eintöpfe üblicherweise schmecken, ja so gut sogar, dass ich mich gar nicht zwingen musste, sie auszulöffeln. Das sagte ich Kerstin und Manuel gleich mehrfach, erhob sogar das Glas auf Kerstins außergewöhnliche Suppenkochkunst.

Doch statt sich über das größte Lob zu freuen, das zu vergeben ich Suppentraumatisierter in der Lage war, wurden unsere Gastgeber plötzlich sehr einsilbig. Und als ich freundlich fragte, ob es danach Fleisch oder Fisch gebe, zogen sie sich unter einem Vorwand in die Küche zurück. Hinter der geschlossenen Tür hörten wir sie wild diskutieren. «Du hast es absolut übertrieben mit deiner Suppenphobie», raunte meine Liebste, bevor Kerstin und Manuel mit verkniffenem Lächeln zurückkehrten.

Das Gespräch schleppte sich nur noch mühsam voran. Kerstin schenkte hastig unsere Weingläser immer wieder randvoll, kaum hatten wir sie halb geleert, und Manuel eilfertig einen vollen Brotkorb nach dem anderen aus der Küche holte. Aber trockenes Weißbrot ist auf Dauer zu wenig, wenn man zum Essen eingeladen ist.

Gegen zehn, als mir vor Hunger und Alkohol fast schwindelig wurde und Manuel begann, Fotos vom vorletzten Urlaub zu zeigen, erkundigte ich mich noch einmal nach dem Hauptgang.

Oh, kicherte Kerstin, den hätten sie fast vergessen, zumal der wirklich nichts Besonderes sei. Er habe eine Idee, sagte Manuel schnell: Wo wir uns gerade so nett unterhielten und es schon recht spät sei, könnten wir doch auch gleich zum Nachtisch übergehen?

«Ach», lächelte meine Liebste tapfer, «wir freuen uns auch über ein ganz einfaches Hauptgericht.»

Manuel erkundigte sich, ob wir vorher nicht noch etwas Schokolade wollten oder einen Schnaps.

«Lieber nach dem Essen», erwiderte ich mühsam lächelnd und stopfte mir zwei Scheiben Weißbrot in den Mund, um meinen Kreislauf aufrechtzuerhalten.

Unsere Gastgeber verschwanden mit betretenen Gesichtern in Richtung Küche. Als sie zurückkamen, trugen sie wieder Suppenteller in den Händen.

Nur das portugiesische Nationalgericht, sagte Kerstin mit kaum hörbarer Stimme, es sei eine, nun ja, eine Art Eintopf mit Würzwurst und Muscheln, und sie habe in den letzten Stunden verzweifelt versucht, es wenigstens zu einem Brei einzukochen, leider vergeblich. Aber, unterbrach sie Manuel, es gebe einen netten Imbiss gleich um die Ecke, wo vier Leute um diese Zeit problemlos eine leckere Pizza bekämen, und er habe tierische Lust auf Pizza, auf so etwas richtig Handfestes, das Gegenteil von einem Eintopf. Uns gehe es doch sicher auch so?

Wir hatten längst angefangen zu essen. Nach den ersten Löffeln stellte ich fest, dass dieses Essen sehr gut schmeckte, dafür, dass es ein Eintopf sein sollte, sogar unglaublich gut. Ich blickte hoch, in die angespannten Gesichter unserer Gastgeber. «Unglaublich gut!», sagte ich. Nach ein paar weiteren Löffeln bemerkte ich, dass Kerstin und Manuel immer noch nicht aßen. Ich erkundigte mich, ob alles in Ordnung sei.

«Doch», sagte Kerstin, «aber schmeckt es dir wirklich?»

Natürlich, versicherte ich ihr, es schmecke hervorragend, aber das hätte ich doch gerade schon gesagt, sie sei wirklich eine großartige Köchin und sie sollten nur auch anfangen zu essen, sonst werde es kalt.

Unsere Gastgeber beobachteten mich seltsam distanziert. Dann flüsterten sie kurz miteinander. Kerstin sagte, wir seien doch unter uns, und wir müssten uns doch nicht gegenseitig etwas vormachen, oder?

Ich verstand nicht.

Nun ja, ich solle ruhig sagen, dass ich mit diesem Essen nichts anfangen könne, sagte Kerstin, ich müsse mich keinesfalls zwingen, nur ihretwegen etwas zu essen, was ich zutiefst hasste.

Dass Kerstin und Manuel sensible Menschen sind, schätze ich sehr. Normalerweise.

«Es schmeckt mir wirklich ausgezeichnet», bekräftigte ich im Brustton der Überzeugung, schob einen doppelt gehäuften Löffel Würzwurst und Muscheln in den Mund und schluckte mit genießerischem Gesichtsausdruck. Wegen der Muschelschalen, die ich nicht auszuspucken wagte, fiel mir das schwerer als gedacht.

«Es schmeckt dir nicht wirklich», sagte Kerstin anklagend, als ich wieder Luft bekam.

Ich verfluchte innerlich alles, was ich jemals über Suppen und Eintöpfe erzählt hatte, und wiederholte gebetsmühlenartig, es schmecke mir grandios, dieses Essen sei eine Delikatesse, einfach wundervoll.

«Es ist ein Eintopf», Manuels Stimme war nur noch ein heiseres Flüstern. «Du hasst Eintöpfe und Suppen, hast du vorhin gesagt …»

Ich warf schnell ein, dass ich auch gesagt hätte, dass Kerstins Suppe eine absolute Ausnahme sei; auch dieses Nationalgericht sei kilometerweit von allem entfernt, was ich unter Eintöpfen verstünde, und überhaupt nicht zu vergleichen mit dem Zeug, das man mir in meiner Kindheit vorgesetzt habe. «Wenn ich damals nur ein einziges Mal etwas derart Köstliches bekommen hätte», rief ich, «dann wären heute Suppen und Eintöpfe meine Leibspeise, hundertprozentig, ohne Zweifel, so wahr mir Gott helfe!»

Manuel schüttelte grimmig den Kopf.

«Warum sagst du nicht die Wahrheit?», fragte Kerstin leise. «Warum quälst du dich so?»

Ich bat meine Liebste zu bestätigen, dass ich kein Lügner sei, was sie ohne Zögern tat.

Vor allem aber, rief Kerstin mit zitternder Stimme, sei ich ein höflicher Mensch. Nur dürfe Höflichkeit so weit nun auch wieder nicht gehen, gerade unter Freunden.

Manuel griff nach meinem halb vollen Teller, um ihn abzuräumen.

Ich hielt den Tellerrand mühsam fest.

«Bitte lass mich aufessen», sagte ich mit einer Grimasse, die ein Lächeln sein sollte, «ich habe noch nie etwas so Gutes gegessen!»

Ich leerte meinen Teller unter den verächtlichen Blicken der beiden Gastgeber und fragte verzweifelt, ob ich noch einen Nachschlag haben könne.

Verächtlich klatschte Manuel eine weitere Kelle des Nationalgerichts auf meinen Teller. Die brummenden Wohllaute, die ich beim Kauen ausstieß, waren die einzigen Geräusche, die das eisige Schweigen durchbrachen.

«Hört mal», sagte ich, als ich fertig war, «ihr müsst uns unbedingt das Rezept mitgeben, wir werden es zu Hause nachkochen, morgen, übermorgen, überübermorgen, es schmeckt paradiesisch. Ich möchte niemals wieder etwas anderes essen!»

Das war zu viel. Ich hatte den Bogen überspannt. Kerstin sprang auf und verließ mit feuchten Augen das Zimmer. Manuel holte schweigend unsere Mäntel.

Meine Liebste zischte mir zu: «Sie glauben dir nicht!»

Es gab eine letzte Chance, zwei gute Freunde zu behalten.

In der Wohnungstür drehte ich mich ruckartig um, stieß Manuel zur Seite, stürzte in die Küche, schloss hinter mir ab und begann, den restlichen Inhalt des Topfes hastig in mich hineinzuschaufeln.

Die anderen brachen die Küchentür auf, als sie hörten, dass mir übel wurde.

Kerstin umarmte mich. Endlich, rief sie, endlich sei ich ehrlich. Und sie schwor, dass sie ein solches Essen nicht mehr kochen würde, nicht in meiner Gegenwart und sicherheitshalber überhaupt nicht mehr.

Manuel führte mich behutsam ins Badezimmer.

«Danke», flüsterte er mir zu. «Ich hasse dieses portugiesische Nationalgericht!»

Sakkoservice spezial

Das mit Ulf hätte mich warnen müssen. Ulf trat im Büro mit aufgerissenen Augen auf mich zu und stammelte etwas von seinem Sakko das in einer Reinigung verschwunden sei, weswegen er nicht zu dieser Ausstellungseröffnung gehen könne. Aber ich hörte nicht weiter auf ihn; Ulf ist ein Chaot.

Ein paar Tage später, ich trug mein schickes helles Sakko und wollte abends ins Theater, packte mich auf dem Weg ins Büro ein nach Alkohol riechender Fremder an der Schulter und heulte hemmungslos. Später merkte ich, dass er Nasenbluten gehabt hatte. Hastig kaufte ich in der Mittagspause einen dunklen Rollkragenpullover und gab mein helles Sakko in einer Reinigung ab, die gleich um die Ecke des Büros lag.

Als ich nach einer Woche wiederkam, um mein Sakko abzuholen, warf der Mann hinter der Theke einen Blick auf meinen Abholschein, erhob sich träge, spazierte nach hinten in den Laden und kehrte gleich darauf wieder zurück. «Das Sakko ist nicht da», beschied er. «Nächste Woche.»

Auch in der nächsten Woche war das Sakko nicht aufzufinden. In der darauf folgenden Woche machte der Mann sich gar nicht erst die Mühe nachzusehen. Er schüttelte nur noch gleichgültig den Kopf und wandte sich ab.

Ich blieb stehen und beugte mich über die Theke zu ihm hinunter. «Wo kann mein Sakko sein, wenn es nicht hier ist?», fragte ich scharf. Der Mann zuckte langsam die Schultern und murmelte etwas von einer «Zentrale», in die er das Sakko geschickt habe und aus der es bislang nicht zurückgekehrt sei.

«Ich will, dass Sie dort anrufen», sagte ich. «Ich will mein Sakko zurückhaben, es hat viel Geld gekostet. Mein Geld. Verstehen Sie?»

Widerwillig versprach der Mann, sich um die Angelegenheit zu kümmern. Nach drei weiteren Besuchen meinerseits, bei denen mein Tonfall zunehmend schroffer wurde, gähnte er und murmelte etwas von einer Versicherung. Bei meinem nächsten Erscheinen zog er die Schublade unter der Theke auf, fischte zwei doppelseitige Formulare heraus, ließ sie mich ausfüllen und warf sie wieder in die Schublade zurück.

«Das kann dauern», sagte er genüsslich. «Ich rufe Sie an.»

Einen Monat später rief ich ihn an. «Ich sagte doch, es kann dauern!», knurrte er. «Wie lange noch?», wollte ich wissen. Er legte auf.

Am selben Tag lief mir Ulf über den Weg. Ich fragte ihn nach seinem verschollenen Sakko und der betreffenden Reinigung. Die Reinigung sei die gleich um die Ecke, sagte Ulf, und er habe einen Onkel, dem sei in genau dieser Reinigung mit einem Trachtenjanker und einem Mantel das Gleiche passiert. Der Onkel habe so lange vergeblich auf Regress gewartet, bis er gestorben sei.

Ich eilte zur Reinigung.

Hinter der Theke saß eine Frau, die mir sagte, der Chef sei bei einem geschäftlichen Termin. Ich erledigte ein paar Einkäufe.

Als ich die Reinigung wieder betrat war die Frau weg, und ich sah gerade noch, wie der Mann sich in den hinteren Teil des Ladens zurückzog. Er überhörte mein Rufen, auch das Rufen einer Kundin, die den Laden kurz nach mir betrat, um eine verschwundene Jacke zu reklamieren.

Ich bin niemand, der in einer solchen Lage ein paar möglichst teure Kleider von der Stange rafft und den Ort auf Nimmerwiedersehen verlässt. Ich bin ein ehrlicher Mensch, der auf seinem Recht besteht.

Also bezog ich Posten im Straßencafé gegenüber. In unregelmäßigen Abständen unternahm ich stichprobenartige Visiten in der Reinigung und stellte den Besitzer schließlich, als er gerade versuchte, die Tür von innen abzuschließen.

«Was wollen Sie?», fragte er mich höhnisch. «Wollen Sie die Polizei rufen? Wollen Sie mich anzeigen – wegen Unterschlagung eines Sakkos? Na los, worauf warten Sie? Holen Sie doch die Polizei! Die wird sich freuen!»

Ich ging ins Büro zurück und versuchte, mich zu beruhigen, vor Augen immer das hämische Grinsen dieses Kerls, der schon unzählige Menschen um ihre Kleidung gebracht hatte.

Am folgenden Tag verfasste ich einen Brief, in dem ich ihm androhte, die Angelegenheit binnen sieben Tagen meinem Anwalt zu übergeben.

Nach vierzehn Tagen hatte ich noch immer keine Antwort, dafür entdeckte ich im Schaufenster der Reinigung eine neue Werbetafel, die einen «äußerst preisgünstigen Sakkoservice» anpries.

Ich blieb vor der Tür stehen und klärte drei oder vier gutgläubige Fast-Kunden über die wahren Hintergründe dieses

Sakkoservice auf. Dann riss der Gauner die Tür seiner Reinigung auf.

«Was wollen Sie denn schon wieder⸮», rief er. «Verschwinden Sie! Sie vergraulen mir meine Kunden!»

Ich bin ein geduldiger Mensch, aber jede Geduld endet, und manche Leute verstehen ohnehin nur eine Sprache. Mit hängenden Armen trat ich auf ihn zu.

Wieder stieß er sein höhnisches Lachen aus.

«Was wollen Sie⸮», rief er. «Wollen Sie mir drohen⸮ Mich schlagen, wegen Ihres lumpigen Sakkos⸮ Wissen Sie, was⸮ Ich lache! Ja, ich lache über Sie!»

Er lachte tatsächlich.

Glücklicherweise bleibe ich auch in Krisensituationen ein kultivierter Mensch.

Nach einem längeren Spaziergang rief ich in der Reinigung an. Die Helferin nahm den Hörer ab und rief prophylaktisch, der Chef sei nicht da.

Ich gab mich zu erkennen und drohte damit, einer großen Zeitung alles haarklein zu erzählen, Name und Adresse der Reinigung inklusive. Das sei eine gute Idee, stimmte die Frau zu, es gebe bei ihm jede Menge Kunden mit Sakkoproblemen, und es vereinfache die Sache ungemein, wenn diese gleich aus der Zeitung Bescheid wüssten.

Ich ging zum selben Anwalt, den Ulf konsultiert hatte.

Der setzte mir auseinander, dass ich nur eine Möglichkeit hätte, an Schadensersatz zu kommen: zu klagen. Doch der Rechtsweg sei lang und teuer, und ob sich der Aufwand wirklich lohne, wegen eines einzigen Sakkos, das solle ich mir gut überlegen. Aber – warum ich ihn eigentlich so anstarre⸮

«Das Sakko», sagte ich. «Woher haben Sie dieses Sakko?»

«Wieso?», stotterte der Anwalt.

«Ausziehen!», sagte ich. «Sofort ausziehen!»

Als wir zusammen bei ihm auftauchten, wusste der Reinigungsbesitzer, dass er verloren hatte. Ich müsse verstehen, rief er, eine Reinigung werfe erbärmlich wenig ab, und Second-Hand-Markenkleidung lasse sich bei eBay unheimlich gut verkaufen. Aber er würde alles wieder gut machen, garantiert. Nur bitte, bitte keine Polizei!

Ich bin kein Unmensch. Und dass meine schönen neuen Sakkos alle gebraucht sind, fällt niemandem auf.

Ist der Herd wirklich aus?

Eines späten Abends, wir lagen schon im Bett, klingelte es. Vor der Tür stand unser Nachbar Herr Pöppelmann, ein Professor um die fünfzig. Er trug Bademantel und Schlafanzug.

«Entschuldigen Sie die Störung», sagte er. «Ich glaube, da ist jemand in meiner Wohnung. Könnten Sie mal eben gucken kommen?»

Es war nur eine Treppe tiefer. Zwei Pfeffersprays im Anschlag, durchkämmten wir alle Zimmer nach Art eines Spezialeinsatzkommandos, aber wir fanden niemanden. Wir fanden auch keine Anzeichen eines Einbruchs, überhaupt fanden wir nichts, was auf einen Eindringling hätte hindeuten können.

«Seltsam», sagte Herr Pöppelmann, «ich hätte schwören können, da sei jemand gewesen. In der Küche.»

Wir unterzogen die Küche einer zweiten, sehr gründlichen Untersuchung. Da war immer noch niemand.

«Entschuldigen Sie», sagte Herr Pöppelmann, «ich war mir sicher, ich hätte etwas gehört, und war beunruhigt. Nach all dem, was man so in der Zeitung liest. Zurzeit geht beispielsweise ein Wahnsinniger um, der in Wohnungen einsteigt, dort nur die Herdplatten anstellt und dann wieder verschwindet. Stellen Sie sich das vor!»

Herr Pöppelmann schüttelte sich. Wir sahen zum Herd hin. Alle Platten waren aus.

«Der Herd ist aus», sagte meine Liebste.

«Definitiv?», fragte Herr Pöppelmann.

«Definitiv», sagte sie. «Alle Platten. Sehen Sie selbst!»

Plötzlich schien Herr Pöppelmann sehr erleichtert. Er entschuldigte sich noch einige Male und begleitete uns zur Wohnungstür.

Am nächsten Abend, wir waren eben eingeschlafen, klingelte es wieder.

«Sie werden lachen», sagte Herr Pöppelmann und zog den Gürtel seines Bademantels enger, «aber mir ist etwas sehr Dummes passiert. Mein Wasserhahn in der Küche. Ich kriege ihn nicht mehr zu. Und Sie sind doch groß und kräftig!»

Ich warf mir ebenfalls einen Bademantel über und folgte Herrn Pöppelmann in seine Küche. Der laufende Wasserhahn ließ sich mühelos zudrehen. Herr Pöppelmann schwor, gerade eben sei das selbst mit Hilfe einer Zange noch unmöglich gewesen. Dann sagte er, es sei schon seltsam, aber etwas Ähnliches sei ihm schon einmal passiert, an seinem Herd habe sich irgendwann ein Schalter verklemmt. «Ach», sagte er schnell, «wenn Sie gerade mal hinsehen könnten: Sind eigentlich alle Platten aus?»

Ich sah hin. «Alle Platten sind aus», bestätigte ich. «Ist mit Ihren Augen alles in Ordnung?»

«Vollkommen», sagte Herr Pöppelmann. Ich machte eine schnelle Bewegung mit der Hand auf sein Gesicht zu, und er schreckte zurück. «Lassen Sie das doch», sagte er, «sehen Sie lieber noch einmal zum Herd. Sind Sie sicher? Alle Schalter stehen auf null? Alle Lampen sind aus?»

«Alles in Ordnung», bestätigte ich. «Gute Nacht!»

«Sie sind absolut sicher?», rief Herr Pöppelmann hinter mir her.

«Absolut!», sagte ich, schon auf dem Weg zur Tür.

«Danke!», rief Herr Pöppelmann. «Herzlichen Dank.»

Am nächsten Morgen begegnete ich im Treppenhaus Frau Schmidtke. Frau Schmidtke ist schwatzhaft, ich hatte keine Mühe, die Sprache auf Herrn Pöppelmann zu bringen. «Irgendwie tut er mir Leid», sagte sie. «Aber wenn er nachts klingelt, mache ich ihm trotzdem nicht mehr auf.»

«Er klingelt nachts bei Ihnen?», fragte ich.

«Nachts, bevor er ins Bett geht, oder morgens, bevor er das Haus verlässt», sagte sie. «Er will wissen, ob sein Herd aus ist. Hat er bei Ihnen etwa noch nicht geklingelt?»

«Doch, natürlich», sagte ich.

Wieder und wieder sei Herr Pöppelmann an ihre Tür gekommen, klagte sie, anfangs nur einmal am Tag, aber dann habe er angefangen, nach einer Stunde wiederzukommen, und zum Schluss sei er morgens und abends drei- bis viermal erschienen. «Ich habe nichts gegen ihn», flüsterte sie und sah sich um, «er ist ein netter Nachbar und ein bekannter Professor, und dass seine Frau ihm weggelaufen ist, hat sicher nur mit seinem Herd-Tick zu tun. Aber ich brauche meinen Schlaf!»

Frau Schmidtke neigt zum Übertreiben, wie alle schwatzhaften Menschen. «Trotzdem», sagte meine Liebste, als wir im Bett lagen und einzuschlafen versuchten, «wir müssen uns etwas einfallen lassen. Gleich wird er wieder klingeln. Ich bin mir sicher!»

Ich stand auf und versuchte herauszufinden, ob sich unsere Türglocke abstellen ließ. Es ging nicht. Meine Liebste schlug gerade vor, das Kabel durchzuschneiden, wir bekämen ohnehin kaum Besuch, da klingelte es. Wir fuhren zusammen.

«Mach nicht auf», zischte sie.

Es klingelte wieder, diesmal länger. Dann klopfte es. Ziemlich energisch.

Das klang nicht unbedingt nach Herrn Pöppelmann. Vielleicht war irgendwo im Haus ein Brand ausgebrochen, weil jemand seinen Herd angelassen hatte, und vor der Tür stand die Feuerwehr, um uns zu retten.

«Wenn *er* es ist», flüsterte meine Liebste, «gib ihm die Nummern von Polizei und Handwerkernotdienst. Geh auf keinen Fall mit in seine Küche! Das ist ein erwachsener Mann. Er muss selber wissen, ob sein Herd aus ist.»

Jetzt schlug jemand mit der flachen Hand rhythmisch gegen die Tür. Es musste sich um einen Notfall handeln. Ich öffnete hastig.

Es war Herr Pöppelmann. In der Hand hielt er eine Flasche.

Er wolle sich bei uns entschuldigen, sagte er, verlegen lächelnd, er habe uns nun zweimal spätabends umsonst aus dem Bett gescheucht, für nichts und wieder nichts, und das tue ihm sehr Leid. Er habe hier einen hervorragenden Bordeaux, und wir würden ihm wirklich eine große Freude machen, wenn wir noch schnell auf ein Glas zu ihm herunterkommen wollten.

Wir warfen uns etwas über und folgten ihm in seine Küche. Der Bordeaux schmeckte nicht schlecht, er hatte etwas von Vanille und gebrannten Mandeln.

«Apropos gebrannt», sagte Herr Pöppelmann, «was würden Sie sagen: Ist der Herd eigentlich aus?»

Meine Liebste und ich wechselten einen bedeutungsvollen Blick.

«Ja, der Herd ist aus», sagten wir im Chor. Herr Pöppelmann fragte zweimal nach, ob wir auch wirklich sicher seien.

«Ist alles in Ordnung, Herr Pöppelmann?», fragte meine Liebste.

Er sah uns mit großen Augen an. «Was meinen Sie?», fragte er. «Natürlich ist alles in Ordnung.»

«In Bezug auf Ihren Herd, meine ich», sagte meine Liebste. «Sie haben uns nun schon den dritten Abend gefragt, ob Ihr Herd aus ist.»

«Und?», rief Herr Pöppelmann dankbar. «Und? Ist er aus? Jetzt zum Beispiel?»

«Warum ist das so wichtig für Sie?», fragte meine Liebste sanft-therapeutisch.

Herr Pöppelmann wich ihrem Blick aus und schenkte mit zitternder Hand Wein nach. «Wissen Sie», fragte er dann, «was alles passieren kann, wenn der Herd an ist, man arglos das Haus verlässt und eine leere Herdplatte vor sich hin glüht, so lange, bis sie zum Feuerball wird? Oder wenn man ebenso arglos schläft, und ein leerer Topf glüht auf einer Herdplatte vor sich hin, so lange, bis er mit der Platte zum infernalischen Feuerball verschmilzt? Wissen Sie, wie viele Häuser jedes Jahr abbrennen, nur wegen einer kleinen Unachtsamkeit, weil man nämlich vergessen hat zu gucken, ob der Herd aus ist? Und da fragen Sie mich allen Ernstes, warum das für mich so wichtig ist?»

Wir verabschiedeten uns schnell.

«Bitte sagen Sie mir zum Schluss noch eines», begann Herr Pöppelmann in der Tür, «ist …» – «Ja, der Herd ist aus!», riefen wir im Chor. Bevor wir einschliefen, schworen wir uns, vor dem nächsten Abend das Klingelkabel zu kappen.

Am nächsten Morgen, wir waren gerade beim Zähneputzen, läutete es.

Diesmal trug Herr Pöppelmann Hemd, Fliege und Anzug.

«Ich könnte jetzt behaupten, Sie hätten gestern bei mir einen Pullover liegen lassen, den ich jetzt dummerweise vergessen hätte», sagte er zu mir, «sodass Sie doch noch schnell mit in meine Küche kommen müssten, wo ich Sie fragen würde, ob mein Herd wirklich aus ist. Aber ich will Ihnen nichts vormachen, und ich habe auch wenig Zeit, denn bald beginnt meine Vorlesung. Also bitte ich Sie: Wären Sie so freundlich, nachzusehen, ob der verfluchte Herd aus ist?»

Während wir nach unten gingen, fragte ich Herrn Pöppelmann sehr vorsichtig, ob er nicht alleine überprüfen könne, ob sein Herd aus sei.

«Was meinen Sie, was ich die ganze Zeit tue?», fragte er. «Was meinen Sie, warum ich jeden Morgen eine halbe Stunde früher aufstehe und warum ich abends erst so spät einschlafe? Ich gucke nicht ein Mal, ich gucke fünf, sechs, zehn Mal. Aber was, wenn ich mich irre? Was, wenn ich durch das dauernde Kontrollieren schon so abgestumpft bin, dass ich gar nicht mehr in der Lage wäre, zu erkennen, dass der Herd an ist, falls er doch einmal an sein sollte – weil ich ihn, ganz in Gedanken, in einem winzigen Moment geistiger Abwesenheit, einfach eingeschaltet habe? Ich ernähre mich zwar ausschließlich kalt, des Herdes wegen, aber kann ich eine sinnlose Handlung, einen Rückfall in alte Gewohnheiten, hundertprozentig ausschließen? Mit letzter, endgültiger Sicherheit? Nein, das kann ich nicht, wer kann das schon! Entschuldigen Sie, ich muss los, meine Studenten!»

Vom Büro aus rief ich bei einem großen Küchengerätehersteller an, um zu fragen, was schlimmstenfalls passieren könne, wenn man vergesse, die Herdplatte auszuschalten. Eine freundliche Dame sagte, das hänge ganz von der Platteneinstellung und dem Zeitfaktor ab, aber irgendwann werde der glühende Topf mit der glühenden Platte oder auch nur die glühende Platte alleine zum Feuerball. Ich könne mir sicherlich vorstellen, wie viele Herde und Häuser jedes Jahr so einer kleinen Unachtsamkeit zum Opfer fielen, man könne nicht vorsichtig genug sein.

«Gibt es Firmen», fragte ich, «die man beauftragen kann und die einem das Nachgucken abnehmen?»

Nein, sagte die freundliche Dame, die gebe es nicht, heutzutage wolle niemand mehr Verantwortung übernehmen, denn gerade bei Herden seien die Risiken immens. Beispielsweise sei es durchaus vorstellbar, selbstverständlich nur bei Geräten anderer Marken, dass ein Schalter am Kochfeld so ausgeleiert sei, dass sich der Herd schon bei leichten Erschütterungen, etwa durch zu schwere Schritte, quasi von selbst einschalte. Wen, fragte die Dame, wolle man in so einem Fall haftbar machen?

Am frühen Abend beriefen wir in unserer Wohnung eine improvisierte Versammlung aller Hausbewohner ein, ausgenommen Herrn Pöppelmann. Es stellte sich heraus, dass der Professor schon überall geklingelt hatte, bei manchen vielfach. Den gefühlten Rekord hielt der schmächtige Ladenbesitzer, der ganz unten wohnte; Herr Pöppelmann hatte ihn erst gestern Nacht um halb drei wieder aus der Wohnung gehämmert und wortlos in seine Küche geschleift.

Ich hielt eine Rede, in der von Verantwortung gegenüber einem Mitmenschen die Rede war, aber auch davon, dass jeder ein Recht auf Nachtruhe habe und dass man einen gangbaren Weg finden müsse. Dann stellte meine Liebste unsere Lösung vor, die eine unter allen Hausbewohnern rotierende Rufbereitschaft betreffs Herrn Pöppelmanns Herd vorsah. Der Vorschlag wurde erleichtert angenommen. Wir verfassten einen Dienstplan für die nächsten zwei Wochen und schickten ein Komitee zu Herrn Pöppelmann. Seine Dankesrufe hallten durch das ganze Treppenhaus.

Später, als wir im Bett lagen, fuhr ich hoch. Nicht wegen Herrn Pöppelmann; Frau Schmidtke hatte die erste Schicht übernommen.

Mir war nur so, als sei da etwas. Irgendwo in unserer Wohnung.

Als ich es nicht mehr aushielt, stand ich auf, um nachzusehen.

Der Herd war aus.

Und ewig grüßt der Teamleiter

Im April zogen wir aus unserer alten Wohnung aus. Den Dauerauftrag für Wasser und Fernwärme hatte ich termingerecht bei den Stadtwerken widerrufen.

Im Mai entdeckte ich auf meinem Kontoauszug eine Abbuchung von 132 Euro für die alte Wohnung.

Ich ließ mir bei der Auskunft die Telefonnummer der Stadtwerke geben.

Eine unerwartet freundliche Frau wünschte einen schönen Tag und fragte, ob sie helfen könne.

«Verbinden Sie mich bitte mit dem zuständigen Sachbearbeiter», sagte ich und buchstabierte meinen Nachnamen.

«Ich kann Sie leider nicht verbinden», sagte sie. «Aber Sie sprechen mit der Service-Hotline der Stadtwerke. Kann ich etwas für Sie tun?»

Ich erzählte von dem Minusbetrag, der fälschlicherweise abgebucht worden sei.

«Die Summe ist korrekt», bestätigte sie. «Fernwärme und Wasser. Für Ihre Wohnung in der Viktor-Scheffel-Straße 2.»

«Aber ich habe die Einzugsermächtigung längst widerrufen», sagte ich. «Wir wohnen da nicht mehr!»

«Oh», sagte sie. «Dazu liegt mir nichts vor.»

Ich las das Bestätigungsschreiben der Stadtwerke vor, das ich erhalten hatte.

«Das tut mit Leid», sagte sie. «Möglicherweise ist etwas

dazwischengekommen, das die Bearbeitung verzögert hat. Vielleicht ein Systemabsturz. Ich mache einen Vermerk, damit man sich darum kümmert. Sie bekommen Ihr Geld selbstverständlich zurück.»

Im Juni zogen mir die Stadtwerke wieder 132 Euro für die alte Wohnung ab.

Diesmal wünschte mir ein freundlicher Mann einen schönen Tag. Ich erklärte ihm die Sachlage, und er sah im Computer nach.

«Leider», sagte er, «mir liegt nichts vor.»

«Ich hatte letzten Monat ein ähnliches Gespräch mit einer Kollegin von Ihnen», sagte ich. «Die hat einen Vermerk gemacht, damit man sich schnell um die Sache kümmert.»

«Ich finde keinen Vermerk», sagte er.

«Was soll das heißen?», fragte ich. «Hat Ihre Kollegin nichts eingetragen?»

«Ich kann selbstverständlich gerne einen Vermerk machen, damit sich jemand um Ihr Anliegen kümmert», sagte er.

«Noch einfacher wäre es, Sie würden mir mein Geld zurücküberweisen», sagte ich.

Er lachte geschult.

«Bedaure, das kann ich nicht», sagte er. «Das kann nur jemand vom Service-Team. Sie sprechen aber mit dem Hotline-Team.»

«Dann verbinden Sie mich bitte mit dem Service-Team», sagte ich.

«Das ist nicht möglich», sagte er. «Wir sind alleiniger Ansprechpartner für die Privatkunden der Stadtwerke.

Und wir verständigen das Service-Team, falls das erforderlich ist.»

«In meinem Fall ist es offensichtlich erforderlich», sagte ich. «Und Sie könnten sich Arbeit sparen, wenn Sie mich einfach verbinden.»

Er lachte wieder. Es klang nicht echter als beim ersten Mal.

«Ich bedaure, aber das ist nicht vorgesehen», sagte er.

«Aber es wäre viel einfacher, wenn ich direkt mit jemandem sprechen würde, der das Problem lösen kann», insistierte ich.

«Es tut mir Leid, aber wie ich schon erklärt habe: Das geht nicht», sagte er.

«Warum genau geht es nicht?», fragte ich.

«Einen Moment bitte», sagte er und verband mich mit einer Warteschleife.

Als ich «Guantanamera» zum zwanzigsten Mal gehört hatte und eben auflegen wollte, meldete sich eine freundliche Frau und fragte, wie sie helfen könne. Ich erzählte es.

«Ich kann Sie nicht mit dem Service-Team verbinden», sagte sie, «das ist aus technischen Gründen nicht möglich. Aber ich mache einen Vermerk, damit Sie umgehend jemand zurückruft.» Sie notierte meine Telefonnummer.

«Warum können Sie mich denn nicht verbinden?», fragte ich freundlich und wie nebenbei. «Hat das Service-Team womöglich kein Telefon?»

«Leider nein», sagte sie.

«Tatsächlich?», fragte ich. «Meinen Sie das ernst?»

«Natürlich», sagte sie.

«Wie will mich denn jemand zurückrufen, der kein Telefon hat?», fragte ich.

«Man wird Sie zurückrufen», sagte sie. «Machen Sie sich keine Sorgen.»

Niemand rief mich zurück. Nachdem mir die Stadtwerke im Juli wieder 132 Euro abgezogen hatten, rief ich die Auskunft an, um herauszufinden, ob es noch eine andere Nummer als die der Hotline gab. Es gab keine. Auch im Internet nicht.

Als ich wieder anrief, benötigte ich schon deutlich weniger Zeit, um meine Geschichte zu erzählen.

«Oh», sagte ein freundlicher Mann. «Es hat Sie niemand zurückgerufen? Wer hatte Ihnen den Rückruf versprochen?»

«Eine Dame», sagte ich. «Ich erinnere mich nicht an den Namen».

«Ich verstehe», antwortete er. «Waren Sie vielleicht im Laufe der letzten Woche viel unterwegs?»

«Möglicherweise», sagte ich, «ich arbeite…»

«Tja», seufzte er bedauernd.

«Aber ich habe einen zuverlässigen Anrufbeantworter», fuhr ich fort, «und auch der hat keinen Anruf verzeichnet.»

«Ich werde Bescheid geben, damit man es noch einmal versucht», sagte er.

«Es ist wirklich wichtig», sagte ich.

«Ich notiere das gern dazu», sagte er. «Man wird Sie innerhalb der nächsten 24 Stunden anrufen. Ich verspreche es Ihnen.»

«Sehr freundlich», sagte ich. «Wie war noch Ihr Name?»

«Wieso?», fragte der Mann.

«Ach», sagte ich, «nur falls ich noch eine Frage habe.»

«Dazu brauchen Sie meinen Namen nicht», sagte er. «Bei uns können Sie Ihre Fragen jedem stellen. Es gibt keine Wartezeiten, und niemand wird bevorzugt.»

«Das ist schön», sagte ich, heftig überlegend. «Aber wenn sich die ganze Angelegenheit von selbst erledigen sollte, vielleicht weil ich mich doch geirrt habe, würde ich Ihnen gerne Bescheid geben. Nicht dass Sie sich unnötige Arbeit machen.»

«Sicher», sagte er. «Mein Name ist Meier.»

«Ein sehr häufiger Name», sagte ich.

«Kann ich sonst noch etwas für Sie tun?», fragte er. «Darf ich Ihnen einige Informationen über unseren neuen Fernwärme-Nachttarif zusenden? Nein? Oh, einen Moment, ich muss kurz auf die andere Leitung …»

Er verband mich mit «Guantanamera».

Ich verbrachte die folgenden 24 Stunden in Reichweite des Telefons, vergeblich.

Als ich wieder anrief, fragte ich eine freundliche Frau nach Herrn Meier.

«Ich kenne niemanden, der so heißt», sagte sie erwartungsgemäß, «kann ich Ihnen vielleicht helfen?»

Ich erzählte.

Sie sah im Computer nach.

«Ich lese hier, dass bereits jemand vom Service-Team mit Ihnen gesprochen hat», sagte sie.

«Das ist nicht wahr», sagte ich. «Würde ich sonst wieder anrufen?»

«Sie möchten also noch ein weiteres Mal mit dem Service-Team sprechen?», fragte sie.

«Nein», sagte ich kurz entschlossen. «Ich möchte Ihren Chef sprechen.»

«Sie meinen unseren Teamleiter», sagte sie. «Aber ich kann Ihnen genauso gut weiter ...»

«Meinetwegen den Teamleiter», sagte ich. «Ich will ihn sprechen. Jetzt sofort!»

Sie verband mich mit einem freundlichen Mann, dem ich das Problem auseinander setzte.

«Oh, das hört sich nicht gut an», sagte er voll Bedauern. «Sie sagen, Sie haben mehrfach angerufen, und nichts ist passiert?»

«Ja!», sagte ich. «Unter anderem habe ich mit jemandem gesprochen, der sich Herr Meier nannte.»

«Einen Herrn Meier gibt es hier nicht», sagte der Teamleiter, und seine Computertastatur klackerte. «Aber unsere Leute sind sehr zuverlässig. Sie sind sicher, dass Sie mit jemandem von unserer Hotline gesprochen haben?»

«Mit wem denn sonst?», fragte ich.

«Ich weiß es nicht», sagte er. «Ich möchte Ihnen nicht zu nahe treten, aber es passiert vielen unserer Kunden, dass sie sich manchmal irren: Sind Sie sicher, dass Sie überhaupt mit jemandem gesprochen haben?»

«Ich bin mir sicher», sagte ich. «Ich bin mir sehr sicher. Vielleicht werfen Sie ja mal einen Blick in Ihren Computer, dort müssten meine Anrufe vermerkt sein.»

«Da ist leider nichts vermerkt», seufzte er.

«Wie bitte?», fragte ich. «Ich rufe jetzt zum vierten Mal bei Ihnen an, weil mir die Stadtwerke unrechtmäßig Geld abbuchen, und Sie sagen allen Ernstes, davon ist in Ihrem Computer nichts vermerkt?»

«Sagten Sie nicht, Sie riefen zum zweiten Mal an?», erkundigte er sich zuvorkommend.

«Nein, zweimal wollte man mich zurückrufen, nur man hat es eben nicht getan», korrigierte ich. «Aber es kann trotzdem nicht sein, dass Sie keinen Eintrag im Computer haben. Was ist denn beispielsweise mit dem Hinweis, den Ihre Kollegin vorhin gefunden haben will: dass mich angeblich jemand vom Service-Team zurückgerufen hat?»

«Ach, es hat Sie jemand zurückgerufen?», fragte er. «Dann ist die Sache also geklärt?»

«Nein», rief ich, «nichts ist geklärt. Würde ich Sie sonst anrufen und meine Zeit mit Diskussionen verschwenden? Ich bin doch nicht verrückt!»

Er schwieg erbarmungslos.

«Können Sie wenigstens feststellen, wer meine Datei bei Ihnen in den letzten Wochen und Monaten aufgerufen hat?», fragte ich schnell.

«Ich bedaure, das ist nicht möglich», sagte er. «Wie kann ich Ihnen denn nun weiterhelfen?»

«Ich möchte, dass die Stadtwerke aufhören, von meinem Konto Geld einzuziehen», sagte ich. «Und ich möchte mein Geld zurück.»

«In Ordnung», sagte er. «Ich kläre die Angelegenheit persönlich und rufe Sie in Kürze zurück. Dürfte ich Sie um eines bitten: Würden Sie das, was Sie mir erzählt haben, noch einmal schriftlich zusammenfassen, und mir als Fax schicken?» Er nannte mir eine Nummer.

«Als Fax?», fragte ich. «Ich habe Ihnen doch alles erzählt!»

«Es tut mir Leid», sagte er, «ich kann Ihre Angelegenheit nur bearbeiten, wenn sie mir schriftlich vorliegt.»

«Haben Sie sich denn keine Notizen gemacht?», fragte ich.

Er stieß ein mildes Seufzen aus.

«Seien Sie bitte unbesorgt», sagte er, «es wird sich alles aufklären, sobald mir das Fax vorliegt. Sie haben mein Wort. Mein persönliches Wort.»

Ich fragte noch nach seinem Namen, aber er hatte schon aufgelegt.

Ich schickte ein ausführliches Fax, und als nach einer Woche niemand angerufen hatte, rief ich an und verlangte den Chef.

«Sie meinen den Teamleiter», sagte eine freundliche Frau. «Um was geht es?»

Nachdem ich alles erzählt hatte, wurde ich verbunden, erzählte wieder alles und wurde wieder verbunden. Mit einer Frau.

«Nein, ich möchte den Chef, den, mit dem ich neulich gesprochen habe», beharrte ich.

«Sie meinen den Teamleiter. Wie hieß der Herr?», fragte sie.

Ich musste zugeben, dass ich den Namen nicht wusste. «Aber so viele Teamleiter kann es doch bei Ihnen nicht geben», fügte ich schnell hinzu.

«Es gibt jede Menge. Heute bin ich die Teamleiterin», sagte die Frau. «Wie kann ich Ihnen helfen?»

Ich haspelte die Geschichte herunter.

«Es tut mir Leid», sagte sie. «Hier ist kein Fax von Ihnen eingetroffen.»

«Das kann nicht sein!», rief ich. «Der Teamchef hat mir versprochen, sich persönlich um die Sache zu kümmern.»

«Teamleiter», sagte sie. «Aber ich finde hier nichts. Es tut mir Leid.»

«Und was machen wir nun?», fragte ich mit bebender Stimme. «Sie wollen mich jetzt nicht bitten, noch ein nutzloses Fax zu schicken oder noch ein paar Wochen auf einen Anruf zu warten, der nie kommt?»

«Ich kann Ihnen anbieten, mich persönlich um die Sache zu kümmern …», begann sie.

«Das hilft mir auch nicht», unterbrach ich sie. «Ich will, dass Sie mir jetzt sofort helfen. Dass Sie endlich diese Abbuchungen stoppen oder dass Sie mir augenblicklich die echte Telefonnummer der Stadtwerke geben.»

«Das geht nicht!», sagte sie. «Das wissen Sie genau, meine Kollegen haben Ihnen das schon oft genug gesagt.»

«Aha!», rief ich. «Sie geben es also zu? Sie wissen, dass ich schon x-mal angerufen habe?»

«Ich verstehe nicht, was Sie meinen», erwiderte sie.

«Gut», sagte ich. «Dann verbinden Sie mich mit Ihrem Chef.»

«Ich bin die Teamleiterin», sagte sie.

«Es muss jemanden geben, der Sie beaufsichtigt», sagte ich. «Einen, der wirklich entscheiden kann. Und wenn es der Bürgermeister persönlich ist: Entweder Sie verbinden mich jetzt, oder ich verspreche Ihnen: Ich werde alles tun, damit Sie Ihren Job verlieren.»

Sie verband mich mit «Guantanamera».

Mitten in meinem Fluchen nahm ein Mann ab, der sich als *Leiter Back-Office* vorstellte.

«Es tut mir ungeheuer Leid, dass Sie in einer solchen Lage sind», sagte er sehr verständnisvoll, nachdem ich alles erklärt hatte. «Aber die Stadtwerke haben tatsächlich keine Telefone mehr. Eine Maßnahme zu vermehrter Bürgerfreundlichkeit – die Mitarbeiter dort sollen arbeiten, nicht telefonieren.»

«Und Sie sind nicht von den Stadtwerken?», fragte ich.

«Nein», sagte er. «Wir beaufsichtigen die Mitarbeiter der Hotline.»

«Dann können Sie hoffentlich dafür sorgen, dass sich endlich jemand um mein Problem kümmert?», fragte ich.

Er schwieg.

«Das ist schwierig», sagte er dann. «Ich sitze in einem anderen Gebäude. Ich könnte auch nur meinerseits bei der Hotline anrufen, und ich fürchte, das hat keinen Sinn.»

«Wie bitte?», fragte ich.

«Was meinen Sie, welche Tricks sich renitente Kunden einfallen lassen, die bei einer Hotline etwas erreichen wollen», sagte er hastig. «Der *Chef,* die *Presse,* der *Hotline-Gütekontrolleur* – wir haben so was jeden Tag. Man würde mir nicht glauben, man würde mich von Abfrageplatz zu Abfrageplatz durchstellen. Immer ein anderer Mitarbeiter würde sich als Teamleiter ausgeben und mir Fangfragen stellen. Und wenn alle nicht mehr könnten vor Lachen, würden sie mich mit der Endloswarteschleife verbinden und mein Fluchen auf Lautsprecher stellen. Aber ganz unter uns: Warum sprechen Sie nicht mit Ihrer Bank? Warum lassen Sie den Einzug nicht einfach sperren?»

Ich rief bei meiner Bank an.

Eine unerwartet freundliche Frau wünschte einen schönen Tag und fragte, ob sie helfen könne.

«Verbinden Sie mich mit dem zuständigen Sachbe-

arbeiter», sagte ich und buchstabierte meinen Nachnamen.

«Ich kann Sie leider nicht verbinden», sagte sie. «Aber Sie
sprechen mit der Service-Hotline des Hauses. Kann ich
etwas für Sie tun?»

Kalter Krieg

Der Sommer ging zu Ende. Es wurde kälter. Wir begannen, uns von Abend zu Abend misstrauischer zu belauern. Und schließlich war es so weit.

«Du hast nicht zufälligerweise die Heizung angedreht?», fragte meine Liebste ganz beiläufig. Sie lag im Bett und las, und ich wollte mich gerade zu ihr legen.

«Wieso?», fragte ich ebenso beiläufig zurück.

Sie sah mich prüfend an. «Weil du das immer machst.»

«Das stimmt nicht», protestierte ich. «Nur wenn es wirklich zu kalt wird.»

«Und?», fragte sie. «Ist es dir wirklich zu kalt?»

«Dir etwa nicht?», fragte ich zurück.

Sie seufzte. Das hieß: Wie oft soll ich dir noch sagen, dass unsere Decken so warm sind, dass man keine Heizung benötigt? Dass es vielmehr ungesund ist, bei warmer Heizungsluft zu schlafen, weil das die Schleimhäute in trockenes Pergament verwandelt und Krankheiten Tor und Tür öffnet? Wann wirst du das endlich lernen?

Ich seufzte zurück. Das hieß: Wie oft soll ich dir noch sagen, dass ich nicht schlafen kann wie du, nämlich eingepackt wie eine Mumie, weil ich seit meiner Kindheit Arme und Beine unter der Decke hervorstrecke? Und dass es ungesund ist, diese Arme und Beine einer Eiseskälte auszusetzen, weil man dann auskühlt wie eine Kröte in der Winterstarre? Wann wirst du das endlich verstehen?

Sie legte das Buch beiseite und sah zur Heizung hin, obwohl sie nicht erkennen konnte, ob sie aufgedreht war. Dass sie es nicht konnte, wusste ich genau, ich hatte es erst gestern Nachmittag bei einer heimlichen Liegeprobe überprüft.

«Du hast die Heizung aufgedreht», mutmaßte sie nach ein paar angestrengten Sekunden kühn.

«Unsinn», sagte ich und kuschelte mich an sie.

Sie holte tief Luft: «Du weißt doch, wie ungesund das ist. Willst du, dass wir krank werden?»

«Natürlich nicht», sagte ich. «Ich will eben nicht, dass wir krank werden!»

«Dann bitte dreh die Heizung herunter!» Ihre Stimme klang leicht genervt.

«Liebste, es ist alles in Ordnung», erwiderte ich. Das war ein dämlicher Satz aus dämlichen amerikanischen Serien, aber in dieser Situation passte er.

«Hast du die Heizung nun aufgedreht oder nicht?» Sie stützte sich auf und sah mich mit blitzenden Augen an.

«Nein», sagte ich. «Möchtest du nachschauen?»

Sie sah mich eine Zeit lang aufmerksam an, kam zu dem Ergebnis, dass ich vermutlich die Wahrheit gesagt hatte, und ließ sich zurücksinken.

Ich zählte lautlos bis hundert, dann schlug ich die Decke beiseite und stand auf.

«Wohin willst du?», fragte sie.

«Ins Bad», sagte ich, «mich aufwärmen.»

Sie stöhnte auf und schwieg.

Ich ging ums Bett herum auf die Tür zu. Ihr Blick folgte mir.

«Was ist los? Was hast du», fragte ich unschuldig lächelnd

und blieb stehen, zufälligerweise genau mit dem Rücken zum Heizkörper.

«Komm ja nicht auf den Gedanken, die Heizung aufzudrehen», warnte sie, «lass deine Hände oben, sodass ich sie sehen kann!»

Milde lächelnd hob ich die Hände und ging ins Bad.

Als ich zurückkehrte, ich hatte noch ein wenig gelesen, damit sie die Gelegenheit gehabt hatte, einzudämmern, ging ich auf Zehenspitzen. Sie war nicht eingedämmert, im Gegenteil, sie lag mit weit geöffneten Augen da.

«Bist du nicht müde?», fragte ich, ging zum Schrank, öffnete ihn, betrachtete mein Lieblingshemd und schloss die Schranktür wieder, um Zeit zu gewinnen.

«Doch», sagte sie. «Und wie. Kommst du jetzt endlich ins Bett?»

«Natürlich», sagte ich und ging langsam auf das Bett zu. «Ach ja, hat Tina etwas Besonderes gesagt, als du heute mit ihr telefoniert hast?»

«Nein», erwiderte sie.

«Wollte sie nicht demnächst ihren Geburtstag nachfeiern?», fragte ich und blieb vor der Heizung stehen. «Das letzte Mal, in diesem alten Schwimmbad ohne Wasser, das war doch so ein schönes Fest. Das Essen war gut, vielleicht etwas knoblauchig …»

«Hörst du auf!» Meine Liebste ließ ihren Oberkörper nach oben schnellen, ihre Stimme klang erbost. «Nimmst du wohl die Hände von der Heizung!»

Ich hob resigniert die Arme. Sie sank kopfschüttelnd zurück. Ich ließ meine Arme wieder fallen und riss mit der rechten Hand den Stuhl mit den abgelegten Kleidern um.

Meine Liebste sog die Luft erschrocken durch die Zähne, vermutlich dachte sie an die schlafende Nachbarin unter uns, aber ich war vorbereitet und schaffte es, den Stuhl festzuhalten, kurz bevor er auf den Boden schlug.

Mit einer Hand.

Meine andere Hand griff gleichzeitig an den Thermostatknopf der Heizung.

«Dass du immer so tollpatschig bist!», tadelte meine Liebste, als ich neben ihr unter die Decke schlüpfte.

Ich fand das überhaupt nicht. Immerhin hatte ich den Trick mit dem Stuhl und der Heizung am frühen Abend, bevor sie heimkam, sehr gründlich geübt.

Meine Liebste wollte die Nachttischlampe ausschalten, warf mir noch einen liebevollen Blick zu und stutzte.

«Warum grinst du so?», fragte sie.

Ich zuckte die Schultern.

Sie sah mir forschend ins Gesicht. Dann runzelte sie ihre Stirn.

«Was hast du eigentlich gerade an der Heizung gemacht?», fragte sie.

«Nichts», sagte ich. Aber meine Liebste ist sehr intelligent.

«Das glaube ich nicht», sagte sie.

«Was soll ich denn gemacht haben?», fragte ich.

«Du hast sie aufgedreht. Du hast sie aufgedreht, während du mich mit dem Stuhl abgelenkt hast!»

«Bitte, mach das Licht aus und lass uns schlafen», sagte ich. Ich bemühte mich, meine Stimme furchtbar müde klingen zu lassen. Vielleicht eine Spur zu müde.

«Kannst du mir bitte antworten?», fragte sie streng.

«Es ist alles in Ordnung», murmelte ich.

Sie schwieg.

Nach ein paar Minuten begann sie unter ihrer Decke unbehaglich hin- und herzurücken. «Es wird warm», sagte sie. «Ich merke genau, dass es immer wärmer wird.»

«Es wird nicht warm», sagte ich.

Sie wälzte sich zur Seite, stützte sie sich auf den Ellenbogen und sah mich empört an.

«Du hast mich doch mit dem Stuhl abgelenkt», sagte sie. «Du hast mich abgelenkt und dabei heimlich die Heizung aufgedreht. Ich habe es genau gesehen.» Empört warf sie die Decke zurück. «Du willst, dass ich krank werde!»

Sie wollte sich aufsetzen, aber ich legte meinen Arm über sie und hielt sie fest. «Beruhige dich!», sagte ich. «Und lass uns jetzt endlich schlafen!»

Sie schnaubte erbost. «Ach ja, und morgen habe ich Grippe? Du natürlich nicht, aber ich!»

Sie wollte meinen Arm abschütteln.

«Hör doch auf, dich wegen nichts und wieder nichts aufzuregen!», sagte ich.

«Von wegen nichts und wieder nichts!», rief sie. «Ich komme hier um vor Hitze! Ich drehe jetzt die Heizung runter. Lass mich aufstehen, lass mich sofort aufstehen!»

«Die Heizung ist nicht aufgedreht», schnaufte ich, während sie sich abmühte, meinen Arm wegzuschieben und sich seitlich aus dem Bett zu rollen. «Die Heizung ist aus!»

«Du lügst», rief sie strampelnd, «jetzt lügst du mich auch noch an! So weit ist es schon mit uns, nur weil du ein bisschen Kälte nicht vertragen kannst! Lass mich los, oder ich lasse mich scheiden!»

«Also jetzt hör mal», begann ich, aber sie hatte sich schon befreit, sprang aus dem Bett, fuhr sich durchs Haar, warf mir einen vernichtenden Blick zu und marschierte mit großen Schritten zur Heizung. Dort blieb sie stehen und starrte auf den Thermostatknopf.

Nach einiger Zeit stieß sie ein leises «Oh» aus.

«Bist du jetzt zufrieden?», fragte ich, als sie endlich wieder zu mir ins Bett kletterte.

«Entschuldige!», sagte sie leise. «Bitte entschuldige, ich dachte wirklich …» Zwei Tränen liefen ihr über die Wangen.

Ich nahm sie in den Arm und tröstete sie.

Dann stand ich auf, um ihr ein Taschentuch zu holen, und auf dem Rückweg drehte ich unauffällig die Heizung auf.

Dumme kleine Liebste.

Es ist ein Kloß entsprungen

Weihnachten mit der Familie, behaupten viele, sei zwangsläufig die Hölle. Aber diesmal, so schworen wir uns, würden wir, komme, was wolle, Friedfertigkeit und Harmonie regieren lassen.

Als meine Liebste und ich am frühen Heiligabend anreisten, baute mein Vater gerade im Wohnzimmer den Baum auf.

«Mama ist schuld, dass wir keinen schöneren haben», begrüßte er uns, «sie hat mich zu lange mit dem Einkaufen aufgehalten!»

Wir streichelten den Hund und sagten, das mache überhaupt nichts, wir fänden den Baum wunderbar.

«Ich nicht!», beharrte mein Vater. «So einen Krüppel hatten wir noch nie!»

Wir fragten, ob wir beim Schmücken helfen sollten. Aber da kam meine Mutter und schickte uns ins Gästezimmer. Mein Vater werde mit seinem lumpigen Baum allein fertig, und sie habe jede Menge in der Küche zu tun.

«Sollen wir dir helfen?», fragte ich.

Meine Mutter sah mich beleidigt an. «Glaubst du, ich komme nicht allein zurecht?»

«Doch, doch», versicherte ich, «es war nur ein Gedanke. Wir könnten uns dabei unterhalten, wir haben uns ja länger nicht gesehen …»

«Unterhalten?», fragte meine Mutter kurz. «Ich habe zu tun! Geht nach oben in euer Zimmer!»

Es war Weihnachten. Also lächelten wir und gingen nach oben, damit meine Eltern in Ruhe streiten konnten.

Als es wieder leiser war, kamen wir zurück.

Im Wohnzimmer saßen mein Bruder und seine Freundin Tina. Wir konnten uns nur andeutungsweise begrüßen, denn mein Vater musste erläutern, warum es so spät mit dem Essen werde: Meine Mutter sei von Jahr zu Jahr überforderter.

«Was erzählst du da?» Meine Mutter schoss aus der Küche. «Das stimmt nicht! Das Essen ist gleich fertig – Ihr werdet euch doch wohl ein paar Minuten unterhalten können!»

«Du hast ja noch nicht mal mit den Klößen angefangen», stichelte mein Vater.

«Was geht dich das an?», tönte meine Mutter. «Hast du mir etwa geholfen? Du?»

Tina stand auf und bot meiner Mutter ihre Hilfe an.

«Natürlich habe ich ihr geholfen», sagte mein Vater kopfschüttelnd zu uns, «ich habe gestaubsaugt, gekehrt, gespült, den Baum geholt, eingekauft ...»

«Hört nicht auf diesen Mann», sagte meine Mutter und stellte sich Tina in den Weg, «er lügt. Die Klöße sind längst fertig, ich brauche keine Hilfe!»

Sie verabschiedete sich türenknallend.

In das Schweigen hinein begann ich mit heiterer Stimme eine unglaubliche Geschichte zu erzählen, die neulich am Flughafen passiert sei, als sich ein Affe aus seiner Transportkiste befreit habe.

«Ich habe gewusst, dass es wieder ein Desaster wird!», unterbrach mich mein Vater mit triumphierendem Unterton. «Seit vierzig Jahren geht das schon so ...»

Unauffällig ging ich in die Küche. Meine Mutter hatte noch nicht mit den Klößen angefangen, aber sie benötige keine Hilfe, rief sie, erst recht nicht von mir, wo ich doch neuerdings mit «diesem Mann», meinem Vater, paktiere.

Ich versicherte ihr herzlich, wie schön es sei, mal wieder zu Hause zu sein, und ging zurück ins Wohnzimmer. Dort klagte mein Vater über die Bronchitis, die er sich bei der Reparatur jenes Wohnzimmerrollos zugezogen hatte, das meine Mutter mutwillig zerstört habe.

«Was macht eure Wohnungssuche?», fragte mein Bruder erleichtert.

Ich erzählte etwas von wahnsinnigen Hausbesitzern und noch wahnsinnigeren Maklern.

«Ihr könnt euch einen Makler leisten?» Mein Bruder zog die Augenbrauen hoch.

«Was macht eigentlich deine Promotion?», wechselte ich freundlich das Thema.

Es sei nicht einfach, sagte er, er arbeite rund um die Uhr und beneide jeden, der in der Lostrommel einen ordentlichen Job gezogen habe, unglaublich gut verdiene und um fünf Uhr den Griffel fallen lassen könne.

Ich verkniff mir sämtliche Richtigstellungen; es war ja Weihnachten.

«Ist das nicht ein schöner Baum?», fragte meine Liebste in die Pause hinein.

«Ja, genau!», rief ich. «Und das ist doch noch unsere alte Krippe, oder?»

Mein Bruder lachte kurz und verächtlich auf, beugte sich nach unten und streichelte den Hund so heftig, dass die Haare durch die Luft flogen.

«Schade, dass ihr mir nicht bei dem Baum geholfen habt», erwiderte mein Vater und sah meinen Bruder an. «Aber du hast ja auch das ganze Jahr über kein einziges Mal den Rasen gemäht.»

«Ist das da hinten in der Krippe etwa immer noch das Schaf, dem der Hund damals das Bein abgebissen hat?», fragte ich versonnen. «Papa, wann war das noch?»

Mein Vater schüttelte den Kopf. «Das ist nicht zu viel verlangt, wenn man noch im Elternhaus lebt!»

Tina griff nach der Hand meines Bruders.

Meine Mutter riss die Küchentür auf.

«Lass den Jungen in Ruhe!», herrschte sie meinen Vater an. Der Hund sprang hoch und wollte an ihr vorbei in die Küche huschen, ich erwischte ihn gerade noch am Halsband.

«Lass den Hund in Ruhe!», rief meine Mutter scharf.

Ich ließ los. Sie knallte die Küchentür hinter sich und dem Hund zu. Sekunden später hörte man einen Schrei und das Geschimpfe meiner Mutter.

Meine Liebste lächelte freundlich.

«Euer Hund hat dem Schaf ein Bein abgekaut?», fragte sie.

«Ich hatte Prüfungen», sagte mein Bruder zu meinem Vater. «Und ich habe bis spätabends in der Uni gearbeitet. Aber das willst du doch gar nicht hören!»

Ich lächelte ihm beruhigend zu.

«Wann wollen wir eigentlich Bescherung machen?», fragte ich versöhnlich.

«Du begreifst offenbar nicht, was hier passiert», zischte mein Bruder.

Mein Vater sah über ihn hinweg Tina an.

«Könntest du nicht darauf achten, dass sich dein Freund in seinem eigenen Elternhaus ein bisschen kooperativ verhält?», fragte er. «Er ist jetzt dreißig Jahre, und er hat es immer noch nicht gelernt.»

Mein Bruder öffnete den Mund, griff dann nach seinem Weinglas und nahm einen großen Schluck.

Tina wollte etwas sagen, aber da klingelte das Telefon. Mein Vater nahm ab. «Dieter, fröhliche Weihnachten», sagte er, «nein, bei uns, nein … nein, ich weiß nicht, ob sie es vor Mitternacht schafft, nur eine einfache Gans, ja, eine Blamage, auch vor den Kindern …»

«Was redest du über mich?», schrie meine Mutter durch die geschlossene Küchentür.

«Dieters Sohn ist auch zu Hause, seit er bei der Post entlassen wurde», sagte mein Vater zu meinem Bruder, als er aufgelegt hatte, «und er hat schon das ganze Wohnzimmer gestrichen. Und den Flur dazu.»

Mein Bruder stürzte mit stierem Blick sein Glas hinunter. Tina legte ihm die Hand auf den Arm.

«Hier ist die Sachlage anders …», begann sie.

Meine Mutter riss die Küchentür auf, zerrte den Hund heraus, der sich das Maul leckte, und befahl ihm, sich aufs Sofa zu legen.

«Nicht neben den Stollen!», schimpfte mein Vater. «Du weißt, wie das letztes Jahr gelaufen ist! Nicht neben den Stollen!»

Er versuchte, den Hund vom Sofa zu schieben. Der Hund bewegte sich nicht.

«Hör auf, meinen lieben Hund verrückt zu machen!», rief meine Mutter.

«Ich mache den Hund nicht verrückt!», sagte mein Vater zu uns. «Der Hund kann sich nicht benehmen.»

«*Du* kannst dich nicht benehmen!», giftete meine Mutter. «Oder warum legst du mir immer diese Fetzen ins Bad?»

«Ich lege dir keine Fetzen ins Bad!», widersprach mein Vater.

Meine Mutter drehte sich um und marschierte nach oben.

«Wollen wir heute ausnahmsweise vor dem Essen Bescherung machen?», fragte ich, besinnliche Weihnachtsfreude in der Stimme. «Das wäre doch praktisch, wenn es mit der Gans noch etwas dauert. Wir könnten jetzt den Baum anzünden und etwas singen. Was meint ihr?»

«Ich finde auch dein Verhalten nicht korrekt», sagte mein Vater zu mir. «Du rufst immer seltener an, seit du verheiratet bist.»

Meine Liebste lachte fröhlich. «Was wollen wir denn singen?»

«Ich glaube nicht, dass ich singen will», sagte mein Bruder.

Meine Mutter kam zurück, etwas Blaues schwenkend.

«Das ist eine Bademate», erklärte mein Vater, «ich habe dir diese Badmatte gekauft, weil im Bad keine lag.»

«Ich möchte dieses hässliche Ding nicht in meinem Haus haben!», rief meine Mutter.

«Hör zu», sagte mein Vater. «In jedes Bad gehört eine Badmatte. Und die alte war verschwunden.»

«Ich habe sie weggeworfen», sagte meine Mutter.

Mein Vater sah sie an und sah dann uns an, um zu sehen, ob wir es auch gehört hatten.

«Du hast – was?», fragte er.

«Ich werde auch diesen lausigen Fetzen wegwerfen», triumphierte meine Mutter, «wenn du ihn nicht freiwillig entfernst. Ein für alle Mal: Ich dulde keine Schmutzfänger in meinem Bad!»

«Habt ihr das gehört?», empörte sich mein Vater. «Jeder normale Mensch hat im Bad eine Badmatte!»

«Wir sollten jetzt die Kerzen anzünden,» erinnerte ich lächelnd. «Mama – bleibst du gleich hier?»

«Sag deinem Vater, er soll für immer den Mund halten!», befahl meine Mutter und schmetterte hinter sich die Küchentür zu.

Mein Bruder sah mich hämisch grinsend an.

«Das traut er sich nicht», sagte er. «Da hat er Angst, der tolle große Bruder!»

«Es ist Weihnachten!», raunte mir meine Liebste zu.

«Ich zünde jetzt die Kerzen an!», sagte ich strahlend und griff nach dem Feuerzeug.

«Verflixt!» Mein Vater fuhr vom Sessel hoch. «Ich habe es doch gewusst! Ich hab es noch gesagt!»

Der Hund sprang mit einem Satz vom Sofa, rannte zur Küchentür, machte Männchen und drückte die Klinke herunter, bis die Tür aufschwang.

«Der Stollen! Dein Hund hat den ganzen Stollen gefressen!», rief mein Vater meiner Mutter zu.

«Braver Hund», lachte meine Mutter hämisch, kramte nach einem Hundekuchen und warf ihn dem Stollenfresser zu.

«Ihr seht es», sagte mein Vater kopfschüttelnd. «Dieser Hund darf sich alles herausnehmen …»

«Für ihn ist auch Weihnachten!», rief meine Mutter. «Auch Hunde dürfen einmal im Jahr Stollen essen! Frag Tina, die ist Tierärztin.»

«Na ja», sagte Tina, vorsichtig lächelnd, «er ist schon ziemlich rundlich …»

«Schau dich doch erst mal selber an!», unterbrach meine Mutter heftig und knallte die Tür zu.

Das Telefon klingelte. «Hallo, Ernst, fröhliche Weihnachten», sagte mein Vater, «nein, wie immer, eine Katastrophe …»

Meine Mutter kam aus der Küche gerannt, hinter ihr der Hund. «Untersteh dich, über mich zu reden, sonst passiert etwas!», zischte sie meinen Vater an.

Der Hund machte auf dem Parkett in vollem Lauf eine Drehung und raste in die Küche zurück, meine Mutter ihm hinterher. Es klirrte und schepperte.

«Jetzt frisst ihr verzogener Hund uns auch noch die Gans weg», reportierte mein Vater mit grimmiger Befriedigung ins Telefon.

«So», rief ich händeklatschend, «alle Lichter brennen, wir können anfangen zu singen!»

Mein Bruder äffte mich feixend nach.

Meine Liebste ging in die Küche, um meine Mutter zu holen.

«Untersteh dich!», wurde meine Mutter laut. «Misch du dich nicht in fremde Angelegenheiten ein!»

Meine Liebste kam aus der Küche, meine Mutter hinter ihr her, den Hund mit sich zerrend.

«Diese Frau hat gefragt, ob sie mir helfen soll! So eine Frechheit!», rief meine Mutter aufgebracht.

«Au», rief die Liebste, «fast hätten wir es vergessen: Wollen wir vorher die Weihnachtsbotschaft lesen?»

«Natürlich!», rief ich und zog die Bibel aus dem Regal. «Tina, möchtest du lesen?»

«Nicht aus meiner Bibel!», jaulte meine Mutter auf. «Sie hat meinen Hund beleidigt!»

«Was soll das heißen?», empörte sich mein Bruder.

«Jetzt ist es aber genug», sagte Tina. «Wir wollen hier Weihnachten feiern, nicht streiten, oder?»

«… der eine Junge kann sich nicht benehmen, der andere lässt sich von seiner Frau verbieten, uns wenigstens ab und zu mal anzurufen», seufzte mein Vater überlaut ins Telefon.

Mein Bruder schlenderte in den Flur und zog den Telefonstecker aus der Buchse.

Meine Liebste stupste mich an. «Lass uns doch einfach mit dem Singen anfangen», sagte sie, milde lächelnd.

«Ihr lasst euch alle von diesem Mann gegen mich aufhetzen. Ist das euer Dank für alles?» Meine Mutter riss mir die Bibel aus der Hand.

«Die Leitung ist tot», rief mein Vater.

«Jedes Jahr sagen wir danke. Danke für den lausigen Streit und eine mittelmäßige Gans», stöhnte mein Bruder und griff nach der Weinflasche.

«Jetzt fällst du mir auch in den Rücken?», rief meine Mutter. «Das hätte ich von dir nicht gedacht. Ich kann dir gar nicht sagen, wie enttäuscht ich bin!»

Meine Liebste und ich stimmten «Stille Nacht, heilige Nacht» an. Tina fiel ein.

Mein Bruder zündete sich eine Zigarette an. Meine Mutter stürzte zur Terrassentür und riss sie auf.

Mein Vater begann zu husten und schloss die Tür. Meine Mutter riss sie wieder auf.

«Bitte», mahnte Tina meine Eltern, «das muss doch nicht sein.»

Mein Vater versuchte, die Terrassentür wieder zu schließen, aber meine Mutter hielt sie mit beiden Händen fest, während sie mit lauter Stimme in unseren Gesang einfiel.

Mein Bruder blies Rauchkringel zur Decke.

«Ich hole unsere Geschenke!». Meine Liebste lief nach oben. «Sehr gut!», rief ich ihr hinterher.

Mein Vater zerrte meine Mutter von der Terrassentür weg und schloss die Tür.

Meine Mutter hastete in die Küche und kam mit einem Bierglas voll Wasser zurück.

«Sag diesem Jungen», befahl sie meinem Vater, «er soll die Zigarette ausmachen, oder er kriegt das Wasser ins Gesicht!»

Mein Bruder nahm die Zigarette aus dem Mund und drückte sie mit verbissenem Gesicht aus.

«Könnt Ihr euch nicht einmal, ein einziges Mal im Jahr zusammenreißen?», fragte Tina.

«So eine Unverschämtheit von dir!», tobte meine Mutter los. «Ich gebe mir alle erdenkliche Mühe, es euch schön zu machen! Aber wenn es euch nicht gefällt, könnt ihr ja gehen!»

«Gute Idee!» Tina sprang auf und sah sich nach meinem Bruder um. «Kommst du?»

«Ihr könnt doch jetzt nicht einfach gehen!», rief meine Mutter empört. «Das Essen ist gleich fertig!»

«Danke, mir ist der Appetit vergangen!», rief Tina.

«Was soll das heißen?», schrie meine Mutter und rannte zornbebend in die Küche.

Meine Liebste kam mit unseren Geschenken zurück und legte sie unter den Weihnachtsbaum.

«Das könnt ihr nicht machen! Ihr müsst hier bleiben!», belehrte mein Vater meinen Bruder und Tina. «Sie hat sich solche Mühe gegeben, extra für euch!»

Meine Liebste und ich umarmten die anderen, wünschten frohe Weihnachten und verteilten unsere Geschenke.

Meine Mutter kam aus der Küche zurück, zwei riesige Teller mit halb roher Gans, rohen Klößen, Blaukraut und Soße in der Hand.

Es war nicht leicht, sie zu umarmen und ihr frohe Weihnachten zu wünschen.

«Ihr wollt mein Essen nicht?», schrie sie. «Ihr wollt nicht, was ich voller Liebe für euch gekocht habe? Gut! Gut! Dann werfe ich es eben weg!» Sie riss die Terrassentür auf und schleuderte die Teller in die dunkle Nacht. Der Hund raste hinterher. Tina zog meinen Bruder mit sich aus der Haustür. Meine Mutter verschwand türenknallend, und mein Vater ging nach draußen, um den Nachbarn, die am Zaun standen, zu erläutern, dass es nur an meiner Mutter lag.

In der Ferne läuteten die Kirchenglocken. Meine Liebste und ich küssten uns und wünschten uns ein frohes Fest.

Plötzlich wand sie sich aus meinem Arm.

«Du pikst», sagte sie genervt. «Kannst du dich nicht einmal im Jahr ordentlich rasieren?»

«Ich bin ordentlich rasiert!», brüllte ich. «Ich bin hervorragend rasiert, verdammt nochmal!»

Irgendein dämlicher Passant

Neulich, im Fernsehen, sah ich überraschend meinen Schulfreund Christian. Es lief eine Straßenumfrage, und der Interviewer fragte eine Passantin: «Machen auch Sie Diät?» Da kam im Hintergrund Christian aus einem Kaufhauseingang. Er war eindeutig zu erkennen, zumal er immer noch seine alte Brille und diese Frisur trug. Christian entdeckte die Kamera und blieb neugierig stehen. Als die Befragte nach einer Schrecksekunde antwortete («Natürlich!»), drehte er sich zur Seite und verließ hastig das Bild.

Ich hatte Christian seit über 15 Jahren nicht mehr gesehen und wollte gerade darüber nachdenken, warum sich manche Menschen so wenig verändern, da fing der packende U-Boot-Thriller an.

Tage später kam in den *Tagesthemen* ein Bericht über die mafiösen Strukturen von Akkordeonspielern im öffentlichen Nahverkehr. Die Kamera schweifte über einen voll besetzten Bahnsteig, und inmitten der Wartenden stand – Christian. Er starrte mit aufgeregt flatternden Augenlidern geradeaus und tat, als merke er nicht, dass er gefilmt wurde.

Diesmal erwog ich kurz, ihn anzurufen, aber am nächsten Tag hatte ich doch zu viel zu tun.

Nach einer Woche war Christian schon wieder im Fernsehen. In einer Dokumentation über den Alltag eines ehemaligen Bundeskanzlers war er unter den Zuschauern, die eine 12-Uhr-Fütterung im Affenhaus verfolgten. Diesmal gab er sich deutlich gelassener, allenfalls sein heftiges Kaugummikauen deutete auf eine gewisse Nervosität hin. Und er hatte eine neue Frisur.

Ich suchte nach Christians alter Telefonnummer und rief ihn an.

Er wunderte sich kein bisschen. «Und, wie war ich?», fragte er. «Ganz gut», sagte ich zögernd, «seltsam: Ich habe dich jetzt dreimal hintereinander gesehen …»

«Du hast drei Auftritte verpasst», beeilte sich Christian zu erklären, «ich war in diesem Kulturmagazin, bei Heute, und gestern in den RTL-Nachrichten, als der Reporter vor der bayerischen Landesvertretung seinen Aufsager machte, ging ich durchs Bild. Von links nach rechts. Ziemlich weit hinten, aber doch gut zu erkennen.»

«Christian», sagte ich. «Das ist doch kein Zufall!»

Christian lachte. «Zuerst war es das. Aber nachdem ich zweimal hintereinander im Fernsehen war, fingen meine Nachbarn an, mich freundlich zu grüßen. In der Bäckerei werde ich plötzlich immer zuerst bedient. Mein Weinhändler lädt mich zu Weinproben ein. Bekannte rufen an, die sich seit Jahren nicht mehr gemeldet haben. Ach ja: Warum meldest du dich jetzt erst?»

«Entschuldige, ich war sehr beschäftigt», sagte ich.

«Weißt du», fuhr Christian fort, «es ist ganz leicht: Man muss sich vor der Kamera einfach nur benehmen, als wäre nichts. Fernsehteams sind ja überall genug unterwegs. Sorry, ich muss los, in einer halben Stunde kommt die Nationalelf an.»

Am nächsten Abend sah ich in einer Sportsendung Christian im Spalier der Autogrammjäger vor einem Hoteleingang stehen. Fünf Sekunden lang blickte er ganz entspannt direkt in die Kamera. Ein Torwart, der unbedingt seine Mittelfinger in die Kamera halten musste, verdeckte ihn halb, aber es kam mir so vor, als habe Christian nun auch eine neue Brille. Weiteren Fernsehauftritten entnahm ich, dass er jetzt einen Anzug trug, einmal sogar einen nagelneuen Staubmantel.

Dann rief er mich an.

«Wie bin ich so?», fragte er.

«Gut», sagte ich, «ganz natürlich. Neulich, in diesem Beitrag über Rikschas in der Großstadt, warst du als Fahrgast zwar etwas verschwommen …».

«Schlechter Kameramann», sagte er. «Ich habe mich beim Sender beschwert. Und sonst?»

Da war etwas in seiner Stimme.

«Wie sonst?», fragte ich.

«Genau, das ist es ja eben», sagte Christian. «Ich habe zu wenig Präsenz. Ich habe mir sämtliche Videoaufzeichnungen meiner Auftritte durchgesehen, nächtelang. Und ich war ehrlich erschrocken. Ich könnte auch irgendjemand anders sein. Irgendein Rikschafahrer. Irgendein dämlicher Passant.»

«Moment», sagte ich. «Du hast doch von deinen Nachbarn und deinem Bäcker erzählt …»

«Gut», sagte Christian, «aber das kann doch nicht alles sein. Ich verbringe meine ganze Freizeit vor Fernsehkameras, bei Wind und Wetter, ich gebe irre viel Geld aus für Kleidung und Körperpflege. Schon längst müsste ich Autogrammwünsche bekommen, müsste sich ein Fanclub gründen, müsste jemand von *Who's Who* anrufen und mich in die

Prominentenkartei aufnehmen wollen. Aber nichts geschieht! Man nimmt einfach nicht wahr, wie sehr ich mich von der breiten Masse abhebe!»

Ich wusste nicht, was ich sagen sollte.

«Ich werde daran arbeiten», verkündete Christian nach einem Moment peinlicher Stille und legte auf.

Einige Tage später sah ich in den Nachrichten einen Bericht über einen Streik bei einem großen Autohersteller. An einem Pult sprach ein glatzköpfiger Betriebsratsvorsitzender, hinter ihm standen dichte Reihen orangerot gekleideter Demonstranten. Mit einem Mal schob jemand einen Plakatträger in der Bildschirmmitte beiseite und drängte sich nach vorn. Es war Christian. Er trug Krawatte und einen schwarzen Anzug, starrte mit tieftrauriger Miene in die Kamera und schüttelte so leidvoll den Kopf, dass die Kamera ihn für einen Zwischenschnitt heranzoomte. Christian wartete, bis er groß im Bild war, dann begannen seine Mundwinkel voll kaum verhaltener Trauer zu zittern. Die Kamera schwenkte erst wieder auf den Betriebsratsvorsitzenden, nachdem zwei Streikposten Christian mit Gewalt aus dem Bild gezerrt hatten.

Am nächsten Morgen um kurz vor sechs rief er mich an.

«Ich hatte noch nie so viel Resonanz», erzählte er atemlos, «auf der Straße, in der S-Bahn, überall erkennt man mich jetzt. Fremde haben mir auf der Straße gratuliert und gesagt, ich hätte ohne ein einziges Wort mehr über die Lage unseres Landes ausgedrückt als all die Politiker mit ihren verlogenen Reden. Übrigens, ich werde dich auf den Verteiler meines E-Mail-Newsletters setzen, damit du nie wieder einen meiner Auftritte verpasst.»

«Danke», sagte ich schlaftrunken. Aber Christian hatte schon aufgelegt. Kurze Zeit später kam die erste E-Mail, aus der ich erfuhr, dass er am Abend im Publikum einer Quizshow sitzen würde.

Er hatte einen sehr guten Platz, einen, auf dem er fast immer mit im Bild war, wenn die Kamera den Kandidaten erfasste. Dieser, ein Lehrer aus Niedersachsen, wusste keine Antwort auf die Frage, was man mit Lackmus-Papier teste. Er sei Deutschlehrer, sagte er entschuldigend, und Christian hinter ihm rollte kopfschüttelnd die Augen.

Der Kandidat setzte seinen Telefonjoker ein und rief einen Bekannten an. Der konnte zur Lösung nur beitragen, er kenne sich mit Lacken und Farben überhaupt nicht aus, was Christian veranlasste, beide Hände vors Gesicht zu schlagen. Als der Kandidat das Publikum befragte, eine Mehrheit von 67 Prozent auf Lösung B, den Ph-Wert, tippte, und der Lehrer noch immer zögerte, griff sich Christian grimassierend an den Hals und formte mit den Lippen das Wort *Pisa*. Als es schließlich in der nächsten Frage darum ging, auf welchem Instrument John Lennon *Imagine* gespielt habe, und der Kandidat unsicher begann, er sei kein Musiklehrer, erhob sich Christian mit abfälliger Geste, zerriss seine Eintrittskarte in kleine Schnipsel und bahnte sich seinen Weg zum Ausgang.

Am nächsten Tag rief ich ihn an. Christian nahm nach dem ersten Klingeln ab, er musste direkt neben dem Telefon gesessen haben.

«Ach, du bist's nur», sagte er.

«Wen hast du denn erwartet?» fragte ich.

«Die Presse, das Fernsehen, einen Agenten», sagte Christian. «Wir dürfen nicht zu lange telefonieren; nach gestern wird garantiert jemand anrufen. Du hast es ja mitgekriegt: Die Zuschauer hätten mir fast applaudiert. Hast du den Quizmaster gesehen? Um ein Haar hätte er mich angesprochen. Ich hätte eine pointierte Antwort parat gehabt, die mir einen sicheren Lacher beim Publikum eingebracht hätte. Ich war ganz kurz vor meinem ersten Satz im Fernsehen! Schade, dass diese Null von Lehrer heulend zusammengebrochen ist und sich alle um ihn kümmern mussten.»

«Ja, schade», stimmte ich zu, weil ich wusste, dass Christian das erwartete.

«Jetzt ist es nur noch eine Frage der Zeit», sagte Christian. «Wie leicht kann es sein, dass man mich auf der Straße anhält und zur Weltlage befragt. Und ich bin vorbereitet. Jeden Morgen lese ich vier Zeitungen und lerne die Kurzkommentare auswendig. Aber ich muss jetzt auflegen!»

Es war reiner Zufall, dass ich am übernächsten Tag den Fernseher einschaltete; keine E-Mail hatte mich auf den Auftritt von Christian hingewiesen. Aber als eine Reporterin vor einem Schnellrestaurant eine Umfrage zum bevorstehenden Besuch der Queen machte, trat er ins Bild, zur anderen Seite sehend und gedankenversunken in einen großen Cheeseburger beißend. Er merkte erst, was los war, als die Journalistin ihm das Mikrophon vor die Nase hielt und fragte: «Und Sie? Mögen Sie die Queen?»

Christian starrte mit prallen Backen und verschmiertem Mund in die Kamera.

«Die Queen», erläuterte ihm die Interviewerin, unbarmherzig lächelnd, «das ist die englische Königin. Sie kommt zu Besuch. Verstehen Sie mich?»

Christian nickte, Panik im Blick, versuchte, etwas zu sagen, und verschluckte sich, während die Kamera zum Nächsten schwenkte, einem streng gescheitelten Mittfünfziger, der ein trainiertes Lächeln aufsetzte und wie aus der Pistole geschossen: «Sehr sympathische Frau!», antwortete.

Er sagte noch etwas über die Symbolik der königlichen Handtasche, aber das ging unter in Christians fürchterlichem Hustenanfall.

Das Interview wurde als *Panne der Woche* noch zweimal gesendet, in einer Tageszeitung als Paradebeispiel fehlender Bildung erwähnt und in einem Privatsender von einem ziegenbärtigen Moderator mit tellergroßen Papp-Cheeseburgern nachgespielt.

Danach sah ich Christian länger nicht im Fernsehen. Ungewöhnlich lange.

Irgendwann rief ich ihn an. Es dauerte, bis er ans Telefon ging.

«Ich bin ruiniert», sagte er mit brüchiger Stimme. «Ich habe hart daran gearbeitet, mich als ernsthafte Person des öffentlichen Lebens aufzubauen. Und wenn ich jetzt die Bäckerei betrete, fangen die Verkäuferinnen an, über die Queen zu sprechen. Mein Weinhändler behauptet, er sei nicht mehr mein Weinhändler, und gestern rief so ein Boulevard-Blatt an, das den *Loser des Jahres* sucht – ich habe behauptet, ich sei mein Untermieter. Niemand will mich mehr in einer Talkshow sehen, in den Nachrichten, niemand wird mir mehr die Chance geben, in einer Straßenumfrage meine Meinung zu sagen. Bald werde ich wieder in derselben Bedeutungslosigkeit versunken sein wie alle anderen. Bald werde ich wieder so unwichtig sein wie du!»

Ich bat ihn, doch nicht so zu weinen. Der Wert eines Menschen bemesse sich nicht an solchen Äußerlichkeiten, und schließlich seien wir gute alte Freunde. Bevor ich auflegte, versprach ich, spätestens nächste Woche wieder anzurufen.

Ich habe es nicht getan.

Total verbohrt

Neulich traf ich Sven auf der Straße. Sven pfiff vor sich hin und lächelte. «Habt ihr Lust vorbeizukommen», fragte er, «zu einem Glas Wein, so in zwei Stunden?»

Sven und Heike wohnen gleich um die Ecke, und es dauerte ein paar Minuten, bis Heike öffnete. Sie sah aus, als sei etwas Unangenehmes passiert.

«Oh», fragte ich betroffen, «sind wir zu früh?»

Aus dem Hintergrund war ein Poltern zu hören, dann Svens Stimme. Was er sagte, hörte sich an wie ein derber Fluch.

Heike lächelte mühsam. «Entschuldigt», sagte sie, «wir wollten etwas vorbereiten und sind nicht fertig geworden. Könntet ihr vielleicht später vorbeikommen – oder besser morgen? Morgen um die gleiche Zeit?»

Es war eine lächerliche Ausrede, aber wir nickten verständnisvoll. Streit kommt in den besten Beziehungen vor.

Am nächsten Tag, wir hatten eine Flasche hervorragenden Wein dabei, öffnete uns Sven. Er wirkte nicht so, als erwarte er Besuch; sein Hemd war durchgeschwitzt. Es tue ihm leid, murmelte er, aber heute sei schon wieder etwas Unvorhergesehenes passiert, und vor lauter Hektik habe er völlig vergessen anzurufen. Wir sollten bitte nicht böse sein.

«Kein Problem», sagte ich. «Ist alles in Ordnung? Geht es euch gut? Wenn wir euch helfen können …»

«Nein danke», Sven lächelte noch bemühter als Heike gestern, «furchtbar nett von euch, aber wir sind bald fertig! Falls ihr morgen noch nichts vorhabt ...᠅»

Hinter ihm, im Halbdunkel des Flures, tauchte Heike auf und schlug hastig vor, wir sollten doch besser morgen erst noch einmal telefonieren.

Wir achteten darauf, beim Abschied so herzlich wie immer zu sein.

«Ich habe kein gutes Gefühl», sagte meine Liebste auf dem Nachhauseweg. «Du wirst sehen, morgen klappt es auch nicht.»

Am nächsten Tag war tatsächlich Heikes Stimme auf unserem Anrufbeantworter: Es sei schon wieder etwas dazwischengekommen, die Sache sei ihnen wirklich sehr peinlich, und vielleicht sei es deshalb das Beste, wenn sie sich melden würden, sobald sie wieder Zeit hätten.

«Sie hat so anders geklungen», sagte meine Liebste. «Ganz anders als sonst.»

Wir hörten die Nachricht ein Dutzend Mal ab und untersuchten sie penibel auf versteckte Botschaften, doch abgesehen von einem kurzen Störgeräusch – vermutlich ein Küchenmixer – war da nichts.

«Was, wenn sie gar keinen Streit haben᠅» Meine Liebste runzelte die Stirn. «Haben wir vielleicht irgendetwas gesagt oder getan, was die beiden beleidigt haben könnte᠅»

«Nicht dass ich wüsste!», erwiderte ich.

«Denk nach», sagte sie eindringlich. «Als Sven dich fragte, ob wir vorbeikommen wollten, neulich, bevor das alles begann, hast du da womöglich etwas Unfreundliches gesagt᠅ Die Nase gerümpft᠅ Natürlich nur versehentlich.»

«Wofür hältst du mich!», erwiderte ich empört.

Wir versuchten, Heike und Sven ein paarmal zurückzurufen, aber es sprang immer nur der Anrufbeantworter an.

Drei Tage danach begegnete ich Sven auf dem Weg zum Gemüseladen. Er hatte eine Schramme über dem Auge, und als er mich sah, zuckte er sichtbar zusammen.

«Wie geht es dir?», fragte ich und starrte auf die Tüte in seiner Hand, in der sich offenbar etwas Schweres befand.

«Alles in bester Ordnung», sagte er, «du entschuldige, ich muss dringend los. Wir sehen uns bald, versprochen!»

Es war das kürzeste Gespräch mit Sven seit langer Zeit gewesen. Auch in der kommenden Woche meldeten sich die beiden nicht, was sehr ungewöhnlich für sie war. Sie gingen auch weiterhin nicht ans Telefon, obwohl in ihrer Wohnung Licht brannte und sich hinter den Vorhängen Schatten bewegten, wie ich auf einem abendlichen Kontrollgang feststellte.

«Was könnte in der Tüte gewesen sein, die Sven bei sich trug?», fragte meine Liebste, als wir, wie jeden Abend, das unerklärliche Verhalten der zwei analysierten. «Und diese Schramme. Könnte die auch von – Fingernägeln stammen?»

Ich sah sie erstaunt an.

«Sag mal», fuhr sie eilig fort, «wann haben wir Heike zum letzten Mal gesehen?»

Ich lachte auf. «Du glaubst doch nicht im Ernst, also hör mal …»

Meine Liebste lachte mit, aber sie sah gespannt zu, wie ich zum Telefonhörer griff.

In der Wohnung lief natürlich nur das Band. Ich stellte unsere Anruferkennung aus und rief auf Heikes Diensthandy an. Beim dritten Versuch meldete sie sich mit einem leisen: «Hallo?»

«Heike», rief ich erleichtert, «geht es dir gut?»

«Hallo!», rief Heike, und ihre Stimme klang, wie eine Stimme klingt, wenn man das Handy mit ausgestrecktem Arm von sich weghält. «Hallo? Wer ist da? Ich fahre gerade in einen Tunnel, ich höre nichts! Ich höre nichts! Hallo …» Sie machte ein paar fauchende Geräusche, musste husten und unterbrach die Verbindung.

Wir sahen uns an.

«Hältst du es für möglich, nur theoretisch, dass es umgekehrt ist», fragte ich. «Dass vielleicht Heike Sven …»

«Unmöglich!», rief meine Liebste überzeugt. «Aber vielleicht hält er sie gegen ihren Willen in der Wohnung fest?»

Wir schwiegen ratlos.

Zwei Tage später kam meine Liebste nach Hause. «Ich habe sie gesehen», rief sie, «alle beide! Sie liefen mir entgegen, und weißt du, was sie getan haben? Sie wechselten die Straßenseite und taten, als hätten sie mich nicht bemerkt! Außerdem trugen sie karierte Hemden.»

«Alle beide?» fragte ich. «Welche Art von karierten Hemden?»

«Keine Ahnung», sagte sie. «Was hat das zu bedeuten?»

«Ich weiß es nicht», sagte ich.

«Wir werden es herausfinden, jetzt gleich», beschloss meine Liebste. «Wir gehen hin, klingeln sie heraus und laden sie zu uns ein!»

Sven und Heike ignorierten unser Klingeln, aber kaum hatten wir einige Zeit an der Tür gelauscht, drang aus ihrer Wohnung lautes Krachen, gefolgt von Stimmengewirr.

«Die Post!», rief ich durch den Briefschlitz. «Päckchen für Sie!»

Sven riss die Tür auf. Hinter ihm stand Heike mit verquollenen Augen. Beide sahen übernächtigt aus, beide trugen verstaubte karierte Hemden.

«Danke», sagte Sven, als ich mein Einladungssprüchlein aufgesagt hatte, und täuschte ein Lächeln an, «wir würden so gerne kommen, aber leider, heute und morgen Abend haben wir keine Zeit!»

«Übermorgen vielleicht?», fragte meine Liebste und versuchte, an beiden vorbei einen Blick in die Wohnung zu werfen.

«Leider, voraussichtlich auch nicht», sagte Heike und machte den Türspalt kleiner.

«Überübermorgen?», fragte die Liebste. «Oder am Tag danach?»

Ich legte den Finger auf den Mund, zog unauffällig den Zettel aus der Tasche, den wir vorbereitet hatten, und hielt ihn den beiden hin.

«Nein», sagte Sven, «wir werden nicht erpresst, und es hat uns auch niemand als Geiseln genommen. Trotzdem ist noch nicht absehbar, wann wir wieder Zeit haben werden, leider. Lasst es uns doch so machen, wie wir vorgeschlagen haben: Wir melden uns, sobald es geht. Okay?»

«Sven, Heike», fragte meine Liebste, «was ist wirklich los?»

«Nichts», Sven lächelte qualvoll.

«Hat es mit uns zu tun?», fragte sie.

«Nein, natürlich nicht, wie kommt ihr darauf?», rief Heike erschrocken.

Unser Abschied war kurz und unverbindlich. Als wir die Treppe hinuntergingen, meinten wir, ein Schluchzen zu hören.

«Ist dir aufgefallen, dass sie uns keinen Schritt in die Wohnung lassen wollten?», fragte meine Liebste. «Und ihre Augen waren so – komisch.»

«Vielleicht sind sie an eine Sekte geraten», sagte ich.

Meine Liebste blieb stehen. «Wir müssen ihnen helfen», sagte sie, «wir haben doch ihren Zweitschlüssel vom Blumengießen.»

Als wir Heikes und Svens Wohnung betraten, war es noch nicht zu spät. Überall im Flur lagen Kleider, Werkzeuge und zerrissene Pappkartons, aus dem Schlafzimmer drang Licht, und wir hörten Gemurmel.

Sven und Heike knieten mit gesenktem Kopf vor etwas Großem, das vor dem Bett auf dem Boden lag.

Ein Sarg.

Nein. Es war ein Schrank.

Sven und Heike knieten vor einem Kleiderschrank. Einem fast fertig zusammengebauten Kleiderschrank.

«Entschuldigt», stotterte ich. «Entschuldigt vielmals, aber wir dachten ...»

Sven sprang auf, machte dann eine resignierte Handbewegung und griff nach einer Flasche Bier.

Heike lächelte erschöpft.

«Na gut, jetzt seht ihr's ja selbst», sagte sie. «Seit drei Wochen versuchen wir, diesen Schrank zusammenzubauen. Anfangs dachten wir, es geht in ein paar Stunden. Aber wir haben die Wände falsch zusammengesteckt. Deshalb mussten wir eine Bohrmaschine kaufen und neue Löcher

für die Schrauben bohren. Dann haben wir die Tür-scharniere angeschraubt, drei Abende lang die Türen jus-tiert, und zum Schluss gemerkt, dass wir zuerst die Griffe hätten anbringen müssen. Wir haben die Türen wieder ab-montiert Löcher für die Griffe gebohrt, die Griffe ange-schraubt – aber die sitzen jetzt schief. Das Holz ist gesplit-tert, die Türen passen nicht mehr an die Seitenwände, und zwei Schrauben sind verschwunden …»

Sven strich sein ungewaschenes Haar zurück und ging in die Küche, um ein neues Bier zu holen.

«Er isst seit Tagen nichts mehr», flüsterte Heike. «Und heute ist er wieder nicht zur Arbeit gefahren. Die ganze Zeit beschäftigt er sich nur noch mit diesem Ding. Er ist doch Architekt. Dass er nicht mal einen lausigen Schrank zusammensetzen kann, das ist zu viel für ihn. Helft uns. Klaut den Scheißschrank. Zündet unsere Wohnung an. Tut etwas, bevor es zu spät ist!»

Heike warf sich verzweifelt auf den Boden. Sven, der alles gehört hatte, knallte von außen die Schlafzimmertür zu. Sekunden verharrten wir wie erstarrt, ohne den Blick von dem Papier lösen zu können, das säuberlich mit vier Nadeln an die Tür gepinnt war. Die Aufbauanleitung.

«Sie hängt verkehrt herum», sagte meine Liebste.

Es führt kein Weg zu
Dr. Flimmich

Ich turne nicht auf Dächern herum und benutze keine Seilbahn. Balkone betrete ich nur bis zum zweiten Stock, und auf steilen Rolltreppen schließe ich die Augen. Kurz: Ich bin niemand, der mutwillig die Gefahr sucht.

Ich tat das auch nicht, als die Rezeptionistin des Hotels zu mir sagte: «Sie bekommen eines unserer schönsten Zimmer. Nummer 612, sechster Stock.»

Natürlich hatte ich registriert, dass das Hotel ein imposanter Neubau mit Glasfassade war. Aber es hatte mich nicht argwöhnisch gemacht. Eingekeilt in eine schwäbische Reisegruppe, schob ich mich in den Lift.

Im zweiten Stock stiegen meine Mitfahrer aus, der Fahrstuhl glitt mit mir alleine weiter.

Und mir stockte der Atem.

Ich stand in einem Glaskasten, tief unter mir wurden die Menschen kleiner und kleiner. Meine Knie schwankten. Krampfhaft starrte ich auf das erbärmlich winzige Messingbrett mit den Etagenknöpfen.

Ich starrte, bis der Lift stoppte. Fast blind tastete ich nach der Türöffnung und stand auf einem Glassteg, der sich in Höhe des sechsten Stockwerks quer durch die Halle spannte.

Die Henkel meiner Tasche zwischen den Zähnen, kroch ich auf allen vieren, bis ich einen Flur mit festem Fußboden erreicht hatte, und lehnte dort geraume Zeit keuchend an der Wand. Nachdem ich mein Zimmer gefunden hatte, öffnete ich vorsichtig die Tür. Glücklicherweise war es ein Zimmer, dem man nicht ansah, dass es in einem Gebäude lag, welches von einem Irren entworfen worden war.

Ich warf mich aufs Bett und blieb liegen, bis mir einfiel, dass ich eine Verabredung in der Lobby hatte.

Es musste noch einen anderen Weg nach unten geben. Ich folgte dem Flur in die entgegengesetzte Richtung, weg von dem Glassteg, und kam zu einer Tür mit der Aufschrift *Treppe*. Erleichtert öffnete ich.

Die Treppe bestand aus einem Nichts von Gitterrostgeflecht, durch das hindurch man in die Tiefe sah.

Ich sprang in den Flur zurück.

Vom Zimmer aus rief ich die Rezeption an.

«Bitte verstehen Sie», begann ich, «Ihr gläserner Lift, ich war darauf nicht vorbereitet …»

«Das geht vielen so», fiel mir die Rezeptionistin stolz ins Wort. «Unser Panoramafahrstuhl überwindet dreißig Höhenmeter und bietet freie Sicht auf die größte Hotelhalle dieser Bauart. Fahren Sie ruhig ein paarmal auf und ab!»

«Es gibt doch sicher noch einen anderen Aufzug?», fragte ich.

«Nein», sagte die Rezeptionistin, «nur eine Treppe.»

«Aber abgesehen von diesem Fahrstuhl und dieser Treppe muss es doch noch etwas geben. Etwas, das nicht aus Glas oder durchsichtig ist. Vielleicht ein Lasten- oder Speiseaufzug», drängte ich.

«Warum?», fragte die Rezeptionistin verständnislos.

«Für das Personal zum Beispiel!», sagte ich. «Für Lasten. Für Speisen. Für Höhenkranke!»

«Mein Herr», die Stimme der Rezeptionistin klang nicht sehr mitleidig. «Ist Ihnen nicht gut?»

Ich beendete das Gespräch und sah auf die Uhr. Meine Verabredung, Dr. Flimmich, musste schon da sein.

Ich rief ihn vom Handy aus an. Er saß in der Lobby. Ich faselte etwas von einer Zugverspätung.

Dann durchblätterte ich mein Handy-Telefonbuch und stieß auf Olivers Nummer. Oliver fuhr im Winter einen ungeheizten Jeep, machte im Sommer Abenteuerurlaub im Dschungel und konnte mir jetzt sicher helfen.

Er brach in lautes Gelächter aus, als er erfuhr, worum es ging.

«Hör auf!», bat er. «Hör auf mit deinen Witzen!»

«Oliver!», rief ich. «Ich mache keine Witze! Ich schwöre es!»

Es wurde still am anderen Ende.

«Also: Wie komme ich aus einem Hotel, wenn ich den einzigen Fahrstuhl nicht benutzen kann und die Treppe auch nicht?»

«Springen», sagte Oliver. «Tu so, als ob es brennt: Die Feuerwehr kommt, spannt unten ein Sprungtuch auf, du kletterst aufs Fensterbrett. Und springst.»

«Aus dem sechsten Stock?», fragte ich schaudernd.

«Hm», überlegte Oliver, «möglicherweise kommt auch ein Hubschrauber, lässt einen Rettungskorb herunter, und du steigst vom Fensterbrett aus hinein. Ganz einfach. Du musst nur noch den Feueralarm auslösen.»

«Aber», fragte ich mit rauer Stimme, «wenn ich so Höhenangst habe, dass ich nicht mal aufs Fensterbrett komme?»

«Ich habe mal eine Meldung in der Zeitung gelesen», sagte Oliver, «über einen Hotelgast, der hatte auch Höhenangst. Als er abreisen musste, traute er sich nicht in den Glasfahrstuhl, sondern versteckte sich in verschiedenen Zimmern und ernährte sich von Chips und Erdnüssen aus den Minibars. Als man ihn nach Wochen endlich gefangen hatte, musste man ihn fesseln, um ihn in den Lift zu bekommen – bist du noch da?»

«Das ist nicht wahr!», murmelte ich entsetzt.

Oliver kicherte. «Sorry, ich habe nur Spaß gemacht!»

«Du Schwein», zischte ich, legte auf und löschte seine Nummer aus meinem Telefonbuch. Ich rief noch drei oder vier echte Freunde an, erreichte aber niemanden.

Also griff ich ein Duschhandtuch, trat auf den Gang hinaus und ging auf und ab, bis aus einem Zimmer eine Frau kam, die so intelligent aussah, dass ich ihr mein Leben anvertrauen konnte.

Ich erzählte ihr von meinem Dilemma und fragte, ob sie mir das Handtuch als Augenbinde umlegen, meine Hand nehmen und mich im Fahrstuhl nach unten bringen könne.

Sie lachte. «Gute Idee», sagte sie, «aber leider, ich bin mit meinem Mann hier.»

«Aber …», rief ich, doch sie war schon weg.

Ich ging zurück in mein Zimmer und unterrichtete Dr. Flimmich, ich säße nun gleich im Taxi, es könne nicht mehr lange dauern. Er antwortete mit einer Höflichkeitsfloskel, aber in seiner Stimme schwang Ungeduld mit.

Kaum hatte ich aufgelegt, klingelte mein Handy. Oliver.

«Ich helfe dir», sagte er. «Du musst dich selber austricksen. Hör zu …»

Unter seiner Anleitung kippte ich zwei Wodka aus der Minibar herunter. Dann knotete ich die Bettwäsche, die Badetücher und die Ersatzdecken aus dem Schrank zu einem Seil zusammen.

«Geh mit damit in den Flur», sagte Oliver, «bis dahin, wo der Glassteg beginnt.»

«Das ist schwierig!», sagte ich.

«Vertrau mir!», beschwor mich Oliver.

Das Handy am Ohr verließ ich das Zimmer und näherte mich dem Steg.

«Siehst du etwas?», fragte Oliver, «etwas, an dem du das Seil befestigen kannst?»

«Nein», sagte ich angespannt, «hier ist nichts, nur ein Feuerlöscher.»

«Hervorragend», rief Oliver, «befestige das Seil daran. Nicht nachdenken, mach schon!»

Geduckt näherte ich mich dem Feuerlöscher und schlang ein Seilende um den Tragegriff.

«Sehr gut», sagte Oliver. «Nimm das Seil in die Hand. Fest! Und jetzt dreh dich um. So, dass dein Rücken zum Steg zeigt.»

«Warum?» fragte ich entsetzt.

«Vertrau mir!» sagte Oliver. «Halt das Seil fest, dann kann dir nichts passieren.»

«Gut», sagte ich gepresst.

Eine Gruppe Senioren in weißen Hotelbademänteln kam den Gang entlang und blieb interessiert stehen.

«Prima!», rief Oliver, «jetzt klemmst du das Handy unters Kinn, nimmst das Seil in beide Hände und gehst rückwärts, als ob du dich abseilen würdest.»

«Rückwärts?», fragte ich panisch. «Auf den Steg?»

«Du wirst es nicht merken», beschwor mich Oliver.

«Das kann ich nicht», ächzte ich.

«Uralter Survivor-Trick: Solange man ein Seil in der Hand hat, hat man keine Höhenangst», erklärte Oliver, «geh nur ganz langsam und sieh nicht runter. Na los!»

Ich fing an, mich am Seil entlang rückwärts in Richtung Fahrstuhl zu tasten, bemüht, weder nach unten noch geradeaus zu sehen, wo sich die Senioren anschickten, ihre Bademantelgürtel zu einem Seil zusammenzuknoten.

«Gut», quäkte Olivers Stimme, «sehr gut! Weiter so! Du schaffst es …»

Ein Senior schwang das Gürtelseil nach Cowboyart mehrfach über dem Kopf und warf es mir zu, während er mit der freien Hand seinen Bademantel zusammenhielt.

«Danke», rief ich, «das ist sehr freundlich, aber nicht nötig! Es handelt sich nur um eine Übung, meine Damen und Herren, eine Übung …»

Der Senior nickte mir zu und warf wieder. Mein Handy rutschte weg, reflexartig griff ich danach, und als mir klar wurde, dass ich mein Seil losgelassen hatte, taumelte ich schon haltlos nach hinten, unter mir die grausige Tiefe. Meine Schreie müssen furchtbar geklungen haben.

Ich kam wieder zu mir, als ich mich, auf dem Bauch liegend, mit schweißnassen Händen in den rettenden Flur zog, durch ein Spalier Beifall klatschender Senioren, mein Handy zwischen den Zähnen.

Wieder in meinem Zimmer, rief ich Dr. Flimmich an. Es sei doch ganz unterhaltsam hier, sagte der, eben sei über ihm in der Hotelhalle sogar ein Clown aufgetreten. Aber leider, er müsse bald gehen, ein anderer Termin. Ich bat um Geduld, der Taxifahrer sei erst beim falschen Hotel gewesen, aber nun fahre er wie der Teufel. Gerade zog ich ein noch nicht durchgeschwitztes Hemd an, als es auf dem Flur polterte. Ich spähte durch den Türspion.

Ein Hotelangestellter lud gegenüber einen großen Koffer ab.

«Das ist deine Chance», insistierte Oliver, der in diesem Moment anrief, um zu hören, was aus mir geworden war. «Was hast du noch zu verlieren?»

«Entschuldigen Sie», sagte ich, auf den Gang heraustretend, zum Kofferträger und zeigte in Richtung des anderen Flurendes. «Ich habe von dort Schreie gehört. Schreckliche Schreie!»

Er wurde bleich und begann, in die Richtung zu laufen.

Ich schleifte den Koffer in mein Zimmer, öffnete ihn, warf die Frauenkleider in meine Badewanne, nahm etliche Drinks aus der Minibar und rief die Rezeption an: Man möge dringend ein großes Gepäckstück vor Zimmer 612 abholen und in die Lobby bringen. Dann trug ich den Koffer in den Flur, kauerte mich hinein und zog den Deckel ins Schloss.

Es ging erstaunlich gut. Nach kurzem Geschaukel hörte ich um mich herum die Geräusche der Hotelhalle. Der Koffer wurde abgestellt.

Ich wollte den Deckel öffnen.

Es ging nicht.

Ich versuchte es mehrere Male, immer hektischer.

Nach einiger Zeit kam es mir vor, als sei es in der Lobby leiser geworden. Nein, als sei die Lobby völlig ausgestorben.

Dann klingelte das Handy in meiner Hosentasche. Es war Dr. Flimmich.

«Falls Sie doch noch kommen», begann er mit unterkühlter Stimme, «ich wollte Bescheid geben, dass ich nun am Hinterausgang des Hotels stehe. Sicherheitskräfte haben die Halle geräumt, wegen eines verdächtigen herrenlosen Koffers ...»

Das Sprengkommando hörte mich gerade noch rechtzeitig.

Härtetest

Es fing damit an, dass ich nicht mehr richtig schlafen konnte. Dann kamen die Rückenprobleme. «Es geht nicht mehr», sagte ich eines Nachts und setzte mich auf. «Wir brauchen neue Matratzen.»

Meine Liebste wurde blass und sagte, so lange sei es doch nicht her, seit wir die jetzigen gekauft hätten, und sie schlafe hervorragend. Ich wusste, dass sie nicht die Wahrheit sagte. «Du weißt, was passiert, wenn man auf schlechten Matratzen liegt», sagte ich. «Man kann sich nicht erholen, hat Schmerzen, ist unkonzentriert und nicht leistungsfähig. Willst du, dass ich unkonzentriert bin und nicht leistungsfähig?» Sie seufzte.

Am Samstag fuhren wir zum Möbel- und Bettenmarkt. In der Matratzenabteilung lagen gut zwanzig Testmatratzen. Der einzig sichtbare Möbelmarktmitarbeiter tippte verzweifelt auf einer Kasse herum, umringt von Trauben genervter Kunden.

Ich warf meine Jacke ab und begann einen zwanglosen Schnelldurchlauf im Probeliegen. Bald merkte ich, dass alle Matratzen ähnlich waren.

Nach einer Stunde hatte ich noch siebzehn Modelle in der engeren Wahl.

Meine Liebste fragte, ob es darunter nicht wenigstens ein Exemplar gebe, das sich ungefähr so anfühle, wie unsere jetzigen Matratzen sich früher angefühlt hatten. «Nein», sagte ich, «aber das ist kein Wunder: Die Matratzenhersteller bringen ständig neue Modelle mit neuen Materialien in neuen Zusammensetzungen heraus, um die Kunden zu teuren Fehlkäufen zu verleiten.»

Meine Liebste setzte eine energische Miene auf und marschierte davon. Nach einiger Zeit kam sie zurück, im Schlepptau den Verkäufer sowie fünf Kunden, die sich nicht abschütteln ließen. Der Verkäufer sagte mit leiernder Stimme, eine geeignete Matratze finde man am besten durch gründliches Probeliegen, ausschließlich hier, denn nach dem Kauf sei leider kein Umtausch mehr möglich, wofür wir sicherlich Verständnis hätten.

Ich fragte, welches Modell er empfehlen könne. Der Verkäufer schüttelte ratlos den Kopf.

Ich fragte, ob er wenigstens ein bestimmtes Material empfehlen könne. Der Verkäufer sagte, er habe zu Hause zwar zufälligerweise selber eine Matratze, wisse aber nicht, was für eine und ob sie gut sei. Deshalb empfehle er uns, einen frischen Lattenrost oder besser gleich ein frisches Bett dazuzunehmen; es gebe da ein paar Sonderangebote, mit denen man nichts falsch machen könne.

Ich bat ihn dringend, den Marktleiter zu holen. Wir starteten derweil per Handy unter überraschten Freunden und Verwandten eine telefonische Kurzumfrage zu bevorzugten Matratzenmaterialien. Es kristallisierte sich eine klare Mehrheit für Latex oder Schaumstoff heraus. Erleichtert studierten wir die Informationstafeln zu den Testmatratzen: Alle 17 zur Wahl stehenden Exemplare bestanden aus Latex und/oder Schaumstoff. Aus den Tafeltexten ging weiter hervor, dass sich jede einzelne dieser Matratzen dem

Körper hervorragend anpasse und nach allerneuesten Standards gefertigt sei.

Meine Liebste schlug vor, unter diesen Umständen die Auswahl radikal abzukürzen und die billigste zu nehmen. Ich wandte ein, man müsse sich darüber klar sein, dass diese Texte von gewieften Verkaufspsychologen verfasst worden seien, mit dem Ziel, selbst die schlechteste Matratze an den Mann zu bringen.

Meine Liebste schlug vor, dann eben die teuerste zu nehmen.

«Woher weißt du, dass die teuerste Matratze tatsächlich die beste ist?», fragte ich. «Was, wenn diese Verkaufspsychologen ausgerechnet die schlechteste Matratze zum höchsten Preis anbieten?»

Sie warf ein, das sei doch absurd.

«Vielleicht», sagte ich, «vielleicht auch nicht. Willst du wirklich, berufsmäßigen Halsabschneidern blind vertrauend, die teuerste Matratze nehmen, auf den nächsten Urlaub verzichten, damit wir sie uns leisten können – und dann, in wenigen Wochen, übernächtigt, gekündigt und am Rande eines Herzinfarkts, wird dir mit Entsetzen klar, dass es die falsche war?»

Sie schüttelte langsam den Kopf.

Wir begannen einen gemeinsamen zweiten Testdurchgang und diskutierten dabei besonders die Frage des idealen Härtegrades. Ich war mir sicher, dass es besser sei, hart zu schlafen; meine Liebste dagegen hatte gelesen, dass es besser sei, genau das nicht zu tun. Die Informationstexte gaben darauf keine Antwort; die Großfamilie, die schon seit Stunden neben uns testete, fand beide Möglichkeiten plausibel und geriet darüber in Streit. Wir unternahmen eine zweite telefonische Umfrage mit dem Ergebnis, dass es ideal sei, einfach die Matratze zu nehmen, auf der man sich am wohlsten fühle.

Dem schloss sich auch der inzwischen erschienene Marktleiter. Er bedauerte sehr, uns nicht weiterhelfen zu können: sämtliche Verkäufer seien Aushilfen oder Vertretungen, er selber auch.

Während wir im Möbelmarktrestaurant zwei Cola light und zwei Mittagsgerichte herunterstürzten, kreisten wir das Phänomen des Wohlfühlens systematisch ein. Als wir wiederkamen, stellten wir erleichtert fest, dass eine der in der engeren Auswahl verbliebenen 15 Matratzen inzwischen verschwunden war. Sie sei ausverkauft, verriet uns ein älteres Ehepaar, das mit Decken und Büchern angeblich schon seit Tagen von Matratze zu Matratze zog und nichts dagegen hatte, an unserer Testreihe teilzunehmen: In jeweils zwei Durchgängen pro Matratze vergaben wir auf Weiche, Härte, Dicke, Dünne, Bequemlichkeit und Dauerliegewunsch Punkte von eins (indiskutabel) bis fünf (hervorragend) und hielten die Ergebnisse in einer Tabelle fest. Dann unternahmen wir Gegentests mit verbundenen Augen. Sicherheitshalber baten wir auch die Großfamilie und ein englisches Paar, das nach Kühlschränken suchte, um je eine weitere Testreihe.

Bei der Auswertung zählte ich unsere Bewertungen doppelt, die Fremdbewertungen einfach. Als ich die Ergebnisse auf Deutsch und Englisch verlas, brandete unter den Umstehenden, darunter auch der Verkäufer, spontan Applaus auf: Es gab sechs Spitzenmodelle, drei Matratzen rangierten am unteren Ende der Skala, der Rest im Mittelfeld.

Dann hatte meine Liebste einen beunruhigenden Gedanken. «Was», sagte sie, «wenn die Testmatratzen hier schon viel zu lange liegen, wenn sie vom tausendfachen Testen schon so ausgeleiert sind, dass das Testergebnis verfälscht wird.»

Der Verkäufer war verschwunden, aber hinter einem Kleiderschrank fanden wir den Marktleiter. Auf die Frage nach dem Alter der Testmatratzen zuckte er nur die Schultern und wich meinem Blick aus. Ich forderte frische Matratzen. Er bot uns zwei Wäschefrisch-Lavendelsäckchen an. Ich lehnte empört ab. Er erhöhte auf vier.

Ich kündigte an, den Kaufvorgang abzubrechen, das Gleiche würden die Großfamilie, das ältere Ehepaar und sämtliche Engländer tun. Außerdem würde ich über das nächstbeste Kassenmikrophon alle potenziellen Matratzenkäufer im Möbelhaus über den Testmatratzenskandal informieren sowie Flugblätter auf der Straße und an die örtliche Presse verteilen.

Zwanzig Minuten später waren neue Testmatratzen da.

Wir lagen auf den sechs in unserer Endauswahl verbliebenen Modellen konzentriert Probe, so lange, bis ich hochschreckte und bei einer eine kaum merkbare leichte Unebenheit in Wadenhöhe feststellte. Meine Liebste sortierte eine weitere Matratze aus, deren Farbe nicht zu unserem Bettgestell passte. Kurz darauf erschien ein Herr mit wirrem Haar und tiefen Augenringen, zückte ein Messer und stach wortlos auf eine der drei restlichen Matratzen ein. Dann ging er erhobenen Hauptes davon.

Bei den zwei übrigen Exemplaren bemerkten wir beim besten Willen keinen qualitativen Unterschied, möglicherweise auch, weil unsere Rücken vom Dauertesten zu schmerzen begonnen hatten. Als letztes K.o.-Kriterium nahmen wir den Preis zu Hilfe. Er war bei beiden gleich. «Was sollen wir tun?», fragte ich verzweifelt. Meine Liebste antwortete nicht, sie war vor Erschöpfung eingeschlafen. «Ich weiß es nicht», flüsterte sie, als ich sie wach gerüttelt hatte, «lass uns eine von beiden nehmen! Irgendeine!» – «Und wenn es die falsche ist?», zischte ich sie an.

Der Ladenschluss-Gong ertönte. Das Wachpersonal brauchte einige Zeit, bis es meinen Griff um die Testmatratze gelöst hatte.

In dieser Nacht schliefen wir wieder auf unseren alten Matratzen. Wir schliefen himmlisch.

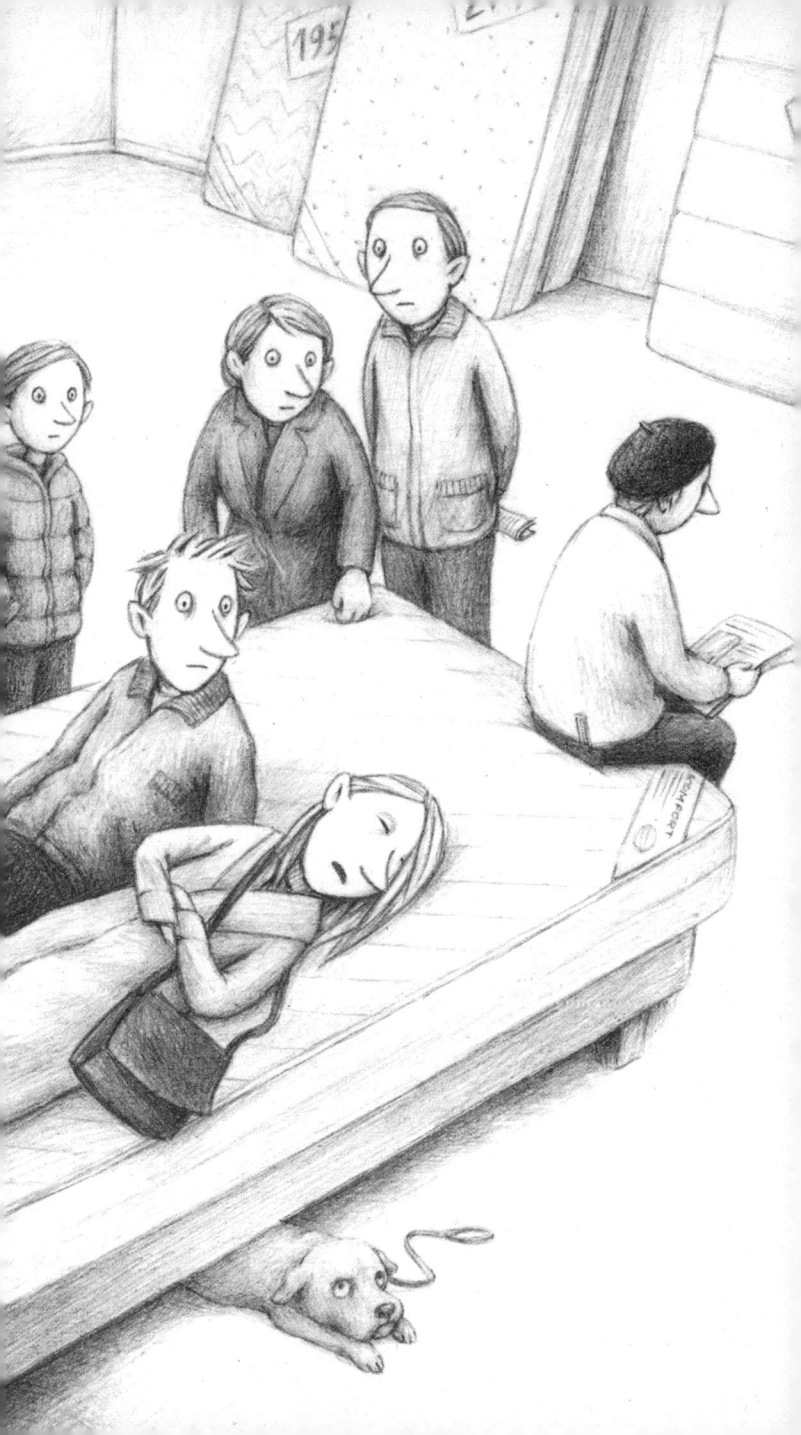

Hungerstrecke

In der ersten Klasse der Bahn ist es schön. Es kommt selten vor, dass auf dem reservierten Platz ein Kerl sitzt, der sich weigert, aufzustehen. Ebenso selten lagern Reisende mit feucht riechenden Rucksäcken in solchen Massen auf dem Boden, dass man nicht mehr zur Toilette kommt. Und es gibt weniger Reisegruppen aus Berlin, die auf dem Tisch, an dem man versucht, die Tasten eines Laptops zu treffen, Karten kloppen. Alles ist gut, solange man keinen Hunger bekommt.

Neulich bekam ich Hunger. Es war kein flüchtiger Hunger, der nach dem letzten Rest Schokolade aus dem Koffer wieder verschwunden wäre. Es war unerbittlicher Hunger. Ich war froh, als die Kontrolleurin auftauchte, mein Ticket stempelte und nachlässig fragte: «Darf es etwas aus dem Restaurant sein?».

Sie blieb überrascht stehen, als ich spontan «Ja, gerne!» sagte.

«Was möchten Sie denn?», fragte sie, leicht argwöhnisch.

Ich erkundigte mich, was es gebe.

Sie blies die Backen auf. Offenbar hielt sie mich allmählich für einen schwierigen Fahrgast.

«Ich bringe Ihnen eine Speisekarte, wenn ich mit allem durch bin», sagte sie und wollte sich schon entfernen.

«Warten Sie bitte», erwiderte ich, denn ich befürchtete,

dass sie nicht mehr zurückzukehren würde, «bringen Sie mir doch bitte einen Tee und ein Käsebrötchen.»

«Ein Brötchen mit Käse?», fragte sie.

«Haben Sie so etwas?», fragte ich, bemüht, keinesfalls arrogant zu klingen; zu Kundenfreundlichkeit gezwungene Bahnmitarbeiter sind sehr empfindsam.

«Wir haben da eine Käsecreme», sagte sie, «dazu gibt es Zwiebeln und Paprika.»

Ich erkundigte mich, ob ich die Creme auch ohne Zwiebeln und Paprika bekommen könne. Sie murmelte etwas und verschwand, während Mitreisende versuchten, ihr weitere Bestellungen zuzurufen.

Gut 15 Minuten später kam sie zurück.

«Es geht nicht ohne Zwiebeln und Paprika», sagte sie. «Die sind zusammen mit der Käsecreme in der Packung, und wenn man die öffnet, fällt alles aufs Brötchen. Tut mir Leid.»

Damit wollte sie gehen; offenbar betrachtete sie das mit meinem Hunger als erledigt. Ich hielt sie mit der Frage auf, was man denn sonst noch aufs Brötchen legen könne, aber dazu fiel ihr so wenig ein, dass sie wieder mit der Speisekarte drohte.

«Gibt es wirklich keinen anderen Käse?», fragte ich schon leicht verzweifelt.

«Doch, natürlich», sagte sie ungeduldig. «Käsescheiben!»

Ich verkniff mir die Frage, warum sie mir zuerst eine Creme angeboten habe, und die Frage nach den Käsesorten im Angebot verkniff ich mir erst recht. «Bitte», sagte ich, «bitte bringen Sie mir ein Brötchen mit Käsescheiben! Oder besser zwei. Und denken Sie an meinen Tee?»

Sie deutete ein Nicken an und ging weiter.

Wieder 15 Minuten später, mein Magen hatte ein- oder zweimal laut geknurrt, tauchte sie mit leeren Händen auf. Thunfischsandwiches seien aus, beschied sie einer Mitreisenden, die empört wissen wollte, warum sie das erst jetzt erfahre, nicht schon vor 45 Minuten, als sie ein solches Sandwich bestellt habe. «Da waren sie noch nicht aus», erwiderte die Zugbegleiterin kurz.

«Entschuldigen Sie», erinnerte ich sehr freundlich, als sie wieder Mal vorbeikam, diesmal aus der anderen Richtung, «ich hatte einen Tee und zwei Käsebrötchen bestellt …»

«Der Tee ist ein Warmgetränk, das dauert länger», belehrte sie mich. «Und die Käsebrötchen muss die Küche extra für Sie machen, das steht normalerweise gar nicht auf der Karte. Ein bisschen Geduld also bitte.»

Sie ging weiter.

Er habe Kaffee bestellt, rief ihr ein älterer Herr nach, schon vor langer Zeit. Eine Frau schimpfte, es könne doch nicht Stunden dauern, ein stilles Wasser heranzuschaffen, zumal dies die erste Klasse sei und sie dafür bezahle.

Stilles Wasser, erwiderte die Schaffnerin herablassend, gebe es schon lange nicht mehr, das sei auf dieser Strecke immer so. Und Kaffee sei eben ein Warmgetränk.

«Wie lange dauert es denn noch?», rief der ältere Herr. Sie ging, ohne ihn einer Antwort zu würdigen.

Mein Magen knurrte mittlerweile so laut, dass meine Sitznachbarn es hören mussten.

«Entschuldigen Sie», begann ich erneut, als die Schaffnerin nach endlosen Minuten wiederkam, nach wie vor ohne Essen oder Getränke, «ich hatte etwas bestellt.»

«Ich sagte doch: Das dauert!», sagte sie, die Frau ohne stilles Wasser ignorierend, die nun versuchte, einen Apfelsaft zu ordern. «Ich bringe es Ihnen, wenn es so weit ist.»

«Danke», sagte ich sehr freundlich. «Und sagen Sie: Wie lange wird es denn ungefähr noch dauern?»

Ihre Miene vereiste.

«Ich meine nur», beeilte ich mich zu sagen, «wenn es etwas gibt, das schneller geht als Käsebrötchen, dann nehme ich das selbstverständlich auch gerne.»

Ihr Gesichtausdruck wurde noch finsterer.

«Sie wollen Ihren Sonderwunsch, für den ich in der Küche ein gutes Wort eingelegt habe, zurückziehen?», fragte sie, jede Silbe betonend.

«Nein, das will ich selbstverständlich nicht», sagte ich. «Es ist nur so: Ich habe wirklich großen Hunger. Glauben Sie, die Küche könnte sich etwas beeilen?»

Die Schaffnerin bat nochmals um meine Fahrkarte, warf einen kurzen Blick darauf und reichte sie mir zurück.

«Bis Sie aussteigen, ist doch noch genug Zeit!», sagte sie.

«Aber ich bin jetzt hungrig, nicht erst in dreieinhalb Stunden!», erklärte ich, noch immer um Freundlichkeit bemüht.

Sie schüttelte den Kopf. «Ich habe jede Menge Bestellungen, Sie müssen schon warten, bis Sie an der Reihe sind.»In ihren Augen glomm Triumph. «Es steht Ihnen natürlich frei, unsere Beschwerde-Hotline anzurufen und Ihren Frust abzulassen über unsere ungenügende Personalsituation», fuhr sie genüsslich fort, «wir sind heute nämlich nur zu zweit im Service und haben so viel zu tun, dass wir es beim besten Willen nicht schneller schaffen.»

Ich stand auf. Mir war ein einfacher Ausweg aus diesem absurden Dilemma eingefallen.

«Lassen Sie es gut sein mit der Bestellung», sagte ich, «ich gehe und hole mir meine Sachen selber.»

«Das wird Ihnen nichts nützen». Ihr Tonfall war schneidend. «Heute ist auch die Küche unterbesetzt. Davon abgesehen sind zu wenig Speisen geliefert worden, also haben meine Bestellungen für die erste Klasse Vorrang vor den Bestellungen der Laufkundschaft. Es geht für Sie also am schnellsten, wenn Sie hier warten.»

Ich warf einen Blick zur gläsernen Abteiltür, hinter der sich Trauben von Menschen mit offensichtlich feucht riechenden Rucksäcken drängten. «Wenn Sie mir nicht glauben», sagte die Schaffnerin herausfordernd, «gehen Sie doch und versuchen Sie es! Ich wäre in diesem Fall allerdings gezwungen, alle anderen Bestellungen Ihrer vorzuziehen.»

Langsam setzte ich mich wieder.

Sie schritt davon und schob die Frau ohne Wasser und Apfelsaft beiseite, die ihr den Weg versperrte und «Bringen Sie mir ein Getränk, egal, was, bitte!» rief.

Wenn ich längere Zeit Hunger habe, bekomme ich Unterzucker. Unterzucker schadet dem Gehirn, und ich brauche mein Gehirn.

«Entschuldigen Sie», wandte ich mich an meine Mitfahrer, «ich habe schrecklichen Hunger. Könnte mir jemand von Ihnen vielleicht mit etwas aushelfen? Mit irgendetwas?»

Die um mich herum Sitzenden senkten den Blick oder sahen so beschäftigt aus dem Fenster, als hätte ich sie um Drogen gebeten.

«Ich würde selbstverständlich bezahlen», beeilte ich mich hinzuzufügen, «ich würde gut bezahlen! Für alles. Selbst für ein altes Brötchen mit stinkendem Tilsiter.»

Eine Frau schräg hinter mir kramte raschelnd eine fast leere Kekstüte hervor. Ich wandte mich ihr zu, ein dankbares Lächeln im Gesicht. Sie stopfte sich die restlichen Kekse in den Mund und schluckte hastig, ohne zu kauen.

Ich bin sonst kein kriecherischer Mensch, aber ich war fest entschlossen, diese Zugfahrt zu überleben. Als die Schaffnerin das nächste Mal vorbeikam, gut zwanzig Minuten später und natürlich mit leeren Händen, lächelte ich sie strahlend an.

Sie winkte barsch ab. «Ihre Käsebrötchen, das dauert. Und bei Ihrem Tee muss ich warten, bis eine Tasse zurückkommt. Wir haben heute zu wenig Geschirr dabei.»

«Das macht doch nichts», erwiderte ich und lächelte noch breiter, «ich würde den Tee auch aus einem Glas oder aus irgendeinem Pappbecher trinken, aber ich weiß, dass Sie natürlich Ihre Vorschriften haben, und die sind wichtiger.»

Sie maß mich mit misstrauischem Blick.

«Es ist sehr traurig, dass all diese unzufriedenen, schlecht gelaunten Fahrgäste Probleme haben, das zu akzeptieren!», fuhr ich fort. «Ich werde auf jeden Fall die Hotline anrufen und erzählen, wie hervorragend Sie Ihren Job machen. Obwohl Sie so unterbesetzt sind!»

Sie nickte langsam, zunehmend erfreut über so viel Verständnis. Meine Sitznachbarn durchbohrten mich mit hasserfüllten Augen, vor allem die Frau, die nichts zu trinken bekommen hatte und gerade von der Toilette zurückgekehrt war. Aber meine Sitznachbarn hatten mir nichts zu essen gegeben.

«Sollten Sie übrigens Hilfe benötigen, einen Freiwilligen für die Küche zur Herstellung von Käsebrötchen beispielsweise, würde ich mich gern dazu bereit erklären», schloss ich.

Ein junger Mann mir gegenüber bekam einen hysterischen Lachanfall. Mit einem Blick brachte ihn die Schaffnerin zum Schweigen.

«Das ist nicht gestattet», sagte sie zu mir mit einem Anflug von Freundlichkeit. «Sie sind nicht versichert: Was macht die Bahn, wenn Sie von randalierenden Fahrgästen verletzt werden?»

Mit verschwörerischer Geste winkte ich sie näher zu mir.

«Schade», raunte ich, «dann möchte ich Ihnen wenigstens ein ordentliches Trinkgeld für den netten Service geben. Und warum warten, bis meine Käsebrötchen kommen, ich kann Ihnen das Geld auch jetzt sofort geben, das macht wirklich keinen Unterschied. Darf ich?»

Mit vor Schwäche zitternden Fingern griff ich in meinen Geldbeutel und zog einen Schein heraus, für den ich unter menschenwürdigen Bedingungen ein ganzes Menü bekommen hätte. «Nehmen Sie», sagte ich lächelnd, als sie Anstalten machte, abzuwehren, «nehmen Sie alles! Wenn ich verhungert bin, wozu brauche ich dann noch Geld?»

«Die Käsebrötchen», rief die Schaffnerin und schlug sich vor den Kopf, «die hätte ich ja fast vergessen. Ich seh gleich mal nach!»

Ein paar Meter weiter drehte sie sich nochmal um.

«Junger Mann», rief sie in schneidendem Tonfall. Der

Fahrgast, der eben noch hysterisch gelacht hatte, drehte den Kopf.

«Ihr Würstchenteller ist aus!», rief sie. Das *aus* klang wie ein Peitschenhieb.

Der junge Mann wurde blass. «Aber ...», begann er, «woher wollen Sie das jetzt wissen, das kann doch nicht sein, kann ich wenigstens etwas anderes bestellen, irgendwas, hallo ...»

Doch sie war schon gegangen.

«Schleimer!», fauchte der junge Mann in meine Richtung. «Widerlicher Schleimer!» Mit immer schnelleren Bewegungen begann er, erst seine Reisetasche, dann den Tischabfallbehälter zu durchwühlen.

Ich vertiefte mich in meine Zeitung, was nicht leicht war, weil die Zeilen vor meinen unterzuckerten Augen verschwammen und die Frau, die auf der Toilette gewesen war, sich unter leisem Wimmern den Bauch hielt. Ich dachte immer wieder daran, dass die Zugbegleiterin wiederkommen würde, in der Hand einen Teller mit Käsebrötchen, die teuersten Käsebrötchen meines Lebens, aber auch die leckersten, ich merkte, wie ich gierig schluckte ...

«Hören Sie!», sagte die Schaffnerin. Sie stand vor mir, in der Hand – nichts.

Ich sah sie an, ohne zu begreifen.

Ihre Schicht ende bald, wiederholte die Schaffnerin, und das mit den Käsebrötchen sei für sie beim besten Willen nicht mehr zu schaffen.

Sie drückte mir einen Gutschein für ein Getränk meiner Wahl in die erstarrende Hand; einlösen müsse ich ihn allerdings selber. «Danke!», stammelte ich.

Der Speisewagen, den ich torkelnd erreichte, war leer. Am Tresen stand ein gelangweilter Schnellkoch, vor sich einen dampfenden Würstchenteller, über den ich wortlos herfiel.

«Haben Sie eigentlich», erkundigte sich der Schnellkoch, als ich fertig war, «in diesem Zug heute schon die Schaffnerin gesehen?»

Ja mei!

Nach den Erfahrungen der letzten Jahre suchten wir für diesen Urlaub eine einfachere, rustikale Unterkunft.

Wir fanden eine kleine Ferienwohnung in einem Bauernhof an einem wunderschönen See. Der Bauernhof war älter, das Mobiliar auch, nur die Bäuerin, Frau Aufhuber, machte einen sehr selbstbewussten Eindruck. Sie redete sehr laut, eigentlich brüllte sie.

«Ach was», sagte meine Liebste. «Sie ist ein herzensguter Mensch. Mach dir keine Gedanken, sonst verkrampfst du dich nur unnötig.»

Dann kam jener erste Urlaubsmorgen, an dem wir mit vier wildfremden Mitgästen aus Frankfurt am Tisch im kleinen Frühstückszimmer saßen.

Es gibt Menschen, die können sich übers Wetter unterhalten und ganz nebenbei ein Brötchen mit flüssigem Honig so in den Mund schieben, dass es nicht kleckert. Ich gehöre nicht zu diesen Menschen. Hinter vorgehaltener Hand schob ich meinen Teller über den Fleck auf der Tischdecke, kurz bevor Frau Aufhuber hinter mir sagte: «So, hier ist das Rührei. Ich nehme Ihnen die alten Teller ab.»

Ich schloss unwillkürlich die Augen. Tatsächlich, Frau Aufhuber besaß keinerlei Taktgefühl.

«Ja mei!», trompetete sie. «Was ist denn da passiert? Heute Morgen erst habe ich die neue Tischdecke aufgelegt!»

Sie fischte einen Lappen aus ihrer Schürzentasche und bearbeitete das Tischtuch vor mir, meine gestammelte Entschuldigung völlig ignorierend. «Sie müssen unbedingt um den Walchensee wandern», lenkte meine Liebste die anderen Gäste schnell ab. «Es ist ganz herrlich dort!»

Im weiteren Verlauf des Frühstücks verzichtete ich auf riskanten Honig und Marmelade und nahm als Brötchenauflage kautschukartige, gut haftende Käsescheiben. Erfolgreich, bis zu dem Moment, in dem meine Liebste mich fragte, in welcher Richtung eigentlich die Hauptstraße sei.

Ich zeigte spontan nach rechts. Zu spontan.

Die Frankfurter sprangen hoch, als der Kaffee über den Tisch schwappte. Frau Aufhuber eilte sofort herbei.

«Ja, sagen Sie mal», rief sie in Bühnenlautstärke, «jetzt muss ich die Decke ja doch waschen! Keinen halben Tag hat die gehalten! Also manche Gäste ...»

Ich versuchte wieder eine Entschuldigung, aber sie hatte schon damit begonnen, das Tischtuch Stück für Stück unter unserem Frühstücksgeschirr hervorzuzerren. Also erhob ich mich, wir waren ohnehin fertig.

Ein dummer Zufall wollte es, dass sich dabei mein Fuß irgendwie im Tischtuch verwickelte und eine Tasse samt Untertasse klirrend auf dem Holzboden zerbrach.

«Ja sakradi!», rief Frau Aufhuber. «So ungeschickt auf einmal kann doch kein Mensch sein! Wollen Sie mich ärgern?»

«Hören Sie», sagte ich, «ich kann Ihnen versichern, es war keine Absicht, es war ein Unglück. Es tut mir Leid, selbstverständlich ersetze ich Ihnen den Schaden und kaufe eine neue Tasse.»

«Schön wär's!», posaunte Frau Aufhuber. «Die Tasse war

dreißig Jahre alt. Die stammt noch von meiner Tante. Die kann man nicht mehr kaufen!»

«Vielleicht können wir den Verlust der Tasse, wenn auch nicht den ideellen, doch irgendwie ausgleichen?», fragte meine Liebste.

«Lassen Sie es gut sein», seufzte Frau Aufhuber und schob die Scherben mit dem Fuß zusammen. «Was ist eine dreißig Jahre alte Tasse denn heute noch wert?» Es klang, als hätte ich die Urne ihrer Tante zerbrochen.

Wir gingen, freundlichst grüßend; die Frankfurter, verkrampft auf der Eckbank sitzend, wagten nicht zu antworten.

«Morgen frühstücken wir bei uns», sagte meine Liebste, als wir die Treppe hoch in unsere Wohnung stiegen. «Warum musst du im Urlaub immer ungeschickt sein?»

«Ich bin gar nicht ungeschickt», protestierte ich. «Ich bin froh, dass ich Urlaub habe, ich bin entspannt – und dann passiert immer etwas. Ich weiß auch nicht, warum.»

In der Küchenzeile unserer Ferienwohnung befand sich bunt zusammengewürfelter Hausrat, darunter ein paar Tassen, die so ähnlich aussahen wie die Erbtasse vom Frühstückstisch, und ein uralter Korkenzieher mit einer lockeren Schraube. Er zerbrach, als ich versuchte, die Schraube wieder ins Gehäuse zu drücken. Später am Tag kam ich dazu, als meine Liebste die mutmaßlichen Erbtassen heimlich oben auf dem Hängeschrank in Sicherheit brachte.

«Ach», rief sie, die Tassen mit dem Arm verdeckend, und streckte mir eine kleine Glaskanne entgegen, «hättest du Lust, bei Frau Aufhuber schnell die Milch für morgen früh zu holen?»

«Wollten wir nicht sowieso einkaufen fahren?», fragte ich.

«Aber doch nicht Milch, die gibt es hier im Kuhstall, viel bessere als im Geschäft», sagte sie.

Ich wollte nicht wirken wie ein Feigling, und immerhin waren wir zahlende Gäste.

Um Frau Aufhuber zu finden, musste ich nur dem Geschrei nachgehen. Sie saß in der Küche am Tisch und telefonierte; es ging um ihren stromgesicherten Weidezaun, an dem ein Touristendackel beim Pinkeln verendet war.

Ich wollte mich gerade zurückziehen, meiner Liebsten sagen, dass Frau Aufhuber absolut keine Zeit habe, und später im Supermarkt ganz in Gedanken doch Milch mitnehmen, aber da entdeckte sie mich und die Kanne in meiner Hand und befahl mir mit einer Handbewegung, in den Raum nebenan zu gehen.

Dort stand ein riesiger Bottich mit gekühlter Milch und einer Schöpfkelle. Es ist nicht leicht, eine gläserne, sich beschlagende Milchkanne mit einer Hand zu halten und sie mit der anderen mit eiskalter Milch zu füllen. Zumindest nicht für jemanden wie mich. Als die Kanne fast voll war, rutschte sie mir aus der Hand, patschte in den Milchbottich und sank sofort. Ich hielt inne. Nebenan, am Telefon, diskutierte Frau Aufhuber engagiert die Frage, warum in all den Jahren kein einheimischer Hund das tragische Schicksal des Touristendackels geteilt habe.

Ich sah mich um und entdeckte auf einem Regal eine ähnliche Glaskanne. Es gelang mir, sie ohne Zwischenfall zu füllen.

Erleichtert verließ ich die Kammer, huschte an der Küche

vorbei, trat im halbdunklen Flur auf etwas Weiches, Auf-
schreiendes, Wegspringendes, stürzte, und die Glaskanne
zerbarst mit dumpfem Knall.

Das Licht ging an, eine Katze mit gesträubtem Fell
sprang um die Ecke, dann war Frau Aufhuber schon da. Sie
starrte entgeistert auf mich und die in den Teppich sickern-
de Milch und holte tief Luft.

«Die Katze war schuld», sagte ich, mich aufrappelnd, «da
war gerade noch eine Katze, ich habe sie genau gesehen ...»

Frau Aufhuber schlug die Hände zusammen.

«Jessas, was tun Sie da?», jammerte sie. «Ich habe den
Läufer erst reinigen lassen. Und mein Mann hat noch gesagt: Lass es, die Tiere und die Hausgäste machen eh wieder alles schmutzig!»

«Frau Aufhuber, ich bezahle selbstverständlich die Reinigung. Und die Kanne», sagte ich mit bemüht fester Stimme.
«Ich möchte mich aber deswegen nicht demütigen ...»

Frau Aufhuber war jedoch schon davongestürzt und mit
Wasser und Putzlappen wiedergekommen. «So viel Ungeschick», schalt sie wischend, dass alle im Haus es hören
konnten, «so viel Ungeschick auf einmal! Ein erwachsener
Mann! Was sind Sie um Gottes willen von Beruf?»

«Sie meint es nicht böse», sagte meine Liebste, als sie mir
oben die Knie verpflasterte. «Sie sagt nur, was sie denkt.
Das ist doch wenigstens ehrlich, oder?»

Als wir vom Einkaufen wiederkamen, versuchte ich,
Frau Aufhuber eine kleine Summe in die Hand zu drücken,
für Glaskanne, Teppich und Tanten-Tasse, aber sie weigerte
sich in höchster Lautstärke, das Geld anzunehmen. «Das
alte Zeug war eh nix mehr wert! Und die zusätzliche Arbeit:

Wir arbeiten hier eh schon rund um die Uhr. Wissen Sie, wann ich das letzte Mal Urlaub gemacht habe? Vor zwei Jahren sind wir für einen Tag zu unserem Neffen gefahren. Aber schon mittag mussten wir umkehren, weil die Kuh zu kalben anfing!»

Schweigend kehrten wir in unsere Ferienwohnung zurück. Meine Liebste suchte die Zimmer ab und verstaute nun ganz offen zwei antike Blumenvasen und zwei möglicherweise antike Glaszahnputzbecher außerhalb meiner Reichweite auf dem Hängeschrank. Dann entdeckte sie den kaputten Korkenzieher im Mülleimer.

«Bitte versprich mir», sagte sie, «dass du dich ab jetzt zusammennehmen wirst. Und, bitte, ich möchte jetzt wenigstens den restlichen Urlaubstag noch genießen!»

Es ist nicht leicht, sich auf dem Balkon mit einem Buch zu entspannen, wenn man erwartet, dass jede Minute eine brüllende Bäuerin auftaucht und einen wegen einer versenkten Milchkanne zur Rede stellt. Zwei-, dreimal klang die Stimme von Frau Aufhuber im Haus bedrohlich nahe, vermutlich wies sie andere Gäste zurecht. Beim vierten Mal rief mich meine Liebste von drinnen.

«Warst du das?», erkundigte sie sich und wies auf die hölzerne Küchenarbeitsplatte. Sie meinte den Kratzer, der sich quer über die Platte zog, genau dort, wo ich vorhin ein Stück Brot abgeschnitten hatte.

«Muss eine Arbeitsplatte so etwas nicht aushalten?», fragte ich, als wir im Auto saßen und in den nächsten Ort fuhren. Meine Liebste schwieg. Nach längerer Zeit hatten wir ein Möbelgeschäft gefunden, dessen Inhaber uns ein Wundermittel gegen Kratzer verkaufte. Wir nahmen im

Haushaltswarenladen auch gleich einen Korkenzieher mit, ein Modell, das deutlich solider wirkte als das alte.

Es gelang mir, bis zum Abendessen so vorsichtig zu sein, dass nichts weiter passierte (der dunkle Fleck, der mir nach dem Schuheputzen an der Wand auffiel, war sicher schon vorher dagewesen), und wir fanden im Küchenschrank sogar zwei angeschlagene Weingläser, sodass wir auf unseren Urlaub anstoßen konnten.

Mein Glas zerbrach sofort.

«Weingläser», notierte meine Liebste lakonisch auf dem Einkaufszettel für morgen. «Und Tischdecke, weiß».

Als ich später unser Badetuch an den einzigen Handtuchhaken im Badezimmer hängen wollte, gab der lautlos nach.

«Handtuchhaken», notierte die Liebste.

Und nachdem wir den herrlichen Sternenhimmel genossen hatten, bemerkten wir beim Fensterschließen, dass sich die spröde Fliegengaze auf der einen Seite gelockert hatte.

«Nein!», sagte meine Liebste heftig zu mir, «lass du die Hände davon. Lass mich das machen!»

Unter ihren Fingern löste sich die Gaze komplett vom Fensterrahmen und ließ sich auch nicht mehr befestigen.

«Fliegengaze», schrieb die Liebste, und weil sie schon dabei war, fügte sie «Toilettenbürste» hinzu, die alte war höchst erneuerungsbedürftig.

Als wir im Bett lagen, bemerkte meine Liebste, dass die knirschenden Geräusche, die wir in der vergangenen Nacht todmüde ignoriert hatten, von ihrem Lattenrost herrührten: Er war mehrfach durchgebrochen. Unter meiner Matratze befanden sich zwar vier solide Zaunplanken, die Liebste hielt es am nächsten Tag dennoch für besser, zwei neue

Roste zu kaufen. «Die arme Frau Aufhuber», sagte sie, «so können wir ihr auch mal etwas Gutes tun.» Da sich der einzige Kochtopf der Ferienwohnung beim Eierkochen als nicht hitzebeständig erwiesen hatte und der Wasserkocher auch nicht funktionierte, bekamen wir im Haushaltswarenladen zwei der sechs neuen Weingläser umsonst dazu. Sicherheitshalber nahmen wir noch eine Toilettenbrille mit, die alte war uns bedenklich wackelig vorgekommen, und ein paar Handtücher; wir wollten nicht riskieren, dass den verschlissenen in unserer Ferienwohnung etwas passierte.

Kurz nachdem auch der Maler wieder abgefahren war, der die Spuren meiner nächtlichen Mückenjagd über- und der Einfachheit halber gleich die ganze Wohnung durchgestrichen hatte, stand Frau Aufhuber vor unserer Tür.

«Ich wollte nur fragen, ob Sie noch etwas brauchen», begann sie und drängte sich an uns vorbei. «Ja mei! Ja, ich glaub's nicht! Des wäre doch nicht nötig gewesen, um Gottes willen, die ganze Ferienwohnung sieht ja aus wie neu! Fast die ganze …» Einen Moment blieb sie vor der altersschwachen Duschkabine stehen.

«Bis jetzt sind wir ganz gut davongekommen», überschlug meine Liebste, als wir später auf einer Decke vor dem Haus saßen und über den See in die untergehende Sonne sahen, «kein Vergleich zum letztem Urlaub mit all dem teuren Hotelporzellan und den Klagen wegen Randalierertum und Ruhestörung, die du nach dem zweiten Tag am Hals hattest. Oh, wir haben den Wein vergessen!»

«Ich hole ihn», sagte ich und sprang auf.

«Pass auf!», rief sie mir nach. «Denk an die Treppe, an die niedrigen Türen, die hohe Türschwelle …»

Die Tür unserer Ferienwohnung stand offen, und als ich in unsere Küche trat, hörte ich ein Geräusch. Es kam aus dem Badezimmer.

Frau Aufhuber kniete auf dem Boden und sägte mit einem Fuchsschwanz an der alten Duschkabine herum.

Ich räusperte mich.

Frau Aufhuber fuhr hoch und ließ den Fuchsschwanz fallen.

«Ach, Sie sind es», stammelte sie errötend, «ich wollte, ich wollte …»

«Ja, was?», fragte ich und lehnte mich demonstrativ an die Duschkabine, die sofort in sich zusammenbrach.

«… ach, das macht doch nichts», fuhr Frau Aufhuber hastig fort, «ich wollte mich nur entschuldigen, dass ich so unfreundlich war. Und wollte fragen, ob Sie und Ihre Frau die restlichen zwei Wochen hier umsonst wohnen möchten. Und wenn Ihnen wieder mal etwas Ungeschicktes passiert – ja mei …».

Es wurde der günstigste Urlaub seit langem.

Sieh sie nicht an, niemals!

Neulich kam mir auf dem Bürgersteig ein gut gekleideter Mann entgegen. Ich bin sicher, dass er mich gesehen hatte. Aber er steuerte auf mich zu, ohne sein Tempo zu verlangsamen, ohne nur ein bisschen aus dem Weg zu gehen. Ich konnte gerade noch zur Seite treten.

Einen Tag später, ich war im Supermarkt mit dem Einkaufswagen auf dem Weg zum Nudelregal, bog aus einem Seitengang eine Frau, ebenfalls mit Wagen, und donnerte in meine Richtung. Der Gang war so schmal, dass die Kollision unausweichlich war. In letzter Sekunde konnte ich hinter den Frühstücksflockenstand ausweichen.

Zu Hause prüfte ich vor dem Spiegel, ob ich leicht zu übersehen war. Ich war es nicht.

Am folgenden Tag kam mir beim Überqueren der Straße ein Pärchen entgegen. Weil ich eine schwere Tasche trug, konnte ich nicht schnell genug ausweichen, und als mich der Mann mit der Schulter rammte, zischte er auch noch eine Beleidigung.

Ich suchte im Spiegel nach etwas, das andere mich hassen ließ. Aber da war nichts Aggressives, im Gegenteil.

«Das ist es ja», sagte Marcus, ein Freund und Therapeut. «Du wirkst zu freundlich, zu wenig rücksichtslos. Das ist unzeitgemäß.»

Ich lachte über diesen Unsinn.

Später, in der Fußgängerzone, fiel mir auf, dass er vielleicht Recht hatte. Obwohl ich, ständig bemüht auszuweichen, im Strom der Entgegenkommenden hin- und hertaumelte wie ein gedoptes Huhn, musste ich 22 Schulterstöße und zwei Tritte einstecken. Von Leuten, die unbeirrt und erfolgreich ihren Weg gingen. Die gar nicht daran dachten, so lächerlich im Zickzack zu laufen wie ich.

«Es gibt zwei Arten von Fußgängern», erklärte mir Marcus, als wir uns in der Mittagspause trafen. «Rempler. Und Ausweicher. Gewinner und Verlierer. Die einen lassen es drauf ankommen, und die anderen weichen aus. Immer. Du bist ein Ausweicher.»

Ich protestierte, sprach von Ethik und menschlichem Miteinander, aber Marcus winkte lachend ab. «Entschuldige, ich muss los.»

Ich sah ihm nach, wie er unbehelligt durch die Menschen schritt, schnell und mit erhobenem Kinn, keinen Zweifel lassend, dass er alles andere als ein Ausweicher war.

Ich kopierte seine Haltung auf meinem Rückweg ins Büro. Aber nach hundert Metern begegnete mir eine gebrechliche Dame, um die ich anstandshalber einen Bogen schlug, und der junge Kaugummikauer, der mir als nächstes entgegenkam, hatte das offenbar genau gesehen, denn so stramm ich ausschritt, so hoch ich das Kinn auch hob, er blieb auf Kurs. Zwar gelang es mir, dem Bodycheck durch eine schnelle Drehung zu entkommen, aber dann zwangen mich zwei von rechts querende Anzugträger zur Vollbremsung. Während ich noch Luft holte, stießen mich zwei Senioren mit federnden Bäuchen zur Seite.

«Für deine Verhältnisse ein ganz guter Versuch», sagte Marcus am Telefon. «Obwohl, scheinbar gebrechliche Damen gehören zu den raffiniertesten Remplern. Hast du sie angesehen?»

«Wen?», fragte ich.

«Alle, die dir entgegenkamen!», sagte Marcus.

«Ja», sagte ich.

«Das war ein Fehler», sagte Marcus. «Du darfst ihnen nie das Gefühl geben, dass du sie gesehen hast, dann erwarten sie, dass du ausweichst. Sieh nach links, nach rechts, wohin du willst. Aber sieh nicht sie an, niemals!»

Die Schaufenster auf meinem Nachhauseweg eigneten sich gut, um beim Gehen beiläufig hineinzusehen und zugleich sich nähernde Kontrahenten im Auge zu behalten. Allerdings, der Trick schien nicht neu zu sein. Ich verzeichnete zwei Fastkollisionen, eine davon mit einem sächselnden Gamsbartträger, der mich bis in einen Damenunterwäscheladen verfolgte, so aufgebracht, als sei nicht ich, sondern er ausgewichen.

Schließlich fand ich heraus, dass es besser war, wenn ich, vorgeblich telefonierend, mein Handy ans Ohr hielt und bei Bedarf zusätzlich gestikulierte, was genauso gut als Zeichen von Betrunkenheit wie von Gemeingefährlichkeit durchgehen konnte – für die meisten potenziellen Rempler zusätzlicher Anreiz, einen Bogen um mich zu schlagen.

Bis eine Frau auf mich zuhielt, die trotz bedeckten Himmels Sonnenbrille trug. Ich telefonierte, gestikulierte, aber aus den Augenwinkeln sah ich, dass sie umso entschiedener direkt auf mich zusteuerte. Als nur noch knappe zwei Sekunden blieben, entschied ich mich für den rettenden Seitensprung.

«Du musst weitergehen,» kritisierte Marcus, nachdem

wir den Vorfall ein paarmal in seiner Praxis nachgespielt hatten. «Du musst so tun, als seist du viel zu beschäftigt, um auszuweichen, und du musst weitergehen, immer weiter, so lange, bis der andere es tut.»

Ich memorierte seine Sätze vor dem Einschlafen und beim Frühstück, und als mir auf dem Weg zur Arbeit ein Koloss von Kerl entgegenstampfte, bei dem die Nummer mit dem Telefon nicht verfing, drehte ich mich zu einem hinter mir gehenden Paar um.

«Alles klar!», rief ich. «Schweinebraten ist gut! Ich mach die Knödel!»

Und tatsächlich, bevor mich die beiden fassungslos anstarren konnten, war der Fleischberg schon mit ärgerlichem Brummen beiseite getreten.

Ein Gefühl des Triumphs beflügelte mich, bis mir auf dem Nachhauseweg ein Lederjackenträger entgegenkam, der für mein Handy nur ein spöttisches Grinsen übrig hatte, und seinerseits *zwei* Handys zückte. Ich drehte mich um und rief einer konsternierten Frau mit Kind «Geht in Ordnung, okay!» zu, aber er legte den Kopf in den Nacken, schrie etwas zu den geschlossenen Bürofenstern im dritten Stock hinauf und ließ seine offenbar eigens für derartige Begegnungen gestählten Arm- und Schultermuskeln spielen. Kurz bevor wir uns touchierten, fauchte er auf und bleckte die Zähne.

Ich verfluchte mich innerlich dafür, dass ich die Nerven verlor und zur Seite hechtete.

Marcus, ich suchte ihn in seiner Praxis auf, musterte mich aufmerksam. Dann bat er mich, auf ihn zuzugehen, so nah ich konnte.

«Näher!», rief er. «Näher! Noch näher! Natürlich!»

«Was?», fragte ich.

«Du hast Angst», sagte Marcus. «Du hast unheimliche Angst vor einem Zusammenprall. Und das spüren geübte Rempler. Die wissen, dass du in letzter Sekunde ausweichen wirst. Du musst dich desensibilisieren.»

«Wie soll ich das machen?», fragte ich.

«Such engen Kontakt mit Unbekannten», sagte Marcus. «Lehn dich in der Warteschlange im Zeitungsladen an deinen Vordermann. Geh am Bahnsteig ganz dicht hinter jemandem her, und wenn er stehen bleiben will, schiebst du ihn weiter.»

«Und?», fragte ich. «Wie soll ich das den Leuten erklären?»

«Nichts», sagte Marcus. «Du guckst nur blöde, entschuldigst dich keinesfalls. Viele machen das so. Du wirst sehen: Nach ein paar Wochen hast du deine Sensibilität herabgesetzt – und strahlst das auch aus!»

«Das geht nicht», sagte ich kategorisch. «Ich bin berufstätig. Ich kann es mir nicht leisten, jeden Tag zusammengeschlagen zu werden.»

Wir einigten uns auf ein Ersatzprogramm. Zu Hause im Wohnzimmer übte ich mehrere Abende lang, mich der Stehlampe unerbittlich bis zum Crash zu nähern.

«Endlich», sagte Marcus nach der Generalprobe und hielt sich ein Taschentuch unter die blutende Nase. «Du kannst es! Jetzt geh auf die Straße und beweise es! Halte drauf, die anderen werden ausweichen!»

An diesem Tag strahlte meine Gesicht eine Entschiedenheit aus, dass mir alle schon von weitem Platz machten. Ich ging kreuz und quer durch ein paar belebte Seitenstraßen und den Hauptbahnhof, ohne auf den geringsten Widerstand zu stoßen. Ich durchquerte die Fußgängerzone, stürmte auf Jugendgangs und Reisegruppen zu, in der Hoffnung, einen zu finden, der versuchte, sich zu stellen, und mit dem ich verfahren konnte wie mit der Stehlampe. Niemand wagte es.

Schließlich bog ich in ein Kaufhaus ein, durchmaß die Parfum-, Kurzwaren- und Lebensmittelabteilung, streifte an den Regalen entlang auf Käufer zu, die allesamt zur Seite traten, steuerte Grüppchen Stehender an, die auseinander stoben, sobald sie mich sahen. Und dann, endlich, in der Hosenabteilung, kam mir ein jüngerer Mann entgegen, mit unangenehm hartem Gesicht und mit aggressivem, rollendem Gang, einem Gang, der besagte, dass er alles andere als ein Ausweicher war.

Mein Puls jagte nach oben, aber ich ließ mich nicht beirren. Ich sah nicht hin und hielt drauf, spannte all meine Muskeln an. Und als wir nur noch zwei, drei Meter voneinander entfernt waren, stieß ich ein gefährliches Grollen aus.

«Haben Sie keine Augen im Kopf?», fragte der Notarzt, als er mir die Spiegelscherben aus dem Gesicht sammelte.

Nichts gegen Kinder

Wir hatten befürchtet, dass sie kommen würden, aber trotzdem war es ein Schock. Der kleine Junge imitierte dicht hinter mir das Geräusch eines tief fliegenden Kampfhubschraubers und trampelte mit wirbelnden Armen an unserem Tisch vorbei, mein Weinglas nur knapp verfehlend; seine Schwester folgte in der Tonlage einer wild gewordenen Kreissäge, sie rempelte meinen Stuhl so heftig an, dass ich das Glas fast selbst umgerissen hätte.

Meine Liebste warf mir einen Blick zu, der mich beruhigen sollte. Das tat er nicht. Wir waren hergekommen, um diesen friedlichen Sommerabend auf der Restaurantterrasse zu genießen, einen der letzten Sommerabende in diesem Jahr, wir hatten Wein bestellt und ein teures Menü.

Und dann war diese Familie aufgetaucht, um uns und all jenen, die ihre Kinder zu Hause beim Babysitter gelassen hatten, den Abend zu verderben. Anfangs ließen sie ihre Schraten Slalom um den eigenen Tisch laufen, aber als ihnen das zu laut wurde, schickten sie sie weiter weg, zu Leuten, die so aussahen, als seien sie zu sensibel, um sich zu wehren.

Zu uns zum Beispiel.

Ich winkte den griechischen Kellner heran und fragte, ob er etwas dagegen tun könne. Der Kellner guckte verständnislos.

«Aber», sagte er dann lächelnd, er musste lauter sprechen, um den Lärm zu übertönen, «es sind doch Kinder. Die spielen doch nur.»

Ich rief ihm zu, dass wir nichts gegen Kinder hätten, ganz im Gegenteil, aber dass wir trotzdem gerne in Ruhe essen würden; er möge die Eltern dieser Kinder doch darauf hinweisen.

Zögernd ging der Kellner auf den Tisch der Eltern zu, die ihr Bier tranken, ungerührt davon, dass ihr Nachwuchs es gerade geschafft hatte, eine ältere Frau auf dem Weg zur Toilette fast zu Fall zu bringen. Aber kurz bevor er den Tisch erreicht hatte, ließ er sich von einem anderen Gast aufhalten, vergaß meine Bitte augenblicklich und mied ab da jeden Blickkontakt und die Nähe unseres Tisches.

Nach einigen Minuten versuchte ich, seinen Chef heranzuwinken. Er reagierte nicht, vermutlich dachte er daran, dass ein Ehepaar mit zwei Kindern ein Vielfaches mehr Umsatz machte als ein Ehepaar ohne Kinder, allein schon der umgekippten Gläser wegen.

Mittlerweile hatten der Junge und das Mädchen am Tisch zu unserer Linken den Brotkorb abgeräumt; jetzt spielten sie kreischend Fangen um den Tisch der beiden Esser rechts von uns. Der Mann krallte seine Finger ins Tischtuch, um Fischteller und Getränke zu retten, die Frau bat die Kinder mit zunehmend hysterischer Stimme, endlich aufzuhören. Der Kellner war nirgends zu sehen, die Eltern in der anderen Terrassenecke würdigten ihre Blagen keines Blickes.

Ich stand auf und legte mein Sakko ab. Als ich mein Haar verwuschelte, seufzte meine Liebste.

Ich ging in die Hocke und begann, zwei Brotscheiben mit

lauten «Brumbruuum»-Geräuschen um unseren Tisch zu schieben wie zwei Spielzeugautos. Die Kinder sahen kurz herüber und rissen dann weiter an der Tischdecke des Nachbartischs, bis die zwei Erwachsenen entkräftet aufgaben.

Nachdem ihre Teller und Gläser auf dem Boden zerschellt waren, stellte sich mir ein Paar Schuhe in den Weg. Sie gehörten dem Kellner. Er fragte, ob er mir helfen könne.

«Nein», lächelte meine Liebste, «mein Mann spielt nur!»

Der Kellner zog sich, verunsichert lächelnd, zurück.

Die beiden Kinder wirbelten schon um den nächsten Tisch, an dem ein händchenhaltendes Liebespaar mit hilflosem Blick saß. Ich stand auf, warf die Brotscheiben in hohem Bogen über die Kinder hinweg auf die Straße und imitierte dabei das Geräusch einschlagender Granaten. Dann steckte ich mir den Schlips ins Hemd und hüpfte mit schlenkernden Armen an den Tischen entlang, vorbei an den Kindern auf den Eingang des Restaurants zu, wo mich der Kellner mit großen runden Augen erwartete. Kurz vor ihm vollzog ich eine scharfe Wende und hüpfte wieder zurück, wobei ich laut die Titelmusik von *Pippi Langstrumpf* trällerte und jedem Stuhl, an dem ich vorbeiging, einen kleinen Schubs gab. Am Ende der Tischreihe angekommen, zeigte ich allen, die mich fassungslos anstarrten, eine lange Nase und skandierte händeklatschend: «Erwachsene sind doooof! Erwachsene sind doooof!»

Endlich standen die Kinder mit bewunderndem Blick neben mir.

Wir jonglierten mit Pfeffermühlen und stellten dem Keller ein Bein, bis er nicht mehr lächelte. Dann bat ich das

Liebespärchen um Erlaubnis, den über der Lehne hängenden Pullover des Mannes als improvisiertes Springseil benutzen zu dürfen, «der Kinder wegen, sie wollen spielen». Ich bin nie ein guter Seilspringer gewesen, und die zwei Kleinen konnten es auch nicht besser, aber es machte ihnen Spaß. Sogar ihre Eltern guckten kurz herüber, als ein Ärmel unter großem Gejohle abriss. «Kinder, Sie verstehen», entschuldigte ich mich beim jungen Mann, als ich ihm die Überreste des Pullovers zurückgab. Er bestellte hektisch die Rechnung.

Aus den Augenwinkeln sah ich, wie der Kellner im Restaurant verschwand und kurz darauf der Chef heraustrat.

«Wir spielen nur», wandte ich mich mit erhobener Stimme an ihn. «Sie haben doch nichts gegen Kinder, oder?»

Der Restaurantbesitzer verneinte hastig. Ich bat um einen Riesenteller Pommes auf Kosten des Hauses. Als wir drei uns mit den ketchuptriefenden Pommes bewarfen und ich Deckung hinter zwei bebrillten Damen suchte, registrierte ich zum ersten Mal leichten Unmut unter den Sitzenden beziehungsweise Aufspringenden.

«Ich bitte Sie, meine Damen und Herren», beeilte ich mich zu rufen, «es sind doch nur Kinder, die Kinder der Leute dahinten.»

Das hielt erste Gäste nicht davon ab, überstürzt aufzubrechen, umso überstürzter, weil wir jeden der Gehenden wenigstens einmal treffen wollten, die Pommes nicht ausreichten und wir nahmen, was auf dem Boden herumlag, vor einiger Zeit mussten hier auch Hunde gewesen sein.

Kurz nachdem ich den ersten ein wenig ungläubigen Blicken der Kindseltern begegnet war, machte meine

Liebste eine finale Bewegung in meine Richtung. Aber ich winkte ab und schlenderte auf den Tisch der Eltern zu, die krampfhaft in die entgegengesetzte Richtung sahen.

«Ich wollte mich vorstellen», sagte ich mit quäkiger Kleinkinderstimme. «Ich bin der Tobi. Ich bin 38 Jahre alt, und meine Hobbys sind Schwimmen, Fahrradfahren und Frechsein.»

Der Mann ließ langsam sein Bierglas sinken.

Ich lächelte. «Ich will nur spielen. Genau wie eure Kinder.» Ich streckte die Zunge heraus, machte ein pupsendes Geräusch und stieß ein kurzes Indianergeheul aus. Dann umkreiste ich mehrfach den Tisch und improvisierte heftig das Intro von *We Will Rock You*. Die beiden Kinder sahen mir in stiller Bewunderung zu, bis ihr Vater aufstand und mit versagender Stimme fragte, ob ich das nicht anderswo machen könne.

«Waruuum?», fragte ich. «Wir spielen doch nur, und bis jetzt hat das auch keinen gestört. Oder?» Mit einer Kopfbewegung wies ich auf die leeren Nachbartische. «Und jetzt gib uns sofort die große Cola, die du uns versprochen hast, wenn wir brav spielen!»

«Ja!», schrien die Kleinen begeistert.

Ihr Vater sah mich fassungslos an.

Ich stampfte mit dem Fuß auf. «Du bist gemein!», schrie ich. «Du hast es uns versprochen!»

Es ist schwer, als Erwachsener zu heulen wie eine durchgeknallte Feuerwehrsirene, aber es gelang mir minutenlang ganz gut.

Der Polizist, der hinter dem händeringenden Restaurantbesitzer auftauchte, ließ sich meinen Personalausweis zeigen, wurde aber sehr freundlich, als ich erklärte, ich habe nur mit diesen netten Kindern gespielt, wogegen doch wohl niemand etwas haben könne, zumal das Restaurant so gut wie leer sei und spielende Kinder einen besonderen gesetzlichen Schutz genössen. Aber das wisse er ja ohnehin. Und er sei doch wohl nicht so ein Kinderhasser wie der Restaurantbesitzer?

Der Polizist wies jegliche Kinderfeindlichkeit weit von sich und zückte ein Foto seiner zwei süßen Kleinen, die neulich erst beim Spielen mit seiner Dienstpistole Nachbars Katze erschossen hätten, Kinder halt, was solle man machen. Bevor er wieder abzog, entschuldigte er sich bei mir und ermahnte den Besitzer des Restaurants nachdrücklich zu freundlicherem Verhalten gegenüber Kindern.

Der Kellner sprang sofort heran, als ich ihn ansah. Ich orderte drei große Cola auf Kosten der Eltern, rülpste laut und forderte die kichernden Bälger zum Nachmachen auf, der lauteste bekäme von ihrem Papi einen doppelten Freundschaftseisbecher mit Gummibärchen und Sahne. Während die Kleinen nach Leibeskräften rülpsten, bis sie rot im Gesicht waren, beugte ich mich zu den wie versteinert dasitzenden Eltern herab. Bei den Totenkopfindianern in Südamerika gebe es ein Spiel, flüsterte ich, bei dem die Kinder ihren Eltern alles heimzahlten, was diese bei der Erziehung versäumt hätten, ein Spiel, das ziemlich unangenehm und schmerzhaft sei, und dass ich ihren kleinen Teufeln dieses Spiel gleich zeigen würde – sie hätten doch nichts dagegen?

«Dass du immer so übertreiben musst», sagte meine Liebste, nachdem die Familie in aller Eile abgerückt war.

«Lass uns die herrliche Stille genießen», sagte ich und nahm einen Schluck Rotwein.

«Ich bin schwanger», sagte meine Liebste.

Das Heck

Unser Wochenendausflug ans Meer mit Nikolaus, Sabine und ihrem neuen Auto verlief entspannt und gut gelaunt bis zu dem Moment, als Nikolaus auf der Autobahn anfing, mit zusammengekniffenen Augen in den Rückspiegel zu starren und Verwünschungen zu murmeln.

Ich drehte mich um. Die Leute im Auto hinter uns wirkten in keiner Weise anders als andere Autobahnbenutzer, im Gegenteil, als sie merkten, dass ich sie beachtete, fuhren sie noch dichter auf.

«Die haben sich über uns lustig gemacht», sagte Nikolaus, der mich im Rückspiegel beobachtet hatte. «Merkst du wie dicht sie herankommen? Als ob wir gar nicht da seien! Oder gar kein Auto hätten!»

«Oh, Nikolaus», sagte Sabine genervt. «Nicht schon wieder!»

Aber Nikolaus ist nicht umsonst mein Freund und Trauzeuge. Ich warf wieder einen Blick zu den Leuten hinter uns, die mit unbewegten Mienen durch uns hindurchstarrten. «Worüber haben sich diese Kerle lustig gemacht?», fragte ich.

Sabine stieß ein lautes Stöhnen aus. Nikolaus lachte kurz und freudlos.

«Tu doch nicht so ahnungslos!», sagte er dann. «Über unser Heck natürlich!»

Ich schwieg verblüfft.

«Unser Heck⸮», fragte ich endlich.

«Das Heck des Autos», assistierte Nikolaus sarkastisch. «Meines Autos.»

«Unseres Autos!», rief Sabine. «Und ich finde das Heck völlig in Ordnung! Außerdem sehen wir es ja nicht, wenn wir drinsitzen, oder⸮»

Meine Liebste und ich sahen uns ratlos an.

«Hat euch jemand einen dämlichen Aufkleber draufgeklebt⸮», fragte ich.

Nikolaus stieß ein gequältes Knurren aus. Meine Liebste stieß mich unauffällig mit dem Knie an.

«Ist ja auch egal», sagte ich leichthin, um den weiteren Verlauf des Ausflugs nicht unnötig zu gefährden. «Was meint ihr: Ob es am Meer heute auch wieder so windig ist⸮ Erinnert ihr euch an den Sturm vom letzten Mal und an diesen kleinen dicken Jungen, der von seinem Drachen hoch in die Luft gerissen wurde, zusammen mit seinem dicken Vater, der ihn festhalten wollte, und dann kam der dicke Opa zu Hilfe und der …»

«Vielleicht weißt du es ja wirklich nicht», unterbrach mich Nikolaus. «Oder du willst es nicht sagen. Dann sage ich es eben: Das Heck dieses nagelneuen Autos, das ich noch jahrelang abbezahlen werde, ist ein hochgezogenes, auftrumpfendes, Aber-hallo-hier-bin-ich-Heck – ein Heck, das 16 Lautsprecher auf der Rückablage und Bass-Dauerwummern befürchten lässt, ein Heck, entworfen für all jene, die sich im Leben zu kurz gekommen fühlen.»

«Oh, nein, Nikolaus», beeilte ich mich zu versichern, «das wollte ich wirklich nicht sagen!»

«Aber alle anderen sagen es», rief Nikolaus. «Alle wichtigen Autozeitschriften haben es ungefähr so geschrieben! Und das heißt im Klartext: Ich, der Besitzer dieses Autos, ich bin für alle anderen auf dieser Autobahn nichts weiter als ein erbärmlicher Primitivling!»

Wir schwiegen. Dann drehte ich mich unauffällig um. So weit ich das von innen beurteilen konnte, sah das Heck aus wie jedes andere Autoheck. Gut, vielleicht war es eine Spur auffälliger, aber nur, wenn man ganz genau hinsah.

«Warum», fragte meine Liebste behutsam, «warum habt ihr dieses Auto eigentlich gekauft?»

«Die Besprechungen erschienen erst, als wir schon unterschrieben hatten», sagte Nikolaus mit Grabesstimme. «Es tut mir Leid, dass ich euch vorher nicht gewarnt habe, ich wollte wenigstens euch nicht den Ausflug verderben. Es war vermutlich ein Fehler, euch da mit reinzuziehen.»

«Nikolaus …», begann ich.

Nikolaus warf mir im Rückspiegel einen furchtbaren Blick zu.

«Lass es einfach», sagte er. «Es hat keinen Sinn. Du hast keine Ahnung vom Stellenwert des Autos in der menschlichen Gesellschaft. Aber vielleicht ist ja sogar dir eines aufgefallen: dass heute kein einziges anderes Auto dieses Typs unterwegs ist. Dass sich niemand mehr mit diesem *Ding* auf die Straße traut! Niemand! Ist dir das aufgefallen?»

Sabine merkte vorsichtig an, dass es nicht ungefährlich für uns alle sei, wenn Nikolaus weiterhin mit beiden Fäusten auf das Lenkrad schlage.

Meine Liebste und ich mühten uns, das Gespräch auf anderes zu lenken, etwa auf die spannende Frage, was für ein Hotel es wohl sein mochte, das wir gebucht hatten.

Es war ein unerwartet kleines und feines Hotel. Auf dem Parkplatz standen stilvolle skandinavische Limousinen, und das Restaurant hatte große Fenster, sodass die Gäste den Parkplatz hervorragend im Blick hatten, wie Nikolaus fluchend anmerkte.

Er parkte weit vom Speisesaal entfernt, das Heck des Autos abgewandt und dicht an einer Mauer, und bat uns, unauffällig auszusteigen und uns möglichst schnell zu entfernen. Wir taten ihm den Gefallen und folgten seine Wunsch, uns zum Abendessen möglichst niveauvoll zu kleiden.

Als meine Liebste und ich in den Speisesaal traten, saßen Nikolaus und Sabine in schwarzen Pullovern am Tisch, Nikolaus trug obendrein sein braunes Cordsakko, das er den ganzen Abend nicht ablegte, obwohl ihm der Schweiß in den Kragen rann. Er verlangte übertrieben souverän nach der Weinkarte, orderte einen unverschämt teuren Wein und begann, laut über aktuelle Bühnenstücke zu dozieren, die er offenkundig nie gesehen hatte.

«Nikolaus», raunte ich ihm zu. «Was soll das Theater?»

«Siehst du die verächtlichen Blicke der anderen Gäste?», raunte er zurück. «Man muss uns beobachtet haben, als wir aus dem Auto stiegen!»

«Nikolaus, das stimmt doch nicht! Niemand guckt hier!»

«Ach nein?», zischte er. «Was meinst du, woran es lag, dass das Zimmer, das Sabine und ich gebucht hatten, angeblich doch nicht frei war, und wir ein kleineres im Erdgeschoss dicht am Ausgang beziehen mussten? Denkst du wirklich, das war nur Zufall?»

«Ich wusste das nicht», stotterte ich, «wir haben unser Zimmer bekommen ...»

«Du bist auch nicht der Fahrer dieses Autos!», flüsterte Nikolaus. «Und jetzt hört endlich auf, die Ahnungslosen zu spielen: Wenn ihr zwei jetzt aufstehen und euch an einen anderen Tisch setzen würdet – ich könnte es verstehen!»

Sabine stützte ihren Kopf in beide Hände.

Meine Liebste und ich sahen uns an.

Als ich den Kopf zurückdrehte, kreuzte mein Blick zufälligerweise den des Kellners. Es ist erstaunlich, wie schnell ein Mensch im Verfolgungswahn andere anstecken kann: Ich hätte in dem Moment schwören können, dass die Lippen des Kellners sich verächtlich kräuselten.

Schnell sah ich zum Nachbartisch hin, wo das ältere Ehepaar saß, das meiner Liebsten und mir freundlich lächelnd zugenickt hatte, bevor wir uns zu Nikolaus und Sabine an den Tisch setzten.

Nun begegneten die zwei meinem Blick völlig unbewegt. Man hätte fast meinen können – abfällig. So abfällig wie die Autofahrer, die auf der Autobahn hinter uns gefahren waren.

Ich begann, nicht allzu leise über den Philosophen Kant zu sprechen, egal, wie sehr meine Liebste mich mit dem Knie anstupste.

Als ich später auf den Parkplatz ging, um unsere zweite Tasche aus dem Auto zu holen, kam mir vor der Hoteltür das ältere Paar entgegen.

Ich grüßte.

Sie grüßten nicht, und ich merkte, dass sie sich umdrehten und mir nachsahen.

Ich tat, als machte ich einen Verdauungsspaziergang, und beschloss, die Tasche ein andermal zu holen.

Ich lag lange wach, bis ich endlich in einen unruhigen Schlaf fiel. Als meine Liebste mich, frühstücksfertig angezogen, weckte, trug sie das Kostüm, das sie für unerwartete besondere Anlässe mitgenommen hatte. Nur weil die zweite Tasche noch im Auto sei, sagte sie wegwerfend. Dass sie auch ihre Ohrringe angelegt hatte, thematisierte ich nicht, ich war zu sehr damit beschäftigt, meine Krawatte zu binden.

Nikolaus und Sabine saßen am Frühstückstisch und lasen ostentativ die *Zeit*, denn wir hatten neue Tischnachbarn, ein Paar unseres Alters mit schicken Hornbrillen. Auf meinen Gruß nickten sie freundlich zurück.

Nikolaus lächelte erleichtert.

«Wir dürfen jetzt keinen Fehler mehr machen», ermahnte er uns im Flüsterton, «wir dürfen nichts tun, was daran erinnert, dass dieses verdammte Heck auf dem Parkplatz zu uns gehört!»

Wir kamen gut ohne unsere zweite Tasche aus. Man braucht erstaunlich wenig Kleidung, wenn man die tagsüber getragene Unterwäsche abends im Hotelzimmer wäscht und trocken föhnt. Und eine Gegend wie die Ostseeküste lässt sich auch bei Wind und Regen prima ohne Auto erkunden.

«Ich habe nachgedacht», sagte Nikolaus zu mir, als wir abends hustend und schniefend zum Hotel zurückkehrten. «Es gibt zwei Möglichkeiten. Entweder ich lasse das Heck in der Werkstatt mit Plastikteilen verfremden, wie es die Autofirmen machen, um ihre Neuentwicklungen vor Paparazzi zu tarnen. Oder, besser, ich lege auf der Autobahn eine Vollbremsung hin, unser Hintermann rammt uns, und wir alle behaupten, vor uns sei ein Verrückter armrudernd über die Straße gelaufen. Die Karre ist vollkaskoversichert: Wenn wir Glück haben, ist es ein Totalschaden, die Versicherung zahlt, und ich kann schnell wieder etwas kaufen, mit dem ich mich in der Firma wieder sehen lassen kann.»

«Du bist wahnsinnig!», sagte ich entsetzt.

Am nächsten Morgen waren wir früh auf den Beinen, so früh, dass noch keine Frühstücker im Restaurant sitzen und sehen konnten, wie wir unser Gepäck in das auftrumpfende Heck luden.

«Nikolaus», sagte ich, als wir alle im Auto saßen. «Ich möchte dich bitten, jetzt keine Dummheiten zu machen. Wir alle haben noch viel vor im Leben.»

Nikolaus legte den Gang ein und gab Vollgas. Das Auto setzte zurück und prallte mit einem hässlich knirschenden Geräusch gegen die Mauer.

Als wir ausstiegen, hörten wir tänzelnde Schritte. Es war der Mann mit der Hornbrille vom Nachbartisch, im Laufdress und mit ein paar Zeitungen unter dem Arm!

«Oh», sagte er und steuerte auf Nikolaus zu. «Ihnen gehört dieses Auto? Da kann man ja gratulieren!». Er klappte eine Zeitung auf. «Ihr Wagen hat als erstes Auto überhaupt den internationalen Preis für Industriedesign bekommen: für das gleichermaßen avantgardistische wie ironisch zeitgemäße Heck! Aber – was haben Sie? Ist Ihnen nicht gut?»

Oh, là là – das lustige Foto-Urinal

Es war Sonntagabend im Hauptbahnhof. Ich war unrasiert und übernächtigt, hatte eine schwere Tasche dabei und brauchte noch schnell eine neue Monatskarte für die S-Bahn.

«Aber die gibt es nur noch mit Foto», wiederholte die Frau am Schalter.

«Wo soll ich jetzt ein Foto herbekommen?», fragte ich ungläubig zurück.

«Um die Ecke ist ein Passbildautomat», sagte sie und wandte sich dem nächsten Kunden zu.

Früher hätte ich eine teure Einzelkarte gezogen, am nächsten Tag wieder und so fort, bis ich irgendwann einmal Zeit gehabt hätte, zu einem Fotografen zu gehen, der mich so sensibel ablichtete, wie es meiner Person entsprach. Irgendwann hat man keine Zeit mehr für solche Eitelkeiten, gerade wenn man weiß, dass viele Mitmenschen sogar mit einem Automatenfoto im Ausweis herumlaufen, ohne deswegen ausgegrenzt zu werden.

Der Passbildautomat befand sich in einer abgelegenen Ecke der Bahnhofsvorhalle. Ich schob den kleinen Vorhang beiseite, setzte mich auf den Drehstuhl und quetschte meine Tasche neben mich.

Vor mir auf dem Bildschirm kreisten vier Fahnen.

«Drücken Sie auf den Bildschirm, um die Sprache auszuwählen», sagte eine synthetische Frauenstimme.

Ich drückte auf Schwarz-Rot-Gold.

Auf dem Bildschirm erschienen Fotos einer lächelnden Dunkelhaarigen mit schlecht blondierten Haaren in diversen Größen und Stückzahlen nebst Preisen. Vier Passfotos kosteten fünf Euro, eins allein gab es nicht.

«Wählen Sie das Format!», befahl die Frauenstimme.

Ich tippte auf die Passfotos.

«Werfen Sie Geld ein», verlangte sie. «Dieser Automat gibt Wechselgeld.»

Der Automat schluckte einen Zehn-Euro-Schein. Es kam kein Wechselgeld. Ich drückte den Geldrückgabeknopf, vergebens.

«Bitte wählen Sie die gewünschte Fotoart», sagte die Stimme. Auf dem Bildschirm waren nun zwei Fotos der Blondierten zu sehen. Einmal sah sie aus wie immer, auf dem zweiten Foto trug sie eine Flügelhaube wie aus einem Asterix-Comic, und Sterne umschwirrten ihren Kopf.

Ich drückte wieder den Geldrückgabeknopf und dann noch ein paarmal. Ohne Erfolg.

Mir blieb nichts übrig, als mich dem doppelten Preis zu fügen, zumal es immer später wurde.

Ich tippte auf das Foto mit der normalen Frau.

Nichts passierte.

«Bitte wählen Sie die gewünschte Fotoart», wiederholte die synthetische Frauenstimme gelangweilt.

Unter dem Bildschirm befanden sich fünf kreuzförmig angeordnete Tasten. Versuchsweise tippte ich auf die in der Mitte.

«Sie haben sich für ein Fun-Foto entschieden, Sie wollen Spaß haben, oh, là là», leierte die Stimme los, und auf dem

Bildschirm erschien ein Dutzend kleiner Fotos mit der Frau von vorhin in eigentümlichen Posen. Mal saß sie in einer Badewanne, mal trug sie ein Vampirkostüm, mal prostete sie einem zotteligen Teufel zu. Das Foto mit Flügelhaube und Sternen war auch dabei, dazu drei weitere, auf dem sie statt der Haube einen Heiligenschein trug, ein Herz und einen Lorbeerkranz.

«Wählen Sie jetzt ihr Fun-Motiv», schnurrte die Frauenstimme fast anzüglich.

Ich zwang mich, ruhig zu bleiben. Es musste einen Ausweg geben.

Um das Lorbeerkranz-Foto war ein roter Rahmen aufgetaucht. Ich stellte fest, dass sich dieser Rahmen mit den beiden äußeren Tasten von Foto zu Foto hin- und herbewegen ließ. Das war alles.

Ich drückte auf die obere Taste.

«Güneiden ben schok arkdasch kigilüri!», sagte die Frauenstimme auf einmal, und auf dem Monitor erschienen drei nummerierte Frauen mit blondierten Haaren.

Schnell drückte ich auf die untere Taste.

«Kigilüri!», wiederholte sie aufgeregt. «Bilal inschi!»

Auf dem Monitor sah man, wie die drei Frauen aufmerksam in drei Kreise sahen, daneben zeigte ein großer Pfeil nach oben.

Ich sah nach oben.

Über dem Monitor war ein Spiegel, und in dem Spiegel befand sich ein Kreis.

Versuchsweise drückte ich schnell auf die untere, dann auf die obere Taste.

«Inschi!», sagte die Frauenstimme.

Jemand schob von außen den Vorhang beiseite.

«Hier ist kein Campingplatz», knurrte es. «Das ist ein Fotoautomat.»

Aus den Augenwinkeln sah ich eine blaue Uniform. Ich versuchte, mich auf den Kreis zu konzentrieren und zu lächeln.

«He, Meister, Schluss mit dem dummen Grinsen, ich rede mit dir!» Der Mann tippte mir auf die Schulter.

Ich drehte nur kurz den Kopf, um ihm einen ungehaltenen Blick zuzuwerfen. In dem Moment blitzte es.

«Oh», krächzte der Mann erschrocken.

Ich versuchte schnell, mein Lächeln wieder aufzusetzen und geradeaus zu sehen.

Es blitzte wieder.

«Das tut mir Leid», sagte der blau Uniformierte aufgeregt, «ich dachte, Sie sind ein, wie soll ich sagen …»

Es blitzte zum dritten Mal.

«Kerkilili!», krähte die synthetische Frauenstimme. «Gilüdon sussadem!»

Auf dem Bildschirm tauchten wieder die rotierenden Fahnen auf.

«Ach», der Blaumann schien erleichtert, «du verstehst mich nicht?»

«Doch», sagte ich gereizt, «ich habe alles verstanden.»

Der Blaumann sah mir ins Gesicht und entfernte sich schnell.

Im Fotoauswurfschacht surrte es. Vier identische Passfotos zeigten mich mit schiefem Lächeln und einem Lorbeerkranz auf dem Kopf.

Ich hätte sie einfach schreiend zerreißen und per Einzelticket nach Hause fahren können. Aber ich hasse es, zu verlieren.

Wieder drückte ich die Deutschland-Fahne und stellte den Drehhocker etwas tiefer ein.

«Wählen Sie das Format», sagte die Stimme.

Ich besaß noch einen einzigen Zehn-Euro-Schein. Wieder kam kein Wechselgeld.

«Bitte wählen Sie die gewünschte Fotoart.» Der Bildschirm zeigte wieder die Blondierte mit und ohne Flügelhaube. Auch diesmal brachte das Auf-den-Schirm-Tippen-und-Klopfen nichts. Die einzige Chance waren tatsächlich die fünf Tasten, und mir war klar, dass ich die mittlere und die obere um jeden Preis meiden musste.

Mit angehaltenem Atem drückte ich die linke, die Taste, die fast direkt unter der Blondierten *ohne* Flügelhaube lag.

«Sie haben sich für ein Fun-Foto entschieden. Sie wollen Spaß haben, oh, là là», leierte die Stimme.

Ich hämmerte wild auf die rechte Taste, dann auf die untere und zum Schluss auf die mittlere.

Wieder zeigte der Bildschirm die Flügelhauben-, Teufels-, Vampir-, Herz- und Lorbeerkranz-Fotos. Der rote Auswahlrahmen erschien, und ich kam nicht mehr zurück.

Jemand schob den Vorhang beiseite, ich roch Alkohol und hörte das Geräusch eines Reißverschlusses. Als ich kurz nach links sah, stellte sich dort ein Schwankender mit geschlossenen Augen in Position. Ich öffnete den Mund.

«Betätigen Sie nun den Startknopf für Ihr Fun-Foto», mahnte die Frauenstimme.

Der Schwankende riss die Augen auf, sah mich verwirrt an und taumelte weiter.

Ich suchte überall in der Kabine nach einer *Escape*-Taste. Es gab keine.

Ich probierte den Geldrückgabeknopf, natürlich vergeblich.

«Sie wollen Spaß, oh, là là, aber Sie haben vergessen, den Startknopf zu betätigen», drängte die Frauenstimme.

«Blöde Kuh», schimpfte ich.

«Betätigen Sie nun den Startknopf, um Ihr Fun-Foto zu erstellen, ansonsten trifft der Automat die Auswahl für Sie!», drohte sie.

Ich drückte wieder auf den Geldrückgabeknopf, nein, ich schlug darauf ein.

«Blöde Kuh!», rief ich. «Das ist Betrug!»

«Trottel», sagte die Frauenstimme. «Der Automat hat die Wahl für Sie getroffen. Haben Sie viel Spaß mit Ihrem persönlichen Fun-Foto!»

Es blitzte.

Im Ausgabeschacht lagen vier neue Passfotos von mir mit einem Lorbeerkranz auf dem Kopf.

Für eine Einzelfahrkarte hatte ich nicht mehr genügend Kleingeld, ich hatte nur noch meine Kreditkarte, mit der ich eine Monatskarte kaufen konnte.

Die Frau am Schalter heftete das Lorbeerkranz-Foto auf die Karte. Dann fixierte sie mich stirnrunzelnd. «Sie haben Ihren Lorbeerkranz nicht auf», sagte sie streng.

Meine Unterhose ist kein Schnäppchen

Ich hatte dieses Gefühl schon länger, und es wuchs mit jedem Morgen, an dem ich in der Zeitung von Schnäppchenjägern, Geizgeilen und Nimm-vier-zahl-drei-Billiganbietern las, von ruinösen Rabattschlachten und Stellenabbau im Einzelhandel. Wenn ich danach die Zeitung weglegte, stellte ich mir unsere Straße ohne Gemüseladen vor, ohne den kleinen Supermarkt, ohne den Schreibwaren- und Zigarettenladen, und es war eine unangenehme Vorstellung. So ging es bis zu jenem Tag im Winter, an dem mir klar wurde, dass ich unwiderruflich eine neue lange Unterhose brauchte. Und plötzlich wusste, dass der bevorstehende Kauf nicht irgendein Kauf werden würde, sondern ein Akt staatsbürgerlicher Verantwortung.

Lange hatte ich mich beim Shoppen nicht mehr so gut gefühlt. Ich betrat das Kaufhaus, in dessen leeren Räumen die Verkäufer grüppchenweise auf ihre Entlassung warteten, schlug einen verächtlichen Bogen um die Schnäppchenstände mit den *Minus 60 % und mehr!!!*-Plakaten und stieß in die hinterste Ecke des Verkaufsraums vor, wo es keine *Reduziert*-Schilder gab und fingerdicker Staub auf den Waren lag.

Ich hatte gerade genug Zeit gehabt, um an einem Verkaufstisch mit langen Unterhosen meine Größe zu finden, da sah ich mich einem Verkäufer gegenüber. Dieser murmelte unterwürfig, ich möge entschuldigen, es handle sich vermutlich um ein Versehen, aber leider sei dieses Produkt ausnahmsweise zurzeit nicht verbilligt zu haben, doch es gebe sicherlich den einen oder anderen Weg … «Das macht nichts», unterbrach ich milde, aber mit fester Stimme, «im Gegenteil. Ich will keinen Rabatt. Ich möchte den vollen Preis bezahlen!»

Verständnislos starrte er mich an. Ich musste meine Worte noch vier- bis fünfmal wiederholen, während mich immer mehr Verkäufer mit offenen Mündern umringten.

Endlich lächelte einer, zwinkerte mir zu und sagte, er verstehe: Man könne zur Unterhose noch ein Paar Kniestrümpfe gratis dazugeben, vielleicht auch ein passendes Gratisunterhemd, das sei doch sicher ein akzeptables Angebot?

«Nein», wiederholte ich, bemüht, meine Stimme keine Spur arrogant klingen zu lassen, «ich sagte doch: Ich möchte einfach den vollen Preis bezahlen.» Das Lächeln des Verkäufers gefror.

Ich ging mit meiner langen Unterhose zur Kasse.

Kurz bevor ich sie erreicht hatte, trat mir ein Herr in den Weg, der mir die Hand schüttelte, sich als Abteilungsleiter vorstellte und mir zumindest eine spezielle Ratenzahlung für lange Unterhosen anbot, Zins null Komma null Prozent, ohne Schufa-Auskunft, wahlweise aber zwei Unterhosen für den Preis von einer.

Ich zeigte meinen gefüllten Geldbeutel und erklärte, in der glücklichen Lage zu sein, den vollen Preis für eine lange Unterhose sofort entrichten zu können; ein zweites Exemplar benötige ich nicht. Der Abteilungsleiter starrte mich an, als sei ich nicht ganz bei mir, zog mich vor ein großes

Regal mit Sportsocken und fragte, ob er mir zwei Paar davon als Dreingabe in die Hand drücken dürfe.

Ich blieb hart.

«Was ist mit Ihnen los?», fragte er fassungslos. «Was wollen Sie von uns?»

«Ich bin ein verantwortungsvoller Mensch», sagte ich. «Ich möchte etwas für den Erhalt dieses Geschäftes und für unsere Wirtschaft tun. Und ich möchte helfen, Ihren Arbeitsplatz zu erhalten!»

Als er merkte, dass ich nicht mitlachte, hörte er wieder auf zu lachen. Er unternahm einen halbherzigen Versuch, mir ein Paar Socken in die Jackentaschen zu stopfen, wo sich jedoch längst meine Hände befanden, stammelte, so etwas sei ihm noch nie passiert, und rief über Handy den Geschäftsführer.

Der bat mich in sein Büro, bot mir Kaffee an und fragte, ob ich mich als Kunde nicht ordentlich behandelt fühlte. Doch, sagte ich energisch, aber darum gehe es nicht. Ob ich in diesem Fall, fragte der Geschäftsführer weiter, nicht Interesse hätte, zu Hause in aller Ruhe zu testen, ob mir die lange Unterhose tatsächlich gefalle, ich kö nne in ein paar Wochen, gern erst auch in ein paar Monaten, wiederkommen, um zu bezahlen, um die Unterhose zurückzubringen oder um sie gegen neue Testware einzutauschen, zum Beispiel eine Badehose. Und auch diese könne ich nach ein paar Monaten wiederum von Neuem eintauschen, zum Beispiel wieder gegen eine lange Unterhose, das neueste Modell natürlich, das gehe ganz problemlos, sagte der Geschäftsführer lächelnd; viele machten das jetzt so.

Als ich noch immer den Kopf schüttelte, griff er zum

Telefon, wählte die Nummer einer psychologischen Beratungsstelle und gab eine Beschreibung von mir durch, die den Leuten dort offenbar nichts sagte. Dann drückte er auf einen Knopf unter seiner Schreibtischplatte. Umgehend erschien ein bulliger Hausdetektiv und filzte mich auf versteckte Mikrophone oder Kameras. Nachdem er wieder gegangen war, bat mich der Geschäftsführer flehentlich, die Wahrheit zu sagen.

Ich lächelte verantwortungsvoll-staatsbürgerlich. «Sehen Sie», sagte ich, «ganz einfach. Ich bekomme von Ihnen drei wichtige Leistungen. Erstens diese Unterhose. Zweitens das Bestreben Ihrer Einkäufer, um für mich möglichst hochwertige Ware wie diese Unterhose zu besorgen. Und drittens die Arbeit Ihrer Verkäufer, die mich verantwortungsbewusst beraten. Das alles ist etwas wert. Und ich möchte nichts anderes, als dafür einen angemessenen Preis zu bezahlen. Verstehen Sie endlich?»

Der Geschäftsführer sah mich an, wie vom Donner gerührt. Dann packte er die lange Unterhose langsam in eine Tüte. «Meinetwegen», flüsterte er, «nehmen Sie sie umsonst mit!»

Die Wirtschaft ist nicht zu retten. Ich habe es versucht.

Mark Spörrle

Wer hat meine Hemden geschrumpft?

Neue Geschichten
aus dem wahren Leben

Wieder für Sabeth, ohne die dieses Buch
nicht möglich gewesen wäre

Inhalt

Zum ersten Mal hatte ich das Pfeifen in meinem Ohr, als ich mir das Gesicht wusch. Ich bin nicht jemand, der seine Liebste unnötig beunruhigt. Also wartete ich, bis auch sie aus dem Bad kam. «Nicht dass du dir Sorgen machst», kam sie mir zuvor. «Aber ich hatte gerade so ein Pfeifen im Ohr.»

Wir fanden heraus, dass das Pfeifen nur im Badezimmer auftrat, und zwar irgendwo in der Wand zwischen Waschbecken und WC-Spülung. Es war nicht laut; wenn wir die Spülung drückten, war es nicht zu hören. Aber wer will schon ständig die Spülung drücken?

«Versuche ja nicht, das selber zu reparieren», sagte meine Liebste. «Du bist zu ungeschickt – ich will nicht, dass dir etwas passiert. Wofür gibt es schließlich Profis?»

Im Branchenbuch suchten wir einen Klempner, der seinen Betrieb gleich in der Nähe hatte. Er nahm unsere Daten auf und versprach, später zurückzurufen, um einen Termin zu vereinbaren. Er rief nicht zurück.

Am nächsten Morgen gegen halb sieben erwachten wir von penetrantem Geklingel. Ich taumelte zur Wohnungstür.

«Guten Morgen», dröhnte der Klempner, «ich hatte in der Nähe zu tun und dachte, da komme ich gleich vorbei.»

Ich führte ihn ins Bad.

Der Klempner schlug ein paarmal prüfend auf den Spülkasten, fingerte eine Zange aus der Latzhose und schraubte am Wasserhahn herum, ohne dass sich an dem Pfeifen etwas änderte.

«Die Ventile», nickte er fachmännisch, «ich komme in den nächsten Tagen und bringe das in Ordnung.»

«Wann?», fragte ich. «Wann genau kommen Sie wieder?»

«Wenn ich in der Nähe bin», sagte er. «Ich rufe vorher an. Benutzen Sie den Wasserhahn besser solange nicht.»

«Warum nicht?» rief ich, aber er drehte sich nicht mehr um.

Wir wuschen uns einige Tage in der Küche.

Dann riss uns morgens um sechs das Telefon aus dem Schlaf. Bevor ich es erreichte, verstummte es. Kaum hatte ich mich wieder ins Bett fallen lassen, schellte es an der Tür.

«Ich habe angerufen», sagte der Klempner, der diesmal einen dicken Gehilfen dabeihatte. «Aber Sie sind nicht rangegangen.»

Beide schoben mich zur Seite, gingen ins Bad, lauschten dem Pfeifen und betrachteten abwechselnd Wasserhahn und Spülkasten. Dann zog der Gehilfe eine voluminöse Rohrzange und setzte sie am Wasserhahn an.

«Wo ist der Haupthahn?», fragte der Klempner.

«Der muss in der Küche sein», erwiderte ich, da schoss eine eiskalte Fontäne aus der Stelle, an der vorher noch unser Wasserhahn gewesen war.

«Welcher Idiot hat den Wasserhahn gelockert?», dröhnte der Klempner, als meine Liebste in der Küche den Haupthahn gefunden und abgedreht hatte. «Wir müssen unsere Kleider wechseln. Bringen Sie das hier solange in Ordnung.»

Wir benötigten sämtliche Schwämme und Küchenrollen, jede Menge Zeitungspapier und alle Handtücher, bis das Bad einigermaßen trocken war. Wir waren gerade fertig, als der Klempner und sein Gehilfe nach Kaffee riechend wiederkamen.

«Das Pfeifen ist immer noch da», berichtete meine Liebste.

Der Klempner wandte sich dem Spülkasten zu, öffnete ihn und starrte eine Zeitlang hinein. «Wir müssen den kompletten Wasserspülkasten durchchecken», informierte er uns. «Das wird nicht ganz einfach.»

Wir nickten anteilnehmend.

Der Klempner warf den Kastendeckel in die Ecke und ging mit seinem Gehilfen zur Tür.

«Moment», sagte ich. «Ich dachte, Sie wollten … »

«Wir kommen in den nächsten Tagen wieder vorbei», beschied der Klempner. «Ich rufe Sie an. Und lassen Sie ja den Hauptwasserhahn zu.»

Wir fuhren vor der Arbeit noch rasch im Hallenbad vorbei, um zu duschen und die Haare zu waschen.

Am nächsten Morgen um halb sieben schrak ich aus unruhigem Schlaf hoch, wankte zur Tür und wartete. Nach zehn Minuten klingelte das Telefon. Ich riss den Hörer hoch.

«Wir kommen heute, 14 Uhr», informierte mich der Klempner.

«Das ist schwierig … », begann ich, aber die Verbindung war schon unterbrochen.

Ich nahm einen halben Tag frei und war kurz vor 14 Uhr in der Wohnung.

Der Klempner kam nicht.

Ich wartete bis 15 Uhr und rief in seiner Firma an.

«Sie rufen außerhalb unserer Geschäftszeiten an», verkündete ein Band. «Wir sind bis 16 Uhr für Sie erreichbar.»

Um 15.30 Uhr ging ich einkaufen.

Vor der Tür fiel mein Blick auf einen parkenden Kombi. Am Steuer saßen zwei Männer, die ein Boulevardblatt lasen und mir bekannt vorkamen.

«Wir sind auf dem Weg zu Ihnen», sagte der Klempner, als ich ans Autofenster klopfte.

Ich verschob meine Einkäufe, eilte zurück in die Wohnung und wartete.

15 Minuten später tauchten die beiden auf und begannen, ächzend den Spülkasten zu demontieren.

Ich verhandelte gerade mit ein paar Nachbarn mögliche Zeiten, zu denen wir vorübergehend ihr Badezimmer benutzen konnten, da krachte es.

Im Bad lag der Spülkasten zerbrochen auf dem Boden, daneben die schwere Rohrzange; eine unserer Bodenfliesen aus gelbem Jerusalemstein hatte einen langen Riss.

Der Fliesenleger vereinbarte mit uns am Telefon einen Termin für übermorgen, 16 Uhr.

Das Pfeifen war immer noch da. Es war nur etwas schriller geworden, meinte meine Liebste, als sie abends heimkehrte.

Am nächsten Tag um 15 Uhr rief mich unser Nachbar Jo im Büro an: Er habe vor unserer Tür einen wütenden Herrn getroffen, der mit uns einen wichtigen Termin wegen unserer Badezimmerfliesen habe. «Sei froh, dass er überhaupt da ist», raunte Jo noch, «du weißt doch, wie Handwerker sind. Ich halte ihn mit Kaffee und Kuchen hin, beeil dich!»

Ich war ohnehin zu unkonzentriert zum Arbeiten; der Gehilfe des Klempners hatte im Morgengrauen einen neuen Wasserkasten montiert, verkehrt herum, wie die anschließende Spülprobe ergab. Wir hatten zum Aufwischen unsere Bettwäsche genommen.

«Na endlich», begrüßte mich der Fliesenleger. Er hatte statt eines gelben Jerusalemsteins eine giftgrüne Küchenfliese dabei. «Was anderes in der Art war auf die Schnelle nicht zu bekommen», sagte er und zog ein Maßband aus der Tasche. «Sie sollten gleich den ganzen Boden neu fliesen lassen – es sieht nicht so toll aus, wenn eine einzige Fliese grün ist und alle anderen gelb. Ich mache Ihnen ein gutes Angebot.»

«Wir bleiben bei den alten Fliesen», entschied ich.

Enttäuscht packte er das Maßband wieder ein.

Wir vereinbarten einen neuen Termin, zu dem er mit der richtigen Fliese vorbeikommen würde. Er schlug Montag 11 Uhr vor. Ich schlug Montag 20 Uhr vor; ich sei leider berufstätig. Der Fliesenleger fragte, ob ich nicht Urlaub nehmen könne wie andere Kunden auch. Wir einigten uns auf 16 Uhr.

«Seien Sie aber pünktlich», sagte er. Ich fragte nach seiner Handynummer.

«Tut mir leid», sagte er. «Die kann ich nicht weitergeben. Sonst würde ja jeder anrufen, wann er will.»

«Ich wette, er kommt morgen früh», sagte meine Liebste später zu mir. «Er oder wieder dieser Klempner. Lass uns heute früh zu Bett gehen. Wir brauchen unseren Schlaf.»

Kaum waren wir eingeschlafen, klingelte es an der Tür.

Der Fliesenleger.

Er hatte den Jerusalemstein schon bestellt und war nur noch kurz vorbeigekommen, weil er die kaputte Fliese als Muster mitnehmen wollte.

Als er sie herausgestemmt hatte, entdeckte er, dass auch die benachbarten Fliesen an den Kanten frische, hässliche Kratzer hatten.

«Dass Ihnen das noch nicht aufgefallen ist!», sagte er. «Ich muss die auch auswechseln, wie sieht denn das sonst aus?»

Als er die dritte Fliese heraushob, fegte er mit dem Stemmeisen unseren Badezimmerspiegel von der Wand. «Keine Sorge», sagte der Fliesenleger, während wir die Scherben hastig beseitigten, damit er sich beim Arbeiten nicht schnitt. «Ich kenne einen guten Glaser. Der kommt in den nächsten Tagen vorbei, wenn Sie abends zu Hause sind.»

Am nächsten Morgen erwachten meine Liebste und ich zu gewohnter früher Morgenstunde und kleideten uns prophylaktisch an. Kurz darauf klingelte der Klempner, unterm Arm einen neuen Spülkasten. Als er den Kasten sah, den sein Gehilfe gestern bereits gebracht hatte, fluchte er und verschwand. Vergeblich riefen wir ihm nach, dass es immer noch pfiff.

Wir hatten die Tür noch nicht wieder geschlossen, da klingelten zwei weißbekittelte Männer. «Die Glaser», erklärten sie. «Wir waren gerade in der Nähe und dachten, es macht keinen Unterschied, ob wir morgens oder abends kommen.»

Als sie die Überreste unseres Spiegels sahen, murmelten die zwei etwas von «schwieriger Sonderanfertigung».

«Wir haben diesen Spiegel ganz normal im Geschäft gekauft», wandte ich ein.

«Ein Auslaufmodell», erklärte einer der beiden. «Nicht leicht nachzubauen. Zumal bei diesem hässlichen Pfeifen hier im Bad. Sie haben doch nichts dagegen, wenn wir die Maße variieren?»

Wir einigten uns darauf, dass auch der neue Spiegel wieder über das Waschbecken passen sollte. Dann gingen die Glaser zum Auto, um die Maßbänder zu holen, die sie vergessen hatten.

Es klingelte wieder. Der dicke Gehilfe des Klempners, unter dem Arm einen neuen Spülkasten. Als er den Kasten sah, den er gestern gebracht und verkehrt angeschlossen hatte, fluchte er lästerlich.

«Darf ich Ihnen einen frischen Kaffee anbieten?», fragte meine Liebste hastig, bevor er verschwinden konnte.

Der Klempnergehilfe verzehrte zwei Nutellabrötchen und zwei Brote mit Fleischwurst und Ketchup, dann erklärte er sich bereit, den Wasserhahn im Badezimmer wieder einzusetzen und einen der Spülkästen versuchsweise richtig herum anzuschließen.

Ich rief im Büro an und nahm nachträglich Urlaub. Dann lief ich in den Drogeriemarkt und kaufte alles, was an Lappen und Küchentüchern zu haben war.

Auf dem Rückweg sah ich die zwei Glaser im Schnellimbiss vor einem Boulevardblatt und zwei Currywürsten sitzen. Ich winkte. Sie starrten durch mich hindurch.

Zu Hause diskutierte meine Liebste mit dem Fliesenleger, der mit ein paar Jerusalemsteinen vorbeigekommen war, die nicht gelb, sondern schwarz waren. «Das ist doch kein Problem!», sagte er. «Zweifarbige Fußböden sind gerade wahnsinnig modern! Und gelber Jerusalemstein ist zurzeit nicht lieferbar. Wollen Sie lieber wochenlang ein Loch in Ihrem Badezimmerfußboden haben?»

Wir wurden unterbrochen von einer Fontäne, die aus dem Badezimmer spritzte. Der Klempnergehilfe hatte herausgefunden, dass der alte Wasserhahn defekt war, irgendein Idiot hatte ihn zu gewaltsam mit einer Rohrzange abmontiert.

Während er auf den Schreck eine Tafel Schokolade und ein paar Koteletts verschlang, wischte ich das Wasser auf. Meine Liebste rief den Klempner an und bat um einen neuen Wasserhahn, wenn er seinen Gehilfen wiedersehen wolle. Dann ließ sie sich von der Auskunft einen Fliesenmarkt nennen.

«Wir haben jede Menge Jerusalemstein», sagte der Verkäufer am Telefon. «Natürlich gelben – schwarzen gibt es nicht.»

Wir konnten den Fliesenleger überreden, ein paar gelbe Jerusalemsteine auf unsere Kosten und gegen einen zusätzlichen Fremdlieferantenzuschlag mit dem Taxi kommen zu lassen.

Mittlerweile waren die Glaser wiedergekommen und nahmen im Badezimmer Maß.

«Wir kommen morgen wieder», sagte der eine dann. «Wir haben unseren Zuschneidetisch nicht dabei.»

«Das macht doch nichts, damit konnten Sie ja nicht rechnen», lächelte meine Liebste. «Nehmen Sie doch einfach unseren Küchentisch, der ist sowieso schon alt! Wir holen Ihnen für die Pause auch noch ein paar Currywürste.»

«Ich hätte lieber Döner mit Pommes rot-weiß, gut durch», sagte einer der beiden.

Wir holten auch Boulevardblätter.

Als wir zurückkehrten, war der Klempner eingetroffen und stritt sich mit seinem Gehilfen im Badezimmer. Die beiden Glaser saßen auf dem Balkon und rauchten konzentriert. Der Fliesenleger telefonierte von unserem Apparat aus. Nur die drei Männer, die im Wohnzimmer die Bodendielen herausrissen, arbeiteten schnell und angestrengt.

«Wer sind Sie?», brüllte ich. «Was machen Sie hier?»

Es stellte sich heraus, dass die drei sich in der Adresse geirrt hatten. Gegen ein üppiges Handgeld erklärten sie sich bereit, die noch heilen Dielen möglichst behutsam wieder einzusetzen.

In der Zwischenzeit verhandelten wir mit dem Klemp-

ner, der tatsächlich einen Wasserhahn mitgebracht hatte – offenbar aus einem Abbruchhaus –, was aber nichts am Pfeifton änderte. Die Laune des Klempners besserte sich erst, als die Pizzen und das Bier geliefert wurden, die wir für alle bestellt hatten.

Meine Liebste zog mich ins Badezimmer.

«Ich kann keine Handwerker mehr sehen», flüsterte sie. «Lass uns das hier beenden, sonst werde ich wahnsinnig!»

«Und das Pfeifen?» flüsterte ich.

«Welches Pfeifen?», fragte sie verzweifelt.

Die restlichen Arbeiten verliefen sehr zügig, zumal es auf 16 Uhr zuging. Die Fliesen, die der Fliesenleger verlegt hatte, passten perfekt; die handbreiten Spalte ringsum konnte man irgendwann immer noch mit Kitt auffüllen. Dass nun glühend heißes Wasser in die Kloschüssel rauschte, war sogar viel hygienischer als zuvor. Und der neue Spiegel hing genau richtig; ich recke beim Rasieren sowieso immer das Kinn nach oben. Auch dass ich mir die Hand verletzte, als ich die scharfkantigen Löcher in der Badezimmerwand – für die sich weder Klempner noch Fliesenleger verantwortlich fühlten – selber mit Spachtelmasse füllte, war nicht weiter schlimm; ich wollte sowieso mal wieder zum Arzt.

Als wir um 16.01 Uhr wieder allein waren, kam uns unsere Wohnung ungeheuer groß vor; das Pfeifen hatte fast etwas Meditatives. Am nächsten Morgen bildeten wir uns sogar ein, es sei verschwunden.

«Handwerker sind die Hölle», sagte ich zu unserem Hausmeister, den ich im Treppenhaus traf.

«Das kann man wohl sagen», sagte er. «Der Installateur hat Tage gebraucht, um herauszufinden, warum es überall im Haus in den Heizungsrohren pfiff – es war die kaputte Umwälzpumpe im Keller.»

Es war kein Problem für mich, dass Torstens neue Wohnung in einem Stadtteil lag, in dem wir sonst nie zu tun hatten. Es war auch kein Problem für mich, dass er dort sein Einweihungsfest feierte.

Für meine Liebste war es das.

«Sollen wir ihn anrufen und fragen, wie wir zu ihm kommen?», erkundigte sie sich, als ich vor unserer Abfahrt einen Blick auf den Stadtplan warf.

«Nicht nötig», sagte ich. «Ich kenne die Adresse, Tüllesamstraße 12. Und ich habe gerade auf der Karte nachgesehen.»

«Aber wir waren noch nie dort», beharrte sie.

Ich klappte den Stadtplan zu und lächelte milde. «Keine Sorge», sagte ich. «Ich fahre.»

«Dann», sagte meine Liebste, «nimm die Karte lieber mit.»

Ich lächelte noch milder. In jeder Beziehung gibt es Dialoge, die sich ständig wiederholen.

«Nicht nötig», sagte ich. «Ich habe mir die Strecke wie immer genau eingeprägt.»

Ich fuhr vom Ring auf die Schnellstraße, nahm die dritte Querstraße links, folgte ihr bis zum Ende und bog beim Kreisverkehr scharf rechts ab. Die vierte Straße nach dem kleinen Platz musste die Tüllesamstraße sein.

Sie war es erstaunlicherweise nicht.

«Oh nein», sagte meine Liebste, ihr Geduldsfaden beim Autofahren war hauchdünn, vor allem, wenn sie nicht selber fuhr.

«Kein Problem», sagte ich, «es wird die nächste sein.»

Auch die nächste Straße hieß nicht Tüllesamstraße. Ganz zu schweigen von der übernächsten und der Straße danach.

Manchmal bin selbst ich nicht perfekt.

«Ich glaube, ich habe mich verzählt», sagte ich leichthin. In Höhe des Maiglöckchenwegs wendete ich, fuhr bis zum Platz zurück, wendete wieder und zählte erneut die vierte Straße ab.

Auch diesmal hieß sie nicht Tüllesamstraße.

Meine Liebste rutschte ungeduldig auf ihrem Sitz hin und her.

«Lass uns jemanden fragen», schlug sie vor.

Ich liebe meine Liebste auch beim Autofahren. Sie macht nur einen Fehler: Sie denkt, wildfremde Leute kennen sich immer und überall besser aus als ihr eigener Mann.

«Das muss nicht sein», sagte ich. «Wir haben es gleich gefunden.» Sicher hatte ich nur ein kleines Detail verwechselt; vermutlich ging die Tüllesamstraße nicht rechts ab, sondern links. Ich wendete erneut und achtete auf die Straßennamen auf der anderen Seite.

Immer noch keine Tüllesamstraße.

Nach einiger Zeit drehte ich wieder um.

«Warum willst du nicht jemanden fragen?», fragte die Liebste. «Das Fest hat schon längst angefangen.»

«Es macht nichts, wenn wir ein bisschen zu spät kommen», sagte ich. «Es ist ein Fest, keine Essenseinladung. Und diese Straße muss hier irgendwo sein. Ich fahre jetzt bis zum Kreisverkehr zurück und zähle nochmal die Straßen ab.»

Meine Liebste starrte leicht eingeschnappt vor sich hin.

Um ganz sicherzugehen, fuhr ich dreimal um den

Kreisverkehr und dann wieder in Richtung Tüllesam-straße. Auch diesmal keine Spur von ihr.

«Hätten wir doch wenigstens die Karte mitgenom-men», sagte die Liebste kopfschüttelnd.

«Mach dir keine Sorgen», erwiderte ich, «wir sind gleich da. Mach ein bisschen das Radio an, am besten Klassikradio, und entspann dich.»

«Ich möchte mich nicht entspannen», sagte sie, «ich möchte endlich ankommen. Die alte Frau da mit der Ein-kaufstasche, die wohnt sicher hier in der Gegend – hey, warum fährst du einfach vorbei?»

«Die sah nicht so aus, als ob sie sich auskennt», sagte ich.

«Nein?», fragte sie empört.

«Nein!», sagte ich entschieden. «Alte Leute haben oft Orientierungsschwierigkeiten, vor allem wenn sie sel-ber nicht Auto fahren.»

«Da hinten, der junge Mann mit dem Hund!», unter-brach sie mich.

«Der sieht aus wie ein Wichtigtuer», sagte ich und wendete. «Wenn wir den nach dem Weg fragen – und er weiß ihn höchstwahrscheinlich nicht, warum braucht er sonst einen Hund –, dann schickt er uns trotzdem wer weiß wohin. Nur aus Angst zuzugeben, dass er keine Ahnung hat. Und den Hund können wir ja leider nicht fragen.»

Meine Liebste sah mich vorwurfsvoll an.

«Nein», sagte ich vorbeugend, «es macht mir nichts aus, Menschen nach dem Weg zu fragen. Aber bevor wir uns von anderen in die Irre schicken lassen, wie neulich von diesem Halbbetrunkenen in Berlin, dem du blind vertraut hast ... »

«Das ist Jahre her, es war nachts, und er war der einzige Mensch auf der Straße!», rief sie dazwischen.

«Gib mir bitte die Chance, den Weg selber zu finden», bat ich. «Oder glaubst du, das kann ich nicht?»

Sie schwieg.

Ich bog in die Straße ein, die nicht die Tüllesamstraße war.

«Was machst du?», fragte meine Liebste leicht nervös.

«Es kann sein, dass diese Straße per Zufall hier vorne Von-der-Tann-Straße und erst weiter hinten Tüllesamstraße heißt», erläuterte ich. «Oder dass die echte Tüllesamstraße quer von dieser hier abgeht, was die Kartenzeichner übersehen haben. Oder, das ist das Wahrscheinlichste, dass die städtischen Angestellten beim Anbringen des Straßenschildes einen Fehler gemacht haben ...»

Auch am anderen Ende hieß die Straße nicht Tüllesamstraße.

Ich bog versuchsweise nach links in die Moltkestraße ein, dann wieder links in die Wrangelstraße.

«Was machst du eigentlich?», fragte meine Liebste. «Mir ist schon schwindelig vom ständigen Abbiegen.»

«Ich versuche, um den Block zu fahren», sagte ich. «Hier heißen alle Straßen offenbar nach Generälen. Ich vermute, Tüllesam war auch einer, wenn auch ein sehr unbekannter. Also ist die Tüllesamstraße erstens sicher eine sehr kleine Straße, und zweitens muss sie hier in unmittelbarer Nähe sein, denn ein paar Ecken weiter fangen schon die Straßen mit den Blumennamen an.»

«Mag sein», sagte meine Liebste, «aber einmal nach der Tüllesamstraße zu fragen geht schneller, als stundenlang auf Verdacht in der Gegend herumzukurven.»

«Wir sind noch nicht mal eine Stunde unterwegs», erwiderte ich.

«Dann rufen wir Torsten an», schlug sie vor und zog das Handy aus ihrer Handtasche.

«Er wird das Telefon nicht hören», gab ich zu bedenken. «Er feiert ein Fest! Außerdem habe ich seine neue Telefonnummer zu Hause liegenlassen.»

Meine Liebste steckte ihr Handy wieder weg.

«Du glaubst, du machst dich lächerlich, wenn du andere Menschen nach dem Weg fragst», insistierte sie. «Aber versteh doch endlich, das ist etwas ganz Normales!»

«Darum geht es nicht», lächelte ich sehr souverän, «aber man muss andere doch nicht ohne Not immer gleich um Hilfe bitten ...»

«Da!», unterbrach meine Liebste und wies auf eine Familie, die vor uns am Straßenrand ihr frischgeparktes Auto verließ. «Halt an!», befahl sie. «Halt an, damit wir hier nicht noch um Mitternacht herumfahren!»

Ich musste ohnehin anhalten, denn ich wollte links in die Hartmannstraße abbiegen, und es kam Gegenverkehr.

Die Liebste ließ die Scheibe heruntersurren.

«Entschuldigen Sie», begann sie, «wir suchen ...», aber als der Familienvater mit dümmlichem Lächeln näher trat, war die Straße frei, und ich musste losfahren, damit die Autofahrer hinter uns nicht anfingen zu hupen.

«Das gibt's doch nicht», rief meine Liebste und ließ das Fenster wieder nach oben gleiten, «das hast du absichtlich gemacht!»

«Hör mal», sagte ich. «Ich bin ein ausgezeichneter Autofahrer, und ich habe bis jetzt noch jeden Weg gefunden ...»

«Ach ja?», empörte sie sich, «hast du vergessen, wie das auf der Rückfahrt von Assisi war? Als wir nach Süden fuhren statt nach Norden, und auf einmal waren wir statt in Siena mitten in Rom?»

«Auf italienischen Autobahnen kann man nicht so einfach umdrehen», stellte ich richtig, «schon gar nicht, wenn keine Ausfahrt kommt ...»

Ich hatte beschlossen, zurück zur Schnellstraße zu fahren, um zu überprüfen, ob ich dort beim Einbiegen womöglich einen Fehler gemacht hatte. An der ersten roten Ampel ließ meine Liebste wieder die Scheibe herunter und gab einem sonnenbebrillten Autofahrer neben uns ein Handzeichen.

«Entschuldigen Sie», rief sie dem Mann zu, der das Fenster seinerseits herunterließ. In dem Moment sprang die Ampel auf Grün, und ich gab Gas.

«Was fällt dir ein?», schimpfte meine Liebste. «Mach das ja nicht nochmal! Wie sieht denn das vor anderen Leuten aus!»

Ich hatte keine Zeit zu antworten, denn wir fuhren auf die nächste rote Ampel zu, und der Mann von vorhin fuhr immer noch auf der Nebenspur. Es gelang mir, unsere Fahrt so zu verlangsamen, dass es wieder grün war, bevor wir die Ampel erreichten.

«Jetzt reicht es!», schimpfte meine Liebste. «Hör sofort auf damit. Halt irgendwo an, damit ich fragen kann. Da vorne rechts an diesem Kiosk, he, also wenn du jetzt nicht gleich anhältst ...»

Die nächste rote Ampel sah ich erst im letzten Moment, so dass ich anhalten musste.

Dummerweise hielt der Kerl mit der Sonnenbrille schon wieder neben uns.

Meine Liebste winkte ihm zu und ließ das Fenster herunter. Ich drückte die Taste auf meiner Seite, und es fuhr wieder nach oben.

«Lass das!», rief sie und ließ das Fenster wieder herunter. Allerdings nur, bis ich wieder die Gegentaste drückte.

«Mensch, sei doch nicht so stur!», zischte meine Liebste. Sie langte nach dem Türgriff, aber ich hatte schon die Zentralverriegelung betätigt.

Der Mann im Auto neben uns riss seine Sonnenbrille herunter und verfolgte mit ungläubigem Blick, wie meine Liebste beide Hände auf den Öffner für das Schiebedach presste, so fest, dass ich ihren Griff nicht lösen konnte, und dann ihren Kopf durch die Dachöffnung steckte.

«Brauchen Sie Hilfe?», brüllte er ihr zu.

«Ja», rief die Liebste, «wir ...»

Endlich sprang die Ampel auf Grün. Ich raste mit quietschenden Reifen los.

«Du bist ja völlig neurotisch!», rief meine Liebste, auf ihren Sitz zurücksinkend. «Nie wieder mache ich so etwas mit, das sage ich dir!»

Ich absolvierte ein paar riskante Spurwechsel, aber erst als ich ganz knapp über eine rote Ampel raste, gelang es mir, den Sonnenbebrillten abzuhängen.

Wie ich befriedigt feststellte, hatte ich auf dem Hinweg auch beim Abbiegen von der Schnellstraße keinen Fehler gemacht. Also fuhr ich wieder zurück in die Richtung, in der die Tüllesamstraße sein musste.

Kurz vor dem kleinen Platz zwang mich ein Polizeiwagen zu einer Vollbremsung.

«Man hat uns gesagt, hier werde eine Frau entführt», informierte mich der größere der beiden Polizisten, «lassen Sie beide Hände am Lenkrad!»

Wir hatten die Sache schnell aufgeklärt, aber ich konnte nicht verhindern, dass meine Liebste die Polizisten nach der Tüllesamstraße fragte. «Ganz einfach», sagte der kleinere Polizist, «fahren Sie uns hinterher.»

In der folgenden halben Stunde kamen wir viermal

aus unterschiedlichsten Richtungen an dem kleinen Platz vorbei. Beim fünften Mal preschten die Polizisten plötzlich mit Blaulicht davon.

Wieder zu Hause, rief ich Torsten an und behauptete, wir beide hätten uns den Magen verdorben.

«Ihr Armen», rief er. «Aber nächsten Sonntag gibt es bei mir Brunch. Ihr müsst unbedingt kommen! Du wirst übrigens merken, dass die Tüllesamstraße wegen der vielen kleinen Einbahnstraßen nicht ganz leicht zu finden ist; ich kann dir nochmal schnell beschreiben, wie du am besten fährst …»

«Nicht nötig», sagte ich, «ich kenne mich aus».

Kurz nach dem Sommerurlaub änderte sich mein Telefonverhalten gegenüber meiner Mutter rapide. Genauer gesagt zu dem Zeitpunkt, als sie im Laufe eines bis dato harmlosen Gesprächs unvermittelt sagte: «Ach, ich wollte dich noch etwas fragen ...»

Mein Puls begann zu rasen.

«Einen Augenblick», unterbrach ich mit Stentorstimme, «bevor ich es vergesse: Seit wir bei euch waren, vermisse ich meine Uhr. Kann es sein, dass der Hund sie ... gefressen hat?»

Meine Mutter schwieg verblüfft.

«Du hast also beim Gassigehen nichts Außergewöhnliches bemerkt?»

«Nein», sagte sie, «ich habe auch nicht darauf geachtet ...»

«Könntest du», fragte ich, «mal an seinem Bauch lauschen, ob da etwas tickt? Vielleicht jetzt gleich?»

Meine Mutter legte den Hörer hin, kam kichernd zurück und meldete, da ticke nichts. Ob ich gerade sehr im Stress sei?

Nachdem sie das Telefonat beendet hatte, massierte ich meine pochenden Schläfen. Ich wusste, ich hatte nur ein bisschen Zeit gewonnen; die Frage würde ihr wieder einfallen.

Ich musste mit meiner Liebsten sprechen.

Dummerweise ergab sich das in den folgenden Tagen nicht.

Und vielleicht war es Zufall, dass kurze Zeit später

meine Schwiegermutter – wir telefonierten mit ihr über Lautsprecher – mitten im Brainstorming zum idealen Mürbteigrezept sagte: «Wir wollten mit euch bei Gelegenheit noch etwas besprechen ...»

Diesmal kam mir meine Liebste knapp zuvor. «Wir auch!», rief sie und begann von dem ultimativen Kurztrip nach New York zu erzählen, den wir angeblich seit Wochen planten.

Aber ich glaube nicht an Zufälle. Ich musste wirklich unbedingt mit meiner Liebsten reden.

«Wir haben noch dreieinhalb Monate», eröffnete ich, als wir später auf dem Balkon saßen.

Sie sah mich an, als wisse sie nicht, wovon ich spräche.

«Es sind nur noch dreieinhalb Monate bis Weihnachten», betonte ich.

Sie nickte gespielt arglos. «Meinst du, wir sollten eine Lichterkette auf den Balkon hängen?»

«Nein, davon spreche ich nicht», sagte ich. «Ich spreche von Weihnachten. WEIHNACHTEN! WEIH-NACH-TEN!»

Ihr Unterlippe begann zu zittern.

Ich nahm sie in den Arm. «Wir müssen eine Lösung finden», sagte ich so sanft wie möglich. «Wie gehen wir damit um, dass unsere Eltern erwarten, dass wir jedes Weihnachten wieder zu ihnen kommen?»

Meine Liebste sah mich an.

«Hatten wir nicht vor, endlich mal ganz romantisch für uns alleine zu feiern?», fragte sie. «Ohne Stress, ohne Hin-und-her-Hetzen quer durch Deutschland?»

«Natürlich», fiel mir erleichtert ein. «Ich weiß genau, dass wir das beschlossen haben; unsere Eltern sind ja trotz ihres Alters sehr fit, und wir können noch oft Weihnachten mit ihnen feiern. Lass es uns so machen:

Ich besorge einen Baum, stelle ihn auf, schmücke ihn, erledige sämtliche Weihnachtseinkäufe, koche unser komplettes Weihnachtsessen, führe dich am zweiten Feiertag schön zum Essen aus – und du sagst ihnen in den kommenden Tagen nur mal schnell Bescheid, dass wir leider nicht mit ihnen feiern können …»

«Es wäre besser, du würdest es deinen Eltern selber sagen», erwiderte meine Liebste erbarmungslos.

«Aber wie sage ich es ihnen nur?», fragte ich.

Wir schwiegen ratlos.

«Wenn sie beleidigt wären», sagte meine Liebste, «wenn sie das falsch verstünden, das wäre schrecklich.»

«Richtig», sagte ich. «Glaubst du, das könnte passieren?»

«Uns fällt sicher noch etwas ein», sagte meine Liebste schließlich.

In den folgenden Tagen fiel uns nichts ein, denn ich hatte entdeckt, dass es allerhöchste Zeit war, schnell unseren Keller aufzuräumen. Und die Liebste musste dringend unsere Belletristik alphabetisch ordnen.

Da rief meine Mutter wieder an.

«Bei uns ist es noch dermaßen heiß und drückend», erzählte sie, als wir kurz gesprochen hatten, «ich freue mich schon richtig darauf, dass es wieder kälter wird und dass …»

Ich merkte genau, worauf sie hinauswollte.

«Oh», rief ich hektisch, «entschuldige, ich habe es ganz vergessen: Ich muss weg, ein wichtiger Termin.»

«Am Sonntag?», fragte meine Mutter.

«Ausnahmsweise», rief ich, lief zur Garderobe und polterte laut mit ein paar Schuhen herum. «Ich melde mich später!»

Abends goss meine Liebste unseren Lieblingsrotwein ein und setzte sich zu mir aufs Sofa.

«Mein Vater hat übrigens gestern angerufen», sagte sie, «er hat sich einen neuen Computer gekauft und gefragt, ob ich seinen alten Drucker haben will.»

«Und?», fragte ich.

«Er sagte, ich könne ihn ja irgendwann mal mitnehmen», fuhr meine Liebste fort.

«Irgendwann?», fragte ich.

«Genau», sagte meine Liebste, «er hat ‹irgendwann› gesagt. Aber ich weiß genau, dass er mit diesem ‹irgendwann› natürlich nicht *irgendwann* meinte ...»

«Natürlich nicht», sagte ich und schenkte meiner Liebsten Wein nach.

«Da fällt mir ein: Meine Großtante Lilli macht doch jedes Jahr am zweiten Feiertag ihr großes Weihnachtsessen für die ganze Familie ...»

«Und ich hatte meine Tante Gisela ganz vergessen», rief die Liebste, «und den Heiligabendkaffee bei ihr in Düsseldorf. Erinnerst du dich, als wir das letzte Mal zwei Stunden zu spät kamen, weil Stau war, und wie wir sofort weiter nach München rasen mussten, damit wir rechtzeitig bei deinen Eltern waren?»

«Bin ich froh», sagte ich und hob mein Glas, «dass uns all das dieses Jahr erspart bleibt.»

Wir leerten unsere Gläser.

«Theoretisch hätten wir natürlich alle zu uns einladen können», sinnierte meine Liebste. «Dann hätten wir weniger Stress gehabt, wir hätten in Ruhe mit allen feiern können, und niemand hätte sich zurückgesetzt gefühlt, weil wir nur kurz vorbeigehuscht wären.»

«Ich weiß nicht», sagte ich. «Meine Eltern hätten wahrscheinlich hin und her überlegt, ob sie sich ihren Hund auf einer so lange Reise zumuten können. Oder ob sich unter ihren Freunden auch nur ein Einziger finden lässt, der fähig ist, so auf ihn aufzupassen, dass er nichts anstellt. Erst neulich, als sie ins Theater gingen, folgte er ihnen und tauchte auf der Bühne auf … Und meine Großtante Lilli hätte lamentiert, dass sie so weit fahren muss, hätte sich trotzdem in den Zug gesetzt, auf der Hälfte der Strecke einen Schwächeanfall bekommen, die Notbremse gezogen, den ganzen Zug wahnsinnig gemacht und wäre dann spektakelnd zurückgefahren …»

«Ich bin auch froh, dass uns all das dieses eine Mal erspart bleibt», sagte meine Liebste. «Wir müssen es ihnen nur bald sagen …»

Doch wir kamen beim besten Willen nicht dazu, denn im Keller war jetzt Platz, und ich musste die Ordner mit Rechnungen, Belegen und dem Schriftverkehr der letzten Jahre nach unten schaffen, während meine Liebste begann, die Kochbücher und Reiseführer nach Größe zu ordnen.

Irgendwann hatte ich meine Schwiegermutter am Telefon, die sich sehr freute, mich auch mal wieder zu sprechen. «Übrigens, ich habe gestern ein neues Rezept mit Huhn ausprobiert», sagte sie auf einmal, «es hat hervorragend geschmeckt. Ich probiere gerade viel mit Geflügel durch …»

Mir war klar, was sie sagen wollte; gleich würde sie zu Ente und dann zur Weihnachtsente überleiten.

«Mein Handy!», rief ich, hielt den Telefonhörer von mir weg und presste schrillende Töne aus meiner Kehle. «Das muss mein Büro sein, entschuldige, ich muss aufhören, leider, bis bald, tschühüs!»

Am folgenden Tag hatten wir auf dem Anrufbeantworter eine Nachricht von Onkel Willi, im Hinblick auf Weihnachten unverdächtig, denn er und Tante Hiltrud feierten stets alleine. Onkel Willi sprach davon, wie anders es sei, so als Rentner. «Deswegen haben wir uns etwas Besonderes einfallen lassen», drohte er mit aufgekratzter Stimme. «Ihr werdet schon sehen. Ruft mal zurück!»

Wir dachten nicht daran.

«Wenn wir mal wieder Lust haben, mit allen zu feiern», sagte ich, als wir beim Essen saßen, «können wir uns doch einfach irgendwo in der Mitte Deutschlands treffen, in Fulda oder Kassel, in irgendeinem netten Hotel.»

«Ich weiß nicht, ob da alle mitmachen würden», sagte meine Liebste zögernd. «Deine Eltern sind zu Weihnachten am liebsten zu Hause, meine auch. Deine Eltern essen ihre Ente seit Jahrzehnten ungefüllt und am Heiligabend; meine Eltern essen ihre seit Jahrzehnten gefüllt am ersten Weihnachtsfeiertag ...»

«Du hast recht», sagte ich nachdenklich. «Außerdem will meine Großtante nie mehr auf eine Feier gehen, auf der auch Onkel Willi ist, und umgekehrt – seit er bei diesem Fest vor 34 Jahren den Fischtopf umgeworfen hat.»

Meine Liebste seufzte. «Tante Gisela würde sowieso nicht kommen, wenn es Ente gibt. Die isst nur Truthahn, gefüllt, mit süßen Kartoffeln dazu – und auch nur dann, wenn alles aus dem Feinkostgeschäft bei ihr in Düsseldorf um die Ecke kommt.»

Ich lächelte. «Vielleicht sollten wir auch nächstes und übernächstes Jahr zu zweit feiern.»

Wir küssten uns.

«Morgen sagen wir es ihnen, unbedingt», sagte meine Liebste.

Doch zuerst wollte ich im Keller noch schnell das Weinregal aufbauen, weil die besseren Flaschen dringend aus der warmen Wohnung herausmussten, während meine Liebste nun alle Sachbücher doch lieber nach Genre und Erscheinungsjahr ordnete.

Als wir abends nach Hause kamen, klingelte das Telefon.

Es war mein Schwiegervater, der nur kurz nachfragen wollte, welche Vorwahl Italien hatte. Wir unterhielten uns über Lautsprecher, wobei er all unseren Versuchen widerstand, das Gespräch zu beenden. «Ich habe gestern in der Fußgängerzone den Buchhändler getroffen ...», sagte er dann beiläufig.

Meine Liebste stieß mich an und machte eine Bewegung mit der Handkante gegen ihre Kehle, aber mir fiel kein Weg mehr ein, das Gespräch zu beenden.

«... wir haben uns sehr nett unterhalten», fuhr mein Schwiegervater fort.

«Hallo», rief meine Liebste panisch ins Telefon, «hallo? Hallo? Kannst du mich noch hören?»

«Natürlich», rief mein Schwiegervater, «wisst ihr, was der Buchhändler gesagt hat ...»

«Ich kann dich nicht mehr hören», rief meine Liebste in den Hörer, «wir fahren in einen Tunnel ...»

«Ihr seid unterwegs?», rief mein Schwiegervater. «Ich habe euch doch zu Hause angerufen!»

«Hallo?», rief meine Liebste, «hallo ... hallo ... hallo?»

Sie unterbrach die Verbindung.

«Der Buchhändler ist der Zwillingsbruder des Weihnachtsbaumverkäufers», erklärte mir meine Liebste heftig atmend. «Über was wird er sich wohl jetzt, im Herbst, mit meinem Vater unterhalten haben, hä?»

Kurze Zeit später klingelte das Telefon wieder. Wir gingen nicht ran. Es war Tante Hiltrud.

«Ich wollte euch nur ganz lieb grüßen, das hat Willi gestern natürlich vergessen auszurichten», hauchte sie aufs Band. «Ihr könnt heute noch bis spätnachts anrufen, ich kann zurzeit sowieso schlecht schlafen ...»

«Wenn wir uns nicht längst dagegen entschieden hätten, gäbe es doch noch eine Möglichkeit, alle zu sehen», fiel mir ein. «Ein Kollege von mir feiert seit Jahren in einem Chatroom im Internet, wo jeder Teilnehmer ein Foto von sich einstellen kann ...»

«Entsetzlich», sagte meine Liebste, «das erinnert mich an einen Online-Friedhof ....»

Wir schwiegen und sahen uns an.

Meine Liebste umarmte mich. «Dieses eine Jahr noch», sagte sie. «Meine Eltern werden auch nicht jünger ...»

«... meine auch nicht», entgegnete ich. «Wenn wir gut planen, schaffen wir es vielleicht, keinen auszulassen. Wo ist die Karte?»

Nach drei Tagen hatten wir die Route fertig. Zwar würden wir die zulässige Höchstgeschwindigkeit weit überschreiten und Tante Gisela zum Kaffeetrinken an der Autobahnraststätte treffen müssen, aber wir würden Zeit für alle haben, solange wir nicht vor Erschöpfung einschliefen.

«Morgen», sagte meine Liebste mit leuchtenden Augen, «morgen sagen wir es ihnen.»

«Mama», sagte ich, als ich meine Mutter erreicht hatte, «was Weihnachten angeht ...»

«Darüber wollte ich schon längst mit dir reden», unterbrach sie mich. «Weißt du, das ist in den letzten Jahren immer stressiger geworden. Wir Eltern wollen auch mal entspannt Weihnachten feiern, romantisch, nur zu zweit. Und da haben wir alle zusammengelegt für ein tolles Weihnachtsgeschenk: Wir bezahlen euch über die Festtage euren so lange geplanten ultimativen Kurztrip nach New York. Mit allem Schnickschnack! Hallo? Bist du noch da?»

Nein. Wir lassen uns nicht abschieben. Nicht von unseren eigenen Eltern. Natürlich kommen wir zu Weihnachten.

Nur dieses eine Jahr noch.

ch weiß nicht, ob wir nicht doch umdrehen sollten»,
sagte meine Liebste, als wir uns dem Haus von Anna
und Max näherten, «wir könnten anrufen und sagen,
wir seien plötzlich krank geworden …»

«Es wird sicher ein wundervoller Abend», beruhigte
ich sie. «Es sind doch unsere Freunde!» Meine Stimme
klang etwas zu hoch.

Anna und Max hatten schwarze Augenringe und waren schmal im Gesicht, freuten sich aber sehr, uns zu
sehen.

«Wir müssen uns unbedingt wieder öfter treffen»,
sagte Max, als wir uns umarmten, «ich habe das Gefühl,
Anna und ich reden in letzter Zeit nur noch über Kinder …»

«Minna!», warf Anna ein.

«… ja, über Minna», fuhr Max fort. «Lasst uns heute Abend über etwas ganz anderes sprechen. Habt ihr
vor ein paar Tagen diesen irrwitzigen Artikel gelesen
über …»

«Max, denk an Minna oben!», unterbrach Anna. «Du
bist zu laut!»

Max winkte uns schuldbewusst in die Küche und
schloss geräuschlos die Tür.

«Ich habe ihre Zimmertür schallgedämmt», sagte er
leise, «aber es ist nicht ausgeschlossen, dass sie doch etwas hört und dann aufwacht und schreit.»

Meine Liebste und ich wechselten einen Blick.

Anna ging zum Tisch, auf dem ein Babyphon stand,

hob es hoch und überzeugte sich, dass alles in Ordnung war.

«Sie atmet ruhig», meldete sie erleichtert, «hört ihr?»

Wir hörten es. Es klang, als habe man einen Taucherfilm zu laut synchronisiert. Anna platzierte das Babyphon so zentral auf dem Tisch, dass Minnas Schnorcheln möglichst noch besser zu hören war.

«Wir lassen die Lautstärke immer voll aufgedreht, sicherheitshalber», sagte Max. «Ich hoffe, es stört euch nicht?»

«Nein, nein», versicherten wir, während wir uns setzten. Dabei schabte mein Stuhl leicht über den Küchenfußboden.

Anna stieß ein Zischen aus.

«Entschuldigung …», begann ich.

Anna legte den Finger auf die Lippen und horchte ins Babyphon auf Minnas Atmen. Dann schlich sie zur Küchentür, öffnete sie einen Spaltbreit, lauschte in den Flur und schloss die Tür leise wieder.

«Man weiß ja nie», sagte sie. «Und Minna wird immer gewitzter; in letzter Zeit macht sie riesige Fortschritte. Alle sagen, sie hätten noch nie ein so waches und intelligentes Kind gesehen wie Minna.»

«Toll», lächelten wir pflichtgemäß.

Anna setzte sich dicht neben das Babyphon. Max ging zum Herd und begann, in einem der blubbernden Töpfe zu rühren. «Also, um nochmal auf diesen unglaublichen Artikel zurückzukommen», sagte er, «das wird euch sicher interessieren. Habt ihr nicht beim letzten Mal auch von so etwas Ähnlichem erzählt …»

«Sie schläft erstaunlich gut», warf Anna ein und sah auf die Uhr. Sie stand auf und fing an, den Tisch in respektvollem Abstand rund ums Babyphon zu decken.

«Glücklicherweise schläft sie gut, im Gegensatz zu

sonst», sagte Max. «Jedenfalls: Da gibt es einen Professor, der ...»

«Sonst ist es eine einzige Katastrophe mit ihren Schlafstörungen», unterbrach ihn Anna, «wir haben schon nächtelang an ihrem Bett gesessen und damit gerechnet, dass sie wieder aufwacht und anfängt zu schreien. Und wisst ihr, was dieser dämliche Kinderarzt gesagt hat?»

«Er hat gesagt, das sei nur eine Phase und ihr solltet so etwas nicht machen», sagte meine Liebste.

«Er hat gesagt, das sei nur eine Phase und wir sollten so etwas nicht machen!», fuhr Anna fort. «Wir waren dann bei ein paar anderen Ärzten und schließlich bei einer Heilpraktikerin. Und was denkt ihr, was die getan hat?»

«Sie hat sich verhalten, als seist du bei ihr in Therapie», sagte ich.

«Die hat sich verhalten, als sei ich ...», Anna stockte. «Das haben wir wohl schon einmal erzählt?»

«Öfter», sagte ich lächelnd. «Aber egal: Schön, dass Minna jetzt schläft.»

«Und wir uns endlich mal wieder sehen», sagte meine Liebste. «Max, kann ich irgendetwas helfen?»

«Nein danke, das Essen ist so weit», erklärte Max und entkorkte ploppend eine Weinflasche.

Anna machte scharf «Pssssst!» und horchte zum Babyphon hin.

Minna, es war nicht zu überhören, atmete so ruhig und gleichmäßig wie zuvor.

Max schenkte leise Wein ein und hob sein Glas.

«Ich bin froh, dass ihr da seid», sagte er mit gedämpfter Stimme. «Ich weiß nicht, wann ich zum letzten Mal mit Menschen gesprochen habe, die keine Eltern sind.»

Wir stießen an, Minnas wegen ohne dass die Gläser sich berührten.

«Wie geht es euch denn sonst?», fragte meine Liebste.

«Ein bisschen müde wegen Minna», sagte Anna. «Und euch?»

«Ach, wir hatten die Handwerker in unserer Wohnung ...», begann meine Liebste.

Anna hob die Hand, beugte sich jäh zum Babyphon und klopfte mit dem Finger dagegen.

Wir lauschten eine Zeitlang den Atemgeräuschen, die sich kein bisschen verändert hatten.

«Ich dachte, irgendetwas stimmt nicht», erklärte Anna schließlich. «So lange durchzuschlafen, ohne aufzuwachen, das ist sonst nicht ihre Art.»

«Lasst uns froh darüber sein», sagte ich. «Max, was stand denn nun eigentlich in diesem Artikel?»

«Ach so, ja», sagte Max, «äh, also: Es ging einerseits ...»

Anna atmete tief ein und warf einen Blick auf die Uhr.

«Ihre nächste Schreipause ist überfällig», sagte sie zu Max. «Entschuldige, könntest du leiser reden, damit ich höre, wenn ...»

Max nickte mit schuldbewusster Miene, aber bevor er weitersprechen konnte, ertönte aus dem Babyphon ein kleines, schlaftrunkenes Krächzen.

Anna fuhr hoch und erhob sich.

«Vielleicht hat sie nur geträumt», sagte meine Liebste schnell. «Sie ist ja schon wieder leise.»

«Ich gehe nachsehen», erklärte Anna unbeirrt. «Könntet ihr noch ein wenig leiser sprechen? Nicht dass sie ganz aufwacht!»

Sie öffnete behutsam die Tür und verschwand lautlos nach oben.

Max biss sich auf die Unterlippe und lauschte gespannt ins Babyphon, aus dem die ruhigen Atemzüge

Minnas zu hören waren, dann das Knarren von Fußbodendielen und lautes Rascheln.

Mir fiel auf, dass meine plötzliche Kurzatmigkeit offenbar daher kam, dass ich unbewusst versuchte, meine eigene Atemfrequenz der von Minna anzupassen.

«Sollen wir nicht schon mal das Essen austeilen?», wisperte ich Max zu. Meine Liebste sah mich dankbar an.

«Ach ja», schrak Max hoch, «das hätte ich fast vergessen.»

Wir schafften es, das Essen auf die Teller zu bekommen, ohne dass die Schöpfkelle auch nur einmal in einem der Töpfe kratzte.

Anna kam lautlos zurück.

«Ich habe die Heizung etwas runtergedreht, den Schlafsack ganz zugemacht und ihr noch ein bisschen Nasensalbe gegeben», sagte sie. «Trotzdem: Ich traue dem Frieden nicht. Das wäre das erste Mal seit langer Zeit …»

«Lasst uns schnell etwas essen, bevor sie aufwacht», sagte Max. «Guten Appetit!»

Das Essen schmeckte ganz gut, es war nur ein wenig kalt, versalzen und angebrannt, und man erkannte nicht recht, was es war.

«Minna hat uns beim Kochen auf Trab gehalten», erklärte Max. «Eigentlich wollte ich etwas ganz anderes kochen, aber wir kamen nicht zum Einkaufen; wir mussten ein neues Babyphon besorgen.»

«Das alte war kaputt?», fragte ich.

«Nein», sagte Anna, «aber wir haben es doch schon ein paar Monate, und keine Technik ist absolut verlässlich: Es wäre eine Katastrophe, wenn es eines Abends ausfiele, ohne dass wir es mitkriegen. Jetzt haben wir zwei: Das alte steht hinter euch auf dem Gewürzregal. Funktioniert es noch?»

Ich lehnte mich kurz nach hinten, denn das alte Baby-phon war nicht ganz so laut wie das auf dem Tisch. «Es funktioniert hervorragend», lächelte ich mühsam. «Jetzt entgeht euch kein Atemzug mehr.»

«Leider doch», sagte Max, «dann nämlich, wenn Anna tagsüber mal schnell im Wäschekeller ist oder wir beide vor lauter Erschöpfung doch mal gleichzeitig schlafen. Aber ich habe im Internet einen Babyphon-Verstärker mit sechs Lautsprechern bestellt, da kriegen wir auch im Tiefschlaf mit, falls etwas nicht stimmt. Wenn ihr nächste Woche wiederkommt, ist der schon instal-liert.»

Meine Liebste und ich wechselten einen entsetzten Blick.

Entschlossen wandte ich mich Max zu: «Nochmal zu diesem Artikel: Jetzt musst du endlich verraten, um was es dabei ging!»

«Entschuldigt», sagte Anna und stand auf. «So lange war sie noch nie still. Da stimmt irgendetwas nicht!»

«Aber es ist doch schön, dass sie schläft», sagte mei-ne Liebste. «Bleib doch hier, nicht dass du sie jetzt auf-weckst!»

«Ich muss nachsehen, ob alles in Ordnung ist», be-harrte Anna und verschwand auf Zehenspitzen.

«Möchte noch jemand etwas essen?», fragte Max und stand lautlos auf. Ich reichte ihm meinen Teller.

«Du hast nicht das Gefühl, dass ihr euch und Minna ein bisschen zu viel Stress macht?», fragte ich. «Viel-leicht wäre es ja besser, wenn ihr sie …»

«Aber nein, keine Sorge, absolut nicht. Wenn ihr sel-ber Kinder hättet, wüsstet ihr …», begann Max, brach dann aber ab und lauschte ins Tisch-Babyphon. Hekti-sches Dielenknarren und Rascheln überlagerte Minnas ruhiges Atmen.

«Aber wir wollten ja eigentlich auch noch über etwas anderes sprechen», sagte meine Liebste verzweifelt.

«Ja, der Artikel», sagte Max abwesend und füllte unsere Teller. «Was haltet ihr davon?»

«Du hast uns noch gar nicht erzählt, um was es geht!», erwiderte ich.

Max starrte uns an, schlug sich entschuldigend vor die Stirn und lachte leise.

«Leiser!», zischte Anna ihn an. Sie schob sich durch die Tür und lauschte erst am Tisch-Babyphon, dann am Gewürzregal-Babyphon. «Ich habe die Heizung etwas höher gestellt und sie in den roten Schlafsack gepackt.»

«Du hast sie in einen anderen Schlafsack gepackt?», fragte meine Liebste ungläubig.

«Ja, der blaue wird ihr allmählich zu klein», erwiderte Anna und setzte sich. «Ich möchte nicht, dass sie deshalb womöglich aufwacht.»

Aus den Babyphonen ertönte ein kurzes, schlaftrunkenes Jammern.

«Zu spät, was habe ich gesagt!», erklärte Anna und stand eilig auf.

«Hör mal», sagte meine Liebste. «Sie hat schon wieder aufgehört. Vielleicht hat sie bloß geträumt?»

Aber Anna war schon aus der Tür. Max beugte sich gespannt zum Tisch-Babyphon, aus dem wieder Minnas ruhige und gleichmäßige Atemgeräusche klangen.

«Was meint ihr, wie viele Abende das schon so geht», sagte er mit leidgeprüfter Stimme. «Zuerst tut sie, als ob sie selig schläft. Und dann, aus heiterem Himmel, wacht sie auf, fängt an zu schreien, und wir tun die ganze Nacht kein Auge zu.»

«Könnte es nicht vielleicht sein, dass ihr sie mit eurem ständigen Nachgucken immer wieder aufweckt?», fragte meine Liebste.

Max starrte sie entgeistert an.

Aus den Babyphonen drang Fußbodenknarren und ein leises Poltern.

Max schrak zusammen.

«Sicher ist Anna nur gestolpert», sagte meine Liebste schnell. «Oder ihr ist was runtergefallen. Hör doch – Minna schläft immer noch ganz normal.»

«Das muss nichts bedeuten», sagte Max und stand auf, «ich habe gelesen, dass es bei Babyphonen ähnlicher Bauart gelegentlich zu Frequenzüberlagerungen kommt. Das heißt: Wenn im Nachbarhaus ebenfalls ein Babyphon an ist, hören wir hier völlig arglos das fremde Kind von nebenan ruhig atmen – während oben unsere arme Minna in Wirklichkeit aus Leibeskräften schreit!»

«Da wohnen doch nur ältere Leute», sagte ich.

«Und was, wenn dort jetzt gerade eine Familie mit Baby zu Besuch ist?», beharrte Max.

«Aber Anna ist doch oben …», begann meine Liebste noch, aber Max verschwand schon durch die Tür.

Als wir alleine waren, schenkten wir Wein nach, stellten die vollen Teller von Anna und Max zum Aufwärmen in die Mikrowelle und blätterten in ein paar Kochbüchern.

Aus den Babyphonen drangen Minnas Atemzüge, überlagert von Geraschel und hektischem Gewisper.

Endlich kam Max erschöpft zurück. «Wir haben die Heizung runtergedreht und sie wieder in den blauen Schlafsack gesteckt, weil sie den doch eher gewöhnt ist», sagte er. «Außerdem haben wir die Gästematratze vor das Fenster geklemmt und den Babystuhl davorgestellt, damit der Luftzug sie nicht stört. Nun versucht Anna nur noch …»

«Prima», unterbrach ich, «was stand denn nun in diesem verdammten Artikel?»

Max sah mich an. «Du hast wirklich kein Verständnis für Kinder!»

Über uns und um uns herum krachte es.

«Der Babystuhl», stammelte Max.

Durch die Babyphone hörten wir Anna lauthals und in Stereo schimpfen.

Max sprang auf, als Minna zu schreien begann.

«Es wäre auch ein Wunder gewesen, wenn sie einmal durchgeschlafen hätte, nur ein einziges Mal!», stieß er hervor und stürzte nach oben.

Wir tranken schweigend unseren Wein aus, während Max und Anna aus den Babyphonen im Duett Schlaflieder sangen, dann räumten wir den Tisch ab. Als wir die Spülmaschine bestückt und eingeschaltet hatten, verstummten die Lieder, und wir hörten endlich Schlafgeräusche. Schlafgeräusche von allen dreien.

Wir verließen das Haus auf Zehenspitzen und zogen unendlich leise die Tür ins Schloss.

Nach ein paar Metern blieb ich stehen, stieß einen Fluch aus und kehrte um.

«Nein», rief meine Liebste, «tu es nicht!»

Aber ich presste meine Hand schon auf den Klingelknopf, so lange, bis aus dem ersten Stock lautes Gebrüll drang.

Es war noch früh am Abend, als ich in den Hof zu den Mülltonnen ging und plötzlich etwas hörte.

«Hallo!» keuchte jemand. «Helfen Sie mir. Hier bin ich, hier oben – hier!»

Es war mein Nachbar, der alte Professor Pöppelmann. Er klammerte sich in einem knallgelben Bademantel von außen an ein Balkongeländer. Genauer gesagt an das Balkongeländer von Frau Schmidtke aus dem zweiten Stock.

«Die Leiter, auf dem Boden!» flehte er. «Bitte!»

Ich richtete hastig die Leiter auf, lehnte sie an den Balkon, und Professor Pöppelmann kletterte herab.

«Ich habe mich ausgesperrt», schnaufte er, «und dachte, ich könnte mit der Leiter … Aber die reicht nur bis in den zweiten Stock. Als ich versuchte, sie hochzuziehen, um in den vierten weiterzuklettern, ist sie weggerutscht.»

Er erzählte, wie er im Bad gewesen sei, als es bei ihm geklingelt habe. Wie er ins Treppenhaus gestürzt sei, um zu schreien, dass man hier keine Werbung wünsche. Und wie dann die Tür hinter ihm zuknallte.

«Haben Sie keinen Ersatzschlüssel?» fragte ich.

«Doch», sagte er. «In meinem Geldbeutel auf dem Schreibtisch.»

«Keine Sorge», sagte ich. «Wir finden sicher eine Lösung. Notfalls …»

«Um Himmels willen keinen Schlüsseldienst! Ich darf gar nicht daran denken», seufzte Professor Pöppelmann.

«Wie konnte ich nur so entsetzlich dumm sein! Wissen Sie, wie grauenhaft teuer so ein Schlüsseldienst ist?»

«Der Briefschlitz», fiel mir ein, «hat Ihre Tür nicht auch einen Briefschlitz?»

«Das könnte sein», sagte er mit leiser Hoffnung.

Ich holte aus unserer Wohnung eine Auswahl an langen und dünnen Werkzeugen.

Doch egal, ob man einen Drahtkleiderbügel, eine Rohrzange oder ein Fahrradschloss durch den Schlitz schob, es fehlten immer entscheidende Zentimeter bis zur Türklinke. Frau Welm von gegenüber, die uns mitleidig zusah, erinnerte sich genau, dass 1974 jemand im ersten Stock eine Tür mit einem gebogenen Damenregenschirm geöffnet hatte. Doch mit ihrem Schirm hatten wir keinen solchen Erfolg.

«Profis machen das anders», sagte unser Nachbar Peter, der uns auf der Türmatte knien sah. «Profis verwenden eine Schlinge aus steifem Edelstahl, die sie unter der Tür hindurchfädeln, um die Klinke herunterzuziehen.»

Während er in seiner Wohnung verschwand, um nach so einem Spezialdraht zu suchen, hatte ich eine Idee.

«Was ist mit dem Schloss?», fragte ich. «Lässt es sich von außen abschrauben?»

Eine Stunde später wussten Professor Pöppelmann, Herr Bohl von unten, Jo und Susanne aus dem zweiten Stock und ich, dass sich das Schloss nicht abschrauben ließ; jedenfalls nicht von Laien wie uns.

«Ich bin so dankbar, dass Sie mir alle helfen», sagte Professor Pöppelmann, als wir mit Peter, der keinen Spezialdraht gefunden hatte, bei Frau Welm saßen und uns mit Früchtetee stärkten. «Wissen Sie, ich habe einen gutverdienenden Kollegen, dem nichts übrig blieb, als diese Abzocker vom Schlüsseldienst zu rufen. Er brauchte längere Zeit, um sich davon zu erholen.»

Betroffenes Schweigen trat ein.

Dann erhob sich Peter. «Ich fahre schnell zum Baumarkt. Die müssten entsprechenden Draht haben!»

Herr Bohl schlug vor, in der Zwischenzeit zu versuchen, die Tür wie im Agentenfilm mit Kreditkarten zu öffnen.

Vier Kreditkarten später wussten wir, dass Kreditkarten heute aus billigem Plastik bestehen und dem Geheimagenten allein schon beim bloßen Versuch abbrechen. «Ich komme selbstverständlich für Ihre Karten auf, das ist das Geringste», beteuerte Professor Pöppelmann mutlos.

«Wir finden sicher noch eine Möglichkeit», beruhigte ich ihn. «Warum wollten Sie eigentlich über die Leiter hochklettern? Ist Ihre Balkontür offen?»

«Ich hoffte es», sagte Pöppelmann. Wir stürzten nach draußen.

Im Hof war es mittlerweile dunkel, und unsere Taschenlampen reichten nicht in den vierten Stock, aber Christian aus dem Erdgeschoss, der einen Fußballclub trainiert, hatte zufälligerweise einen Generator und einen mobilen Flutlichtmast in seinem Kombi. Er tauchte in wenigen Minuten den gesamten Innenhof bis hoch zu Pöppelmanns Wohnung in gleißendes Licht.

Es war gut zu erkennen, dass dort keine Balkontür offen stand. Und auch kein Fenster.

Herr Pöppelmann schüttelte verzweifelt den Kopf.

«Wenn der Schlüsseldienst wirklich so immens teuer ist, Professor», schlug Jo vor, «könnte man nicht hochklettern und ein kleines, billiges Fenster einschlagen?»

«Wir können auch zwei Fenster einschlagen oder drei», stimmte Pöppelmann zu. «Das ist immer noch um ein Vielfaches günstiger, als diese Verbrecher zu holen.»

Peter, zurück aus dem Baumarkt, wo man ihm keinen Spezialdraht verkauft, aber wo der Hausdetektiv ihm peinliche Fragen gestellt hatte, entwickelte einen Plan: Wir würden die Leiter so an Frau Schmidtkes Balkon festbinden, dass sie bis zu Pöppelmanns Balkon reichte. Der Rest wäre ein Kinderspiel. Wir klingelten Frau Schmidtke heraus, die wegen unserer Aktionen bislang vergeblich versucht hatte zu schlafen.

Als wir die Leiter mit Seilen, Gürteln und Blumendraht am Balkongeländer befestigt hatten, hielt Herr Bohl den protestierenden Professor Pöppelmann fest, der selbst nach oben klettern wollte. Da schob sich Peter bereits auf der ächzenden Leiter, deren Fuß wir umklammerten, Stück für Stück nach oben; unter den gespannten Blicken von mehr und mehr Schaulustigen auf den umliegenden Balkons, die offenbar annahmen, hier werde ein Film gedreht.

Nach einiger Zeit kam er schweißnass zurück.

«Es geht nicht», schnaufte er. «Das vierte Stockwerk steht gut einen Meter über. Da kommt nur drüber, wer wahnsinnig ist oder Freeclimber.»

Professor Pöppelmann stieß einen Seufzer aus, strebte verzweifelt der Leiter zu und konnte nur mühsam zurückgehalten werden.

«Kann man sich nicht vom Speicher aus abseilen?», fragte Jo. «Ist doch nur ein Stockwerk!»

«Eine hervorragende Idee!», rief Pöppelmann. «Lassen Sie mich das tun! Ich bin sowieso ruiniert, wenn es nicht klappt! Ich werde hier ausziehen müssen. Ich werde mir eine spottbillige Wohnung suchen müssen …» Zu seinem eigenen Schutz fesselten wir ihn behutsam auf Frau Schmidtkes Balkonstuhl.

Es gab kein Speicherfenster auf der Seite von Pöppelmanns Wohnung. Susanne rief bei einer Firma an, die

Hubschrauber vermietete, allerdings nicht, auch nicht ausnahmsweise, für Flüge im Innenstadtbereich.

Christian schlug vor, sich dennoch am Seil aus dem einzig vorhandenen Speicherfenster, das übereck lag, herunterzulassen, hin- und herzuschaukeln, bis er mit den Fingern die Hausecke greifen konnte, und dann weiterzusehen. Doch auch das war nicht möglich. Es gab keinen Sims, kein Fensterbrett, von dem aus selbst ein todesverachtender Kletterer ein Fensterbrett von Pöppelmanns Wohnung hätte erreichen können.

Hans, der direkt neben dem Professor wohnte, hatte die aussichtsreichste Idee: nachzusehen, ob man nicht von seiner Wohnung aus in die von Professor Pöppelmann gelangen konnte. Und obwohl wir alle Trennwände abklopften, fanden wir keine Stelle, an der die Wand so dünn klang, dass man sie hätte durchbrechen können.

Ein letztes Mal testeten wir im Treppenhaus, ob Pöppelmanns Tür nicht einfach aufsprang, wenn sich zwei oder drei von uns mit voller Wucht und ohne Rücksicht auf Türblatt und Schultern dagegenwarfen. Die Tür hielt.

Dann gingen wir auf Frau Schmidtkes Balkon und lösten Pöppelmanns Fesseln.

«Professor Pöppelmann», sagte ich, «wir haben alles versucht. Jetzt gibt es wirklich nur noch einen Ausweg: Sie müssen den Schlüsseldienst …»

«Alles, nur das nicht! Kennt denn niemand einen Kriminellen?», rief Pöppelmann durchs Morgengrauen den Schaulustigen verzweifelt zu. «Einen Kriminellen, der ein begabter Türöffner ist und sich etwas dazuverdienen will?»

Gelächter und tosender Applaus brandeten im Hinterhof auf. Der Professor folgte uns mit schleppendem Gang die Treppe hinauf zu seiner Wohnungstür.

«Dann also muss es sein», sagte er mit gebrochener

Stimme. «Ich rufe den Schlüsseldienst an. Ich danke Ihnen allen für Ihre Hilfe. Es war schön, Ihr Nachbar gewesen zu sein.»

Mit geistesabwesendem Blick fischte er etwas aus der Tasche seines Bademantels, schloss seine Tür auf und hielt inne.

«Das kann nicht sein!» stammelte er. «Ein Wunder! ... Aber was tun Sie? Lassen Sie das! Warum nehmen Sie mir meinen Schlüssel weg?»

Der Mann vom Schlüsseldienst verlangte nur 92 Euro. Wir ließen ihn dreimal kommen.

Kurz nach dem Start fiel mir auf, dass etwas nicht stimmte. Zwar klang das Motorengeräusch des Flugzeugs normal, und aus dem Fenster konnte ich sehen, dass die Tragflächen unversehrt schienen. Doch irgendein Umstand beunruhigte mich.

Es waren die anderen Leute.

Der spitzbärtige Mann links neben mir, der entschuldigend lächelte, als er meine Zeitung beim Auseinanderfalten seiner Zeitung streifte: Lag in diesem Lächeln nicht noch etwas anderes, etwas wie ein Vorwurf?

Die Frau auf der anderen Seite des Ganges, die beim Umblättern ihres Buches kurz aufsah und mich mit ihrem Blick streifte – kräuselte sie nicht verächtlich die Nase?

Der Anzugträger rechts vor mir, der in meine Richtung sah und tat, als müsse er seinen Sitz verstellen – warum war sein Blick so angewidert?

Ich rekapitulierte im Kopf meine Morgentoilette. Ich hatte mir nichts vorzuwerfen; ich war besser rasiert und gewaschen als manch anderer in diesem Flugzeug.

Ich spähte aus den Augenwinkeln auf mein Hemd, um zu sehen, ob es womöglich bekleckert war. Es war blütenweiß.

Ich betrachtete meine Hose. Sie war verwaschen, aber längst nicht so, dass man mich derart abfällig mustern musste. Dann fiel mein Blick auf meine Schuhe. Und ich spürte etwas unter der rechten Sohle. Etwas Weiches und Klebriges.

Ich erstarrte vor Schreck.

Mir schoss durch den Kopf, wie ich heute früh, als ich zu spät aus dem Haus rannte, diese Nachbarin mit dem wurstförmigen Hund gerade noch um die Ecke hatte verschwinden sehen. Es war derselbe elende Köter, den ich in dringendem Verdacht hatte, seinen Haufen schon ein Dutzend Mal vor unsere Haustür gesetzt zu haben.

Ich versuchte, mir nichts anmerken zu lassen und meine Nase unauffällig in die Nähe meiner Schuhe zu bringen. Rechts stoppte mich viel zu früh der Kopf des schlafenden Massigen neben mir. Also beugte ich mich nach links. Die Nase nur Millimeter vor der Zeitung des Spitzbärtigen, sog ich konzentriert die Luft ein, bis mir endlich der typische ekelhafte Geruch in die Nase drang. Da das Flugzeug in dem Moment leicht wackelte, stieß ich mit dem Gesicht gegen die Zeitung.

Der Spitzbart starrte mich an, deutlich vorwurfsvoller als zuvor. Ich tat, als habe ich etwas verloren, und murmelte eine Entschuldigung. Er nickte kurz; mir fiel auf, dass er witternd die Nase hob und kurz zur Seite und nach vorn sah, wo sich eine Flugbegleiterin mit dem Getränkewagen näherte.

Der Geruch. Er wusste offenbar nicht genau, woher der Geruch kam.

Das war meine Chance. Noch konnte ich von mir ablenken.

Ich blähte kräftig die Nasenlöcher auf und warf vorwurfsvolle Blicke in die Runde. Niemand beachtete mich.

Ich schnaubte deutlich hörbar Luft durch die Nase und intensivierte meinen vorwurfsvollen Gesichtsausdruck.

Der Spitzbärtige streifte mich aus den Augenwinkeln mit einem kurzen, verständnislosen Blick. Die Frau mit dem Buch sah auf und fixierte mich ein, zwei Sekunden.

Ich setzte eine so unschuldige wie empörte Miene auf.

Sie lächelte sarkastisch und widmete sich wieder ihrem Buch.

Man glaubte mir nicht. Noch nicht.

Ich hustete laut und angewidert, was mir in Anbetracht des Zeugs unter meinem Schuh gar nicht so schwerfiel, und rang ostentativ nach Luft.

«Alles in Ordnung?», fragte mich die Flugbegleiterin, die plötzlich strahlend neben mir stand.

«Ja, danke», sagte ich mechanisch.

«Vielleicht sollten Sie Ihren Gurt lockern, damit Sie besser Luft bekommen», sagte sie zuvorkommend. «Darf ich?». Sie beugte sich über mich, dem widerlichen Geruch entgegen, der von meinem Fuß aufstieg.

«Danke», sagte ich eilig, «danke, ich komme schon zurecht!», und rückte zur Seite, weg von ihr. Offensichtlich nicht so schnell, dass sie nicht doch etwas gerochen hätte; in ihrem Lächeln lag Befremden, als sie sich abwandte.

«Ist Ihnen nicht gut?», fragte der Spitzbart und griff nach der Zeitung, die ich ihm aus den Händen gestoßen hatte.

«Danke, es geht schon wieder», sagte ich stirnrunzelnd, «vielleicht war das dieser merkwürdige Geruch …»

«Ah, ja», sagte er, als ob er keine Ahnung habe, was ich meinte.

Ich beschloss, mich mindestens ebenso dumm zu stellen; durch Detailwissen würde ich mich nur noch verdächtiger machen.

«… möglicherweise aus der Klimaanlage», fuhr ich fort, so laut, dass mich auch andere hören konnten, etwa die Frau mit dem Buch und der sitzrückende Anzugträger, «oder es war ein strenges – Parfum ...»

«Möglicherweise», sagte mein Sitznachbar und vertiefte sich wieder in seine Zeitung, nicht ohne mir noch einen Blick zuzuwerfen. Einen Blick, der ironisch war.

Und vernichtend.

Es hatte nichts genützt.

Ich hatte es nicht geschafft, von mir abzulenken. Es war nur noch eine Frage der Zeit, bis jeder in diesem Flugzeug wissen würde, dass ich Hundekot-Träger war. Ich musste dringend etwas unternehmen.

Ich warf einen Blick auf die WC-Anzeige. Es war frei.

Ich wollte mich schon erheben, aber da fiel mir ein, dass jeder der argwöhnenden Umsitzenden sofort Bescheid wissen würde, wenn ich nun ging und zugleich mit mir der Kotgeruch verschwand.

Grundsätzlich bin ich ein rücksichtsvoller Mensch, aber meine Notlage ließ mir keine Wahl. Mit angehaltenem Atem streifte ich meinen rechten Fuß immer wieder am Teppich unter dem Vordersitz ab, so weit weg wie möglich von mir. Als ich aufsah, begegnete mein Blick dem des Spitzbärtigen. Mein Puls jagte nach oben.

«Ein Krampf», erklärte ich, «entschuldigen Sie, ich muss mich bewegen.» Ich stand auf, schob mich an dem mit offenem Mund schlafenden Massigen zu meiner Rechten vorbei, ignorierte den ungehaltenen Blick der Frau mit dem Buch und bewegte mich auf die Toilette zu. Dabei achtete ich darauf, mit dem rechten Fuß nicht an der fraglichen Stelle aufzutreten, aber ihn auch nicht unnötig hochzuheben, damit die Geruchsschwaden dicht am Boden blieben.

Ich hatte den Getränkewagen vergessen. Er blockierte die gesamte Breite des Ganges, dahinter stand die strahlende Flugbegleiterin von vorhin.

Mir blieb nichts anderes übrig, als mich vorerst zurückzuziehen.

Als ich mich an dem Schlafenden vorbei auf meinen Sitz zwängte, kräuselte der Spitzbart die Nase und rückte mit seiner Zeitung von mir ab. Der Anzugträger vor mir fuhr hoch, fummelte wieder an seiner Sitzlehne herum und fixierte mich stirnrunzelnd.

Ich starrte geradeaus und zwang mich, niemanden anzusehen. Ich malte mir aus, wie ich, sollte ich jemals glücklich heimkehren, den Briefkasten der Hundebesitzerin mit den Hinterlassenschaften sämtlicher Hunde der Straße füllen würde. Sämtlicher Hunde des Viertels.

Endlich war die Flugbegleiterin mit dem Getränkewagen bei uns.

«Geht es Ihnen besser?», lächelte sie mich an. «Soll ich Ihnen etwas bringen, was Ihnen hilft, den Flug besser zu überstehen?»

«Danke, das ist nicht nötig», lächelte ich zurück.

«Gut, wenn Sie meinen», lächelte sie. «Möchten Sie ein Getränk?»

«Nein danke», sagte ich.

«Nehmen Sie ruhig eins, das beruhigt. Sie werden sich besser fühlen», lächelte sie weiter.

«Ich sagte: Nein danke», lächelte ich.

«Es geht Ihnen wirklich gut?», lächelte sie immer noch.

«Ja, es geht mir gut», sagte ich, nicht mehr lächelnd.

Argwohn im Blick, servierte sie dem Spitzbärtigen einen Tomatensaft und schob ihren Wagen weiter. Zwei Reihen hinter uns winkte sie einer Kollegin, vorgeblich, um sich Nachschub an Tomatensaft bringen zu lassen. Ich sah, wie sie ihr etwas zuraunte und dabei in meine Richtung nickte.

Doch das konnte mich nicht mehr aufhalten, nun war

der Weg zum WC frei. Ich erhob mich zum zweiten Mal und ging los. Nur fünf, sechs Sitzreihen trennten mich noch von der Tür, da schnellte ein unverschämter Schnösel von seinem Platz hoch, drängte sich kurz vor mir in den Gang und verschwand in der Toilette.

Ich blieb vor der Tür stehen, bis ein Mann in der ersten Reihe mit misstrauischem Blick aufsah. Vermutlich hatte er etwas gerochen; ich durfte keinesfalls zu lange auf ein und derselben Stelle verharren. Ich begann, vorsichtig in Richtung meines Platzes zurückzugehen, stets bereit, sofort umzukehren, sobald der Schnösel herauskam.

Er tat es nicht. Ich hatte meinen Platz schon fast erreicht, aber er blockierte noch immer das WC.

Noch während ich überlegte, ob ich einfach vorbeischlendern oder meinen Platz wieder einnehmen sollte, erwachte der Massige. Er streckte sich gähnend. Dann rümpfte er deutlich die Nase, sah nach allen Seiten und drehte an der Lüftung.

Ich steuerte sofort weg von ihm, zurück in Richtung Toilette, die nach wie vor besetzt war.

Als ich mich erneut meinem Platz näherte, verzog der Massige das Gesicht und nieste angewidert. Sofort drehte ich wieder ab.

«Wir haben hinten noch ein WC», sagte auf einmal die Flugbegleiterin hinter mir.

«Danke, sehr freundlich», sagte ich und achtete darauf, Abstand zu halten. Was nicht leicht war, denn je weiter ich zurückwich, desto mehr kam sie auf mich zu.

«Was haben Sie denn?», fragte sie mit geweiteten Augen.

«Nichts», sagte ich, «alles in Ordnung.»

«Ich glaube, Sie sollten eine Tablette nehmen», sagte sie und griff beruhigend nach meinem Arm. «Ich verspreche Ihnen, der Flug dauert nicht mehr lange.»

«Das macht nichts», erwiderte ich ausweichend, warf einen Blick über die Schulter und sah den Schnösel die Toilette verlassen.

«Soll ich Sie begleiten?», fragte die Flugbegleiterin besorgt. «Sie müssen sich nicht schämen!»

«Nein danke», sagte ich, «lassen Sie mich. Es ist alles in Ordnung, wirklich.»

Ich steuerte mit so großen Schritten auf das WC zu, dass sie Mühe hatte, mir zu folgen.

Ich öffnete die Toilettentür. «Oh nein», sagte sie plötzlich hinter mir und griff nach der Tür, «das riecht nicht gut, bitte warten Sie!»

Die um mich Sitzenden sahen hoch. Es war vorbei.

Einen kurzen, verzweifelten Moment lang erwog ich, sie von der Tür wegzuschubsen und mich für den Rest des Fluges im WC zu verbarrikadieren, aber womöglich wäre das Spezialkommando mit dem Aufbrechen der Tür schneller gewesen als ich mit dem Entfernen des Kotes.

«Kommen Sie», sagte die Flugbegleiterin und griff nach meinem Arm, «benutzen Sie bitte die andere Toilette hinten, hier war jemandem nicht gut.»

Jetzt nahm auch ich den Gestank wahr, der meinen Hundekot-Geruch eindeutig überlagerte. Wie in Trance folgte ich ihr, vorbei am sich wegduckenden Schnösel.

«Wie gesagt», sagte die Flugbegleiterin vor der hinteren Toilette noch einmal, «wenn Sie lieber jemanden dabeihaben wollen … vielleicht lassen Sie auf jeden Fall die Tür offen …»

Ich schloss die Tür von innen ab und legte auf dem Kabinenboden sorgfältig Papierhandtücher aus. Dann zog ich meinen Schuh aus, nahm eine Handvoll Toilettenpapier, hielt den Schuh über das viel zu kleine Becken, holte tief Luft und drehte ihn um.

Unter der Sohle klebte – ein Kaugummi. Er klebte so fest, dass ich ihn nicht entfernen konnte.

Aber als ich die Ankunftshalle durchquert hatte und über den Parkplatz zu einem Taxi ging, hatte ich mich längst daran gewöhnt.

Nur den Geruch von Hundekot, den ich mir so lange eingebildet hatte, hatte ich immer noch in der Nase. Als ich im Taxi saß, sogar stärker als zuvor.

«Kann es sein», fragte der Fahrer, «dass Sie gerade irgendwo reingetreten sind?»

Ich wette, morgen bin ich krank!

Ich bin in diesen Tagen ganz in eurer Nähe», sagte Onkel Willi, als er eines Abends anrief, «und da dachte ich, es ist ja bald Wochenende, und vielleicht habt ihr Zeit …»

«Gerne doch», sagten meine Liebste und ich ergeben ins Telefon.

«Ich hoffe allerdings, es kommt mir nichts dazwischen», fügte Onkel Willi hinzu. «Ich fühle mich seit Tagen unwohl – ihr seid doch nicht etwa krank?»

Wir verneinten. Onkel Willi buchte.

«Es war ein Fehler zu kommen», sagte er, als wir ihn am nächsten Abend am Bahnhof umarmten. «Der ganze Zug war voll hustender und schniefender Leute. Ich hoffe, ich habe mir nichts geholt. Ich fürchte es fast.»

«Sicher nicht, Onkel Willi», sprach ihm meine Liebste zu. «Es ist Frühsommer, das ist keine Erkältungszeit.»

«Sag das nicht», beharrte er, während wir aus dem Bahnhof traten und auf den wartenden Bus zugingen. «Wir fahren doch jetzt nicht etwa mit diesem Bus?»

Meine Liebste und ich wechselten einen beunruhigten Blick.

«Eigentlich wollten wir das», sagte ich vorsichtig, «der Bus hält direkt vor unserer Haustür, und so könntest du gleich einen ersten Eindruck von der Stadt …»

Onkel Willi setzte empört seine Tasche ab. «Wisst ihr denn nicht, dass so ein Bus die reinste Bazillenschleuder ist?»

Wir nahmen ein Taxi.

Als wir einstiegen, achtete Onkel Willi darauf, das Innere des Wagens möglichst mit keinem Finger zu berühren. Unglücklicherweise reichte es dem Taxifahrer nicht, uns nur zu fahren. Er erzählte, dass er vor wenigen Tagen einen Fernsehmoderator chauffiert hatte. «Es war kurz vor der Sendung, und der Arme war total erkältet», sagte er.

Hastig drückte Onkel Willi mit seinem Taschentuch auf den Fensteröffner und schwieg vorwurfsvoll in den Fahrtwind.

Er gab seine Einsilbigkeit erst auf, als wir ihm zu Hause eröffneten, dass wir in unserem Lieblingsrestaurant den schönsten Tisch reserviert hatten.

«Ihr wollt schon wieder unter kranke Leute?», fragte er kopfschüttelnd. «Habt ihr denn nichts zu essen gekauft?»

Wir erklärten ihm, dass wir in den letzten Tagen beruflich so viel zu tun gehabt hätten, dass wir nicht zum Einkaufen gekommen seien. Onkel Willi verschlang unsere letzten drei Knäckebrote; dann ließ er sich überreden mitzukommen, nicht ohne aus seiner Reisetasche ein Fläschchen hervorzukramen.

«Tohawohabo», erläuterte er, nachdem er dreißig Tropfen hatte in seinen Mund laufen lassen, «eine Art natürliches Antibiotikum, das die körpereigene Abwehr unterstützt. Wollt ihr auch?»

Wir dankten.

Glücklicherweise war das Lokal nicht voll besetzt, schon gar nicht rund um unseren Lieblingstisch. Onkel Willi deponierte sein Taschentuch und meinen Wollschal, den er sich wegen möglicher Zuggefahr ausgeliehen hatte, griffbereit vor sich auf dem Tisch. Während wir von dem Stadtbesichtungsprogramm erzählten, das wir für morgen zusammengestellt hatten, verfolgte Onkel Willi jede Bewegung der tischdeckenden Bedienung mit misstrauischen Blicken.

«Ihre Augen sind gerötet und trübe», unterbrach er uns schließlich. «Ich wette, sie niest heimlich in der Küche. Lasst uns gehen, bevor sie uns ansteckt!»

«Onkel Willi», warf meine Liebste ein. «Wir haben noch nicht gegessen!»

Während wir aßen, begann er, sich in unregelmäßigen Abständen zu räuspern. So unüberhörbar tat er das – Onkel Willi hat seine Stimme jahrzehntelang als Gesamtschullehrer trainiert –, dass die anderen Gäste um uns mehrfach verstört aufblickten.

Wir verzichteten auf Nachtisch oder ein zweites Glas Wein.

«Ihr dürft mir das nicht übelnehmen», erklärte Onkel Willi, als wir wortkarg und mit schnellen Schritten zur Wohnung zurückgingen. «Aber bitte versteht: Ich hatte erst vor einem Jahr wieder eine fürchterliche Grippe …»

«Grippe?» fragte ich.

«… einen grippalen Infekt», korrigierte sich Onkel Willi, «inklusive einer beginnenden Nasennebenhöhlenentzündung und Auswurf. Ich habe das nur mit einer disziplinierten Eigenbehandlung in den Griff gekriegt.»

«Eigenbehandlung?», fragte meine Liebste. «Du warst nicht beim Arzt?»

«Um Gottes Willen», rief er. «Wisst ihr nicht, dass jedes Wartezimmer ein Ansteckungsherd erster Güte ist? Nicht umsonst sterben die Leute in den Krankenhäusern wie die Fliegen! Nein, ich habe mit meinem Arzt telefoniert, er kennt mich seit langem, ich habe ihm meine Symptome geschildert, und er sagte: ‹Herr Seyfried, ich weiß mir keinen Rat, Sie müssen sich selber helfen.› Und das habe ich dann auch getan!»

Onkel Willi räusperte sich wieder, zog das Fläschchen aus seiner Manteltasche und nahm weitere dreißig Tropfen.

«Ich hoffe, ich habe mich nicht längst wieder angesteckt», ächzte er. «Wo doch überall eine schlimme Grippe nach der anderen umgeht!»

Zurück in unserer Wohnung, erzählte Onkel Willi den restlichen Abend detailliert von allen Krankheiten, die er in den letzten zehn Jahren durchlitten hatte, und wir versuchten geflissentlich, sein permanentes Räuspern zu überhören.

«Er ist ein entsetzlicher Hypochonder», flüsterte meine Liebste, als wir im Bett lagen. «Wenn doch schon Sonntag wäre!»

Durch die Wand drang ein Räuspern.

«Horch», sagte meine Liebste. «Was ist das?»

«Er räuspert sich immer noch», sagte ich. «Er weiß, dass wir noch nicht schlafen.»

«Nein, das meine ich nicht», sagte sie und setzte sich auf. «Das andere …»

Tatsächlich, da war ein dumpfes Vibrieren.

Onkel Willi saß im Wohnzimmer in unserem Schaukelstuhl und schaukelte hin und her, wobei er seine nackten Füße immer wieder in den großen Ofenbräter tauchte, den er mit einer grünlichen Flüssigkeit gefüllt hatte.

«Ein Erkältungsbad», erläuterte er, sich schneuzend. «Ich muss versuchen, die Grippe abzuwehren. Ich merke schon, wie meine Nase zuschwillt. Ich brauche Ascorbinsäure und etwas zum Einreiben. Habt ihr Grippemittel und Fieberzäpfchen im Haus? Und ein paar saubere Handtücher? Ich wette, morgen bin ich krank.»

Als ich endlich die Apotheke gefunden hatte, die Nachtdienst hatte, erwog ich kurz, für Onkel Willi

noch einen Mundschutz und ein Zehnerpack Plastikhandschuhe mitzunehmen, die gerade im Sonderangebot waren. «Bist du verrückt?», flüsterte meine Liebste ins Telefon. «Man darf ihn bei seinen Neurosen nicht noch unterstützen!»

Als ich wieder zurück war, hatte Onkel Willi sein Räuspern in ein Hüsteln verwandelt.

«Bitte, Onkel Willi», sagte meine Liebste zu ihm, «hör endlich mit diesem gezwungenen Hüsteln auf. Am Ende musst du wirklich husten!»

Er sah uns beleidigt an, wollte etwas sagen, entschied aber nach einem Blick auf die Uhr, lieber schnell seine Tropfen zu nehmen.

«Du darfst das nicht so eng sehen», flüsterte ich meiner Liebsten zu, als wir wieder im Bett lagen. «Er ist nicht mehr der Jüngste und von der anstrengenden Bahnfahrt wahrscheinlich einfach nur ein bisschen hysterisch. Sicher ist morgen alles wieder vorbei ...»

Wir konnten ganz gut schlafen, auch weil wir uns mittlerweile daran gewöhnt hatten, dass es in unserer Wohnung roch wie in einem Lazarett.

Am nächsten Morgen erwachten wir von ungeduldigen Schritten und Hüsteln vor unserer Schlafzimmertür.

Onkel Willi hatte Frühstück gemacht. «Ich habe die ganze Nacht kein Auge zugemacht», begrüßte er uns, wobei er uns Tee, sich Tee mit Tropfen eingoss. «Danke, ich nehme keine Milch, das verschleimt den Hals nur noch mehr!»

Wir änderten unser Besichtigungsprogramm etwas ab und fuhren nicht zum Hafen, denn dort war, wie Onkel Willi wusste, die Ansteckungsgefahr am höchsten. Wir verzichteten auf den Spaziergang durch den Park, denn dort war die Ansteckungsgefahr noch höher. Und wir holten auch die Theaterkarten nicht ab, die meine Liebste reserviert und bezahlt hatte, denn im Theater war die Ansteckungsgefahr am allerhöchsten überhaupt, vielleicht nur noch mit Ausnahme von Bussen und Taxis. Stattdessen gingen wir in der Wohnung spazieren, kochten Kräutertee und versorgten Onkel Willi mit frischen Taschentüchern, in die er schnaubte, als sei er tatsächlich krank.

Am späten Nachmittag, wir hatten ihn ein paar Minuten nicht beachtet, um mit Freunden zu telefonieren, die den schönen Tag am See genossen, bat er mit matter Stimme um ein Fieberthermometer.

Ich atmete tief durch.

«Onkel Willi», sagte ich. «Hör bitte endlich auf, dir und uns etwas vorzumachen: Dir fehlt nichts! Du bist kerngesund! Du bildest dir alles nur ein.»

«Wie kannst du das sagen!», protestierte er. «Ich weiß, wie sich Fieber anfühlt und was ein grippaler Infekt ist, und wenn ich sage, dass ich krank bin, dann …»

«Onkel Willi», sagte meine Liebste und legte ihm die Hand auf den Arm. «Wenn du so krank bist: Sollen wir dich schnell ins Krankenhaus bringen? Oder willst du nicht lieber nach Hause fahren, in die Nähe des Arztes, der dich am besten kennt, bevor alles nur noch schlimmer wird …?»

Onkel Willis Hüsteln wich lautem, vorwurfsvollem Husten, als er schweigend seine Tasche packte.

«Das habt ihr richtig gemacht», kicherte meine Cousine Claudia am Telefon, als wir ihr die Ankunftszeit seines Zuges durchgaben. «Dieser alte Hypochonder!»

Am nächsten Morgen erwachten wir mit 39 Grad Fieber. Onkel Willi hatte uns angesteckt.

Neulich – ich hatte im Fernsehen einen Bericht über einen Metzger gesehen, der von einer herabstürzenden Katze getroffen wurde – überprüfte ich meinen Versicherungsschutz und fand ihn zu niedrig.

«Wir stocken Ihren Vertrag gerne auf», sagte eine Frau Schulze-Scheuerlein von der Versicherung am Telefon. «Ich schicke Ihnen einen kleinen Fragebogen zu.»

Der kleine Fragebogen umfasste zwölf Seiten und verlangte detaillierte Auskünfte zu den letzten zehn Jahren meines Lebens. Ich rief Frau Schulze-Scheuerlein an.

«Sie haben mir den falschen Fragebogen geschickt», sagte ich, «den für schwierige Neukunden. Ich habe doch bei Ihnen schon eine Versicherung, ich möchte nur den Betrag erhöhen.»

«Wir haben Ihnen die Kurzfassung für Altversicherte zugesandt», sagte Frau Schulze-Scheuerlein. «Und es hat sich in Ihrem Leben ja sicher einiges geändert.»

«Eher nicht», erwiderte ich nach kurzem Nachdenken.

«Tut mir leid», sagte Frau Schulze-Scheuerlein, «es geht nicht anders. Oder ist Ihr Gesundheitszustand mittlerweile so schlecht, dass Sie befürchten, nicht versichert zu werden?»

«Nein», sagte ich vehement, «im Gegenteil, ich bin kerngesund, ich laufe …»

«Aha», sagte Frau Schulze-Scheuerlein lauernd, und ich hörte ihre Computertastatur klickern. «Sie laufen? Wo, wie oft? Wohin?»

«Im Park, etwa zweimal die Woche, um den Teich», erwiderte ich.

Sie bat um die Adresse des Parks.

«Und laufen Sie auch an Straßen, an Straßen mit hohem Verkehrsaufkommen?», fragte sie bohrend.

«Nein», sagte ich, «höchstens wenn ich auf Reisen bin und in Hotelnähe keine Laufstrecke ist. Wieso – laufen Sie auch?»

Frau Schulze-Scheuerlein schwieg konsterniert.

«Ich gehe davon aus, dass Sie all das in den Fragebogen schreiben», sagte sie dann. «Ich brauche Ihnen nicht zu sagen, dass wir im Versicherungsfall nicht bezahlen, wenn Sie uns etwas Wichtiges zu Ihrem Gesundheitszustand unterschlagen. Und ich weise Sie darauf hin: Jede Kleinigkeit kann wichtig sein.»

Ich benötigte fünf Abende, um den Fragebogen penibelst auszufüllen.

Schon wenige Tage später hatte ich Post von der Versicherung. Ein dünnerer Umschlag, vermutlich der Vertrag.

«Zur Beurteilung Ihrer Gesundheitsverhältnisse sind weitaus gründlichere Angaben erforderlich», schrieb mir Frau Schulze-Scheuerlein, «bitte schicken Sie den beigelegten sechsseitigen Fragebogen zu Ihren sportlichen Aktivitäten beantwortet zurück.»

«Sie müssen mich verwechseln», sagte ich am Telefon zu Frau Schulze-Scheuerlein. «Ich bin kein Leistungssportler.»

«Amateur?», fragte sie. «Dann kreuzen Sie das an.»

«Nein», sagte ich, «ich laufe nur in meiner Freizeit.»

«Sind Sie sicher?», fragte Frau Schulze-Scheuerlein. «Gibt es jemanden, der das auf Nachfrage bezeugen könnte?»

«Meine Liebste», sagte ich.

«Noch jemand?», fragte Frau Schulze-Scheuerlein unerbittlich.

Ich schwieg verblüfft. «Höchstens mein Nachbar, ich treffe ihn ab und zu», sagte ich dann.

«Sie laufen also auf einsamen Strecken?», stellte sie mit klickernder Tastatur fest, «vermutlich auch im Dunkeln oder in der Dämmerung?»

«Nein, wie ich bereits angab, im Park, und es laufen eher zu viele Menschen dort», sagte ich.

«Aha», sagte Frau Schulze-Scheuerlein triumphierend, «Sie haben sich bei Kollisionen mit anderen Läufern häufiger verletzt?»

«Noch nie!», sagte ich. «Worauf wollen Sie denn hinaus? Laufen ist doch nicht gesundheitsgefährdend, ganz im Gegenteil!»

«In Maßen nein, bei exzessivem Risikosport sieht das allerdings anders aus», sagte Frau Schulze-Scheuerlein.

«Ich habe Ihnen doch die Adressen meiner sämtlichen Ärzte der letzten zehn Jahre aufgeschrieben», sagte ich. «Warum sprechen Sie nicht mit denen? Sie werden Ihnen bestätigen, dass ich kein Risiko …»

«Wir sprechen natürlich mit Ihren Ärzten», entgegnete sie. «Und falls sich allzu große Differenzen zu Ihrer Version ergeben, ziehen wir auf Ihre Kosten einen externen Gutachter hinzu. Also überlassen Sie uns die Beurteilung, und geben Sie die Daten Ihres Nachbarn an. Wurde in Ihrer Familie in den letzten hundert Jahren in ähnlichem Maße und mit ähnlich großem Risiko Sport getrieben?»

«Was soll das heißen?», fragte ich.

«Ob beispielsweise Ihre Eltern ebenfalls laufen», sagte Frau Schulze-Scheuerlein übertrieben geduldig.

«Die wandern nur», sagte ich. «Aber das hat doch nichts mit mir zu tun.»

«Wandern Ihre Eltern schneller als Schrittgeschwindigkeit?», fragte sie.

«Kaum», sagte ich unbehaglich.

«Wo?», fragte Frau Schulze-Scheuerlein.

«Im Wald, auch mal in den Bergen», sagte ich. «Aber ...»

«Sind Sie selber auch schon mal in den Bergen gelaufen?», fragte Frau Schulze-Scheuerlein.

«Ein paarmal, in Italien, im Urlaub», sagte ich. «Aber das geht natürlich nur bei einigermaßen ebener Strecke.»

«Ich verstehe», sagte sie, und ihre Computertastatur klickerte. «Trugen Sie Laufschuhe mit speziellem Bergprofil?»

«Ich wüsste nicht, dass es Laufschuhe mit Bergprofil gibt», erwiderte ich. «Was sollen all diese Fragen?»

«Ich muss Sie in Ihrem eigenen Interesse bitten, vollständig und wahrheitsgemäß zu antworten», sagte Frau Schulze-Scheuerlein. «Trugen Sie Laufschuhe mit Bergprofil?»

«Nein», sagte ich, «aber der Weg war breit. Eher eine Straße. Eine unbefahrene!», fügte ich schnell hinzu. «Einsam war es dennoch nicht, es gab jede Menge Spaziergänger ...»

«Wie sieht das bei Ihren Großeltern aus, mütterlicherseits und väterlicherseits?», fuhr sie mit klickernder Tastatur fort. «Laufen diese?»

«Die sind längst gestorben!», sagte ich fassungslos.

«In den Bergen?», fragte Frau Schulze-Scheuerlein.

«An Altersschwäche!», rief ich.

«Bitte legen Sie beglaubigte Unterlagen bei, die ausschließen, dass die wahre Ursache des Verscheidens exzessiver Sport war», beschied Frau Schulze-Scheuerlein.

Ich rang nach Luft.

«Das klingt, als hätten Sie eine Sportlerlunge vom übertriebenen Trainieren», sagte sie scharf.

«Ich habe nach Luft geschnappt», erwiderte ich. «Können Sie mir sagen, was das alles zu bedeuten hat?»

«Wir müssen das Risiko so klar wie möglich eingrenzen», erklärte sie. «Heutzutage, das wissen Sie vielleicht, bekommt längst nicht mehr jeder Versicherungsschutz. Übrigens: Sind Sie vor diesem Gespräch gelaufen, möglicherweise zu schnell?»

Ich merkte, dass ich ärgerlich wurde.

«Wissen Sie», sagte ich, «ich habe weder Zeit noch Lust, für ein paar hundert Euro mehr Versicherungsschutz lächerliche Fragen beantworten zu müssen. Ich schlage vor, wir vergessen die ganze Angelegenheit.»

«Dafür ist es zu spät», sagte Frau Schulze-Scheuerlein. «Ich habe den ersten Antragsbogen schon weitergeleitet. Wenn Sie die noch ausstehenden Fragen nun mutwillig nicht beantworten, müssen wir davon ausgehen, dass Sie uns auch vorher schon, bei ihrem alten Vertrag, wesentliche Angaben zu Ihrem Gesundheitszustand, speziell zu Ihrem riskanten Laufverhalten, verschwiegen haben. Das heißt: Sie hätten überhaupt keinen Versicherungsschutz mehr.»

«Das ist Erpressung!», rief ich entsetzt.

«Ich kann Ihnen nur noch einmal raten, alle Fragen ausführlichst und wahrheitsgemäß zu beantworten. Wir werden selbstverständlich einen Abgleich mit Ihren telefonischen Antworten durchführen», schloss sie.

Ich schaffte den Fragebogen in zwei Tagen, was gut war, denn ich musste die private Telefonnummer meines urlaubenden Arztes herausfinden, weil ich eine Bescheinigung brauchte, dass meine Plattfüße nicht durch übermäßiges Laufen entstanden waren.

Ein paar Tage später erhielt ich von Frau Schulze-Scheuerlein einen dreiseitigen «psychologischen Fragebogen für sogenannte Freizeitsportler».

«Hören Sie», sagte ich, als ich sie am Telefon hatte, «das ist aber nun wirklich absurd. Was hat die Frage nach meinen drei Lieblingskinofilmen mit meiner Gesundheit zu tun?»

«Wenn ich es Ihnen sage, wissen Sie, auf was wir hinauswollen», sagte Frau Schulze-Scheuerlein. «Haben Sie übrigens ‹Running Man› gesehen?»

«Nein», log ich instinktiv. Immerhin war ich ohne Zeugen in dem Film gewesen.

«Mögen Sie Kate Bush?», fragte sie weiter.

«Ihre Musik?» erkundigte ich mich. «Womöglich das Lied ‹Running up that hill›?»

Sie schwieg.

«Wenn ich jetzt ja gesagt hätte: Hätte das womöglich allen Ernstes bedeutet, dass ich für Sie ein Risikokandidat bin?», fragte ich. «Kommt Ihnen das nicht selber lächerlich vor?»

«Keinesfalls», sagte sie. «Unsere Fragebögen sind von Versicherungspsychologen ausgearbeitet und tausendfach getestet worden. Und wenn Sie Versicherungsschutz wollen, kann ich Ihnen nur raten …»

Ich betrank mich und schaffte den Bogen an einem einzigen Abend.

Diesmal bekam ich einen Fragebogen mit nur einer einzigen Frage zurück, offenbar war Frau Schulze-Scheuerlein nichts mehr eingefallen. Ich ließ mich von einem erfahrenen Schauspieler coachen, ehe ich sie anrief.

«An welchen Wettkämpfen ich im kommenden Jahr teilnehmen werde?», fragte ich. «Wie meinen Sie das? Ich habe Ihnen doch schon gesagt, dass ich nur in meiner Freizeit laufe.»

«Sie nehmen auch an keinem Marathon teil?», fragte sie in tückischem Ton.

«Wo denken Sie hin!», sagte ich.

«Halbmarathon?», fragte sie. «Viertelmarathon?»

«Nein», sagte ich, «nicht mal Achtelmarathon – ein Kollege versucht seit Jahren vergeblich, mich zu überreden. Aber den würde ich gar nicht durchhalten. Nicht mal einen Sechzehntelmarathon. Einen Zweiunddreißigstelmarathon vielleicht – im Schritttempo …»

«Sie absolvieren also auch keine anderen wie immer gearteten Laufwettkämpfe?», fragte sie, Erleichterung in der Stimme.

«Keine!», versicherte ich im Brustton der Überzeugung. «Ich laufe nicht mal mit jemandem um die Wette zur S-Bahn. Ich müsste nach ein paar Metern sowieso wieder stehen bleiben, und ich möchte mich doch nicht blamieren, kurzatmig wie ich bin.»

«Ich verstehe», sagte Frau Schulze-Scheuerlein beruhigt. «Wären Sie so nett und würden mir alles nochmal schriftlich geben?»

«Natürlich», sagte ich.

Drei Tage später bekam ich den Versicherungsschein. Die Versicherungsprämie war horrend.

«Bitte haben Sie Verständnis», schrieb Frau Schulze-Scheuerlein, «aber da Sie so gut wie keinen Sport treiben und kurzatmig sind …»

Wer hat meine Hemden geschrumpft?

Eines Morgens fiel mir auf, dass etwas nicht stimmte. «Die Hemden», sagte ich zu meiner Liebsten,
als sie an mir in Richtung Bad vorbeihuschte, «sie werden immer kleiner!» Sie lachte auf, mit leiser Verzweif-
lung.

«Ich meine es ernst», sagte ich. «Es muss an der Wäscherei liegen.» Meine Liebste musterte mich und das
Hemd, das ich trug. «Was soll daran zu klein sein?»
fragte sie.

Ich zeigte ihr die zu knappen Ärmel und die spannenden Schultern. «Ich sehe nichts», sagte meine Liebste.

Ich zwang mich zu einem Lächeln: «Aber ich fühle es
genau.»

Sie zog die Augenbrauen hoch; Hemden sind bei uns
ein etwas heikles Thema.

«Ich bin hundertprozentig sicher», betonte ich. «Meine Hemden sind jedes Mal ein Stück kleiner, wenn sie
aus der Wäscherei kommen.»

Meine Liebste sagte energisch, wir müssten nun dringend frühstücken, wenn wir nicht zu spät zur Arbeit
kommen wollten.

Auf dem Rückweg vom Büro schaute ich in der Wäscherei vorbei und erkundigte mich nach der Temperatur, mit der speziell meine Hemden gewaschen würden.

«Wir halten uns streng an das, was auf dem Etikett
steht», sagte die Wäschereifrau. «Warum fragen Sie?»

Ich erzählte es ihr.

«Ihre Hemden werden immer kleiner?» echote sie brüskiert. «So etwas habe ich noch niemals gehört. Und ich arbeite seit zwanzig Jahren hier.»

Auf dem Heimweg traf ich Uwe. Er trug ein gutsitzendes weißes Hemd mit blauen Bären auf dem Kragen. Als ich ihm erzählte, was ich erlebt hatte, brach er in Lachen aus.

«Ist dir das noch nie passiert?», fragte ich.

«Eher nicht», sagte Uwe. «Du musst wissen, ich kaufe keine Billighemden.»

«Uwe», sagte ich, «auch ich kaufe keine Billighemden …»

«Selbstverständlich», sagte er und wechselte das Thema.

Am nächsten Tag ging ich beim Herrenausstatter vorbei und fragte den Verkäufer nach einer wirklich guten Hemdenmarke. Er empfahl mir ein Hemd, das etwa doppelt so teuer wie mein altes war.

«Und dieses Hemd läuft nicht ein?» fragte ich. «Wissen Sie, ich lege großen Wert darauf!»

«Keinen Millimeter!» bekräftigte er. «Sehen Sie, ich trage es selbst!»

Auf dem Nachhauseweg überlegte ich, dass sich der teurere Kaufpreis mühelos wieder einsparen ließ, wenn ich das Hemd künftig doppelt so lange trug, bevor ich es in die Wäscherei brachte.

Nachdem ich es zweimal getragen und zweimal aus der Wäscherei geholt hatte, zeigte ich meiner Liebsten die spannenden Schultern und die zu knappen Ärmel.

«Es ist unfassbar», sagte ich, «dieser Verkäufer hat gesagt, das Hemd liefe nicht ein!».

«Ich sehe zwar nichts», sagte meine Liebste, «aber warum redest du nicht nochmal mit ihm?».

«Das kann nicht sein!» sagte der Verkäufer im Laden,

«so etwas habe ich noch nie gehört. Und ich arbeite seit zehn Jahren hier.»

Es musste spezielle Seminare geben, in denen Wäschereifrauen und Hemdenverkäufer lernten, diese Sätze inbrünstig aufzusagen, so lange, bis sie selber daran glaubten.

«Aber sehen Sie mich an», forderte ich. «Hier: die knappen Schultern! Hier: die knappen Ärmel!»

«Nun», sagte der Verkäufer, «dann haben Sie das Hemd einfach etwas zu knapp gekauft.»

Ich ließ den unverschämten Kerl stehen und ging auf dem Rückweg in der Wäscherei vorbei.

«Mit wie viel Grad bügeln Sie die Hemden, wenn Sie sie gewaschen haben?» fragte ich die Frau.

«Streng nach Etikett», sagte sie.

«Das kann nicht sein», sagte ich. «Entweder Sie waschen sie zu heiß, oder Sie bügeln sie zu heiß. Denn sie schrumpfen. Sehen Sie!»

Ich zog meine Jacke aus, um es ihr zu demonstrieren.

«Ich sehe nichts», sagte die Wäschereifrau, ohne hinzusehen, «wenn Ihre Hemden kleiner werden, dann liegt das einzig und allein daran, dass Sie schlechte Hemden kaufen.» Sie wandte sich der grinsenden Kundin hinter mir zu.

Ich ging zu einem anderen, teureren Herrenausstatter und verlangte ein Hemd, das nicht in der Wäscherei schrumpfte, absolut nicht.

«Nehmen Sie das», sagte der soignierte Hemdenberater. «Das ist eine wirklich gute Qualität. Ich trage sie selbst.»

«Ich möchte Ihnen nicht zu nahetreten», sagte ich, «aber ich habe genau das schon einmal gehört – und das Hemd ist anschließend eingelaufen.»

«Ich kann Ihnen in aller Form versichern, dass Sie an

diesem Hemd noch viele Jahre Ihre Freude haben werden», sagte der Hemdenberater. «Und sollte es Ihnen wider Erwarten tatsächlich irgendwann zu klein vorkommen, schauen Sie einfach wieder vorbei, ganz egal, ob das in einem Jahr ist oder in drei Jahren.»

Das Hemd kostete das Vierfache meines alten, aber auf dem Nachhauseweg überschlug ich, dass es unter dem Strich dennoch günstiger war, jetzt so viel in meine Garderobe zu investieren, wenn ich mir dafür spätere Verluste durch Schrumpfung ersparen konnte.

Bereits nachdem es einmal gewaschen war, spannte das Hemd leicht, so sehr ich die Ärmel vor dem Spiegel auch in die Länge zog.

Nachdem ich es zum dritten Mal aus der Wäscherei geholt hatte, trat ich morgens auf meine Liebste zu. «Und?», fragte ich.

«Du hast so eine seltsame Körperhaltung», sagte meine Liebste, «du schiebst deine Schultern so nach vorne …»

«Es liegt an meinem Hemd», sagte ich.

Sie sah mich an und zupfte eine Falte an meiner Schulter gerade.

«Beim nächsten Mal solltest du dir eins kaufen, das nicht so knapp sitzt», sagte sie.

«Ich habe es nicht so knapp gekauft», sagte ich, mühsam beherrscht. «Es ist eingelaufen. Und das, obwohl dieser Verkäufer gesagt hat, das würde es nicht tun!»

Meine Liebste hat die Gabe, schweigen zu können, wenn ich wütend werde.

«Es ist passiert», sagte ich zu dem Hemdenberater und wies auf mein Hemd. «Es hat nicht ein Jahr gedauert oder drei Jahre, es hat gerade mal zwei Wochen gedauert!»

Er sah mich mit großen Augen an.

«Was?», fragte er.

«Mein Hemd!», sagte ich. «Es ist kleiner geworden! Sie erinnern sich: Wir hatten darüber gesprochen, und Sie hatten gesagt ...»

«Ich erinnere mich nicht», unterbrach er.

«Hören Sie!», rief ich. «Das war vor zwei Wochen!»

«Es tut mir leid!», er schüttelte den Kopf. «Sie müssen mit jemand anderem gesprochen haben. Ich würde Ihnen beim nächsten Hemdenkauf nur raten: Modische Trends hin oder her – nehmen Sie das Hemd etwas größer, das ist besser für Körperhaltung und Wohlbefinden.»

«Als ich dieses Hemd kaufte, passte es perfekt!», beharrte ich. «Sie haben es selber bestätigt!»

«Bitte hören Sie auf zu schreien», sagte der Hemdenberater, «ich muss Sie sonst bitten, unser Haus zu verlassen.»

Auf dem Nachhauseweg betrat ich ohne Vorwarnung die Wäscherei und verlangte augenblicklich den Ort zu sehen, an dem meine Hemden gewaschen und gebügelt würden.

«Wir haben nichts zu verbergen», sagte die Wäschereifrau und führte mich in ein Hinterzimmer, wo sich Waschmaschinen drehten und zwei Frauen im Akkord Hemden bügelten.

Ich fragte eine von ihnen nach der Temperatur ihres Bügeleisens. Sie antwortete auf Polnisch.

Ich verstehe kein Polnisch.

«Ich übersetze es Ihnen», sagte die Wäschereifrau und schob mich aus dem Raum. «Sie hat gesagt: Je nach Etikett!»

Später rief ich Uwe an und fragte, in welche Wäscherei er seine Hemden bringe.

Uwe erwiderte, dass er je nach Lust, Laune und Preis sämtliche Wäschereien des Stadtteils nutze und bei noch keiner Grund zur Klage gehabt habe. Ich frage doch nicht etwa immer noch wegen dieser bizarren Schrumpf-Geschichte?

Etwas in seiner Stimme ließ mich misstrauisch werden.

Ich ging zum teuersten Herrengeschäft der Stadt, verlangte das beste Hemd, das zu haben war (im Gegenzug würde ich auf eine neue Winterjacke verzichten), trug es und brachte es in eine andere Wäscherei, eine, die am anderen Ende des Viertels lag.

Als ich es abgeholt hatte, konnte ich kein Schrumpfen feststellen.

Ich trug es wieder und ließ es wieder waschen.

Noch immer kein Schrumpfen. Nach dem dritten Test, beschloss ich, würde ich es meiner Liebsten sagen.

Beim dritten Mal war ich so aufgeregt, dass ich das Hemd ungeduldig überstreifte, direkt nachdem ich es aus der Wäscherei geholt hatte.

Und da war es wieder.

Meine Liebste runzelte die Stirn, als ich ihr mit hängenden Schultern gegenübertrat: «Es wäre schön, mal wieder über andere Dinge zu reden als über deine Hemdenphobie.»

«Es ist keine Phobie», rief ich. «Siehst du wirklich nicht, was mit meinen Hemden los ist?»

Ich riss den Schrank auf und begann in rascher Folge, ein Hemd nach dem anderen überzustreifen.

«Siehst du es endlich?», rief ich. «Alle meine Hemden sind geschrumpft! Ich bin allein, die ganze Hemdenmafia ist gegen mich – warum glaubst wenigstens du mir nicht?»

Meine Liebste schwieg, im Blick verständnisloses Verzeihen.

In den folgenden Wochen trainierte ich intensiv jene gebeugte Körperhaltung mit hochgezogenen Schultern, die sich am besten eignete, um das Hemdenschrumpfen ohne verräterischen Faltenwurf auszugleichen. Nach vier Wochen bekam ich Rückenbeschwerden. Nach sechs Wochen ging ich zu meinem Orthopäden.

Er knuffte mich in eine aufrechte Haltung zurecht und betrachtete mein Hemd.

«Sie haben zugenommen», sagte er.

ch warne dich», sagte meine Liebste beiläufig kurz vor unserem Urlaub. «Du erinnerst dich, was wir beim letzten Mal vereinbart hatten?»

«Für jeden nur vier Taschen», erinnerte ich mich. «Es wird knapp werden, aber ... »

«Für uns beide zusammen nur vier Taschen», präzisierte meine Liebste.

Ich überschlug im Kopf kurz den Inhalt meines Kleiderschranks.

«Das ist unmöglich», sagte ich. «Wie soll ich meine Sachen in vier Taschen kriegen?»

«Unsere Sachen», korrigierte meine Liebste. «Das heißt für dich: zwei Taschen.»

«Das ist erst recht unmöglich», sagte ich.

«Wieso?» fragte meine Liebste. «Das schaffen andere Leute auch. Meine Eltern zum Beispiel ... »

«Aber wir fahren nicht nach Mallorca», sagte ich. «Wir fahren nach Bayern. Und wie du vielleicht weißt, ist das Wetter hier in Deutschland sehr wechselhaft. Es kann drei Wochen lang furchtbar heiß sein. Oder saukalt. Es kann drei Wochen lang dauerregnen. Oder die Sonne brennt. Es kann drei Wochen lang fürchterlichen Nebel ... »

«Egal», unterbrach mich meine Liebste. «Es muss doch möglich sein, dass wir einmal mit ganz normalem Gepäck in Urlaub fahren!»

Wir kamen überein, am nächsten Tag auf dem Sofa alles zusammenzutragen, was wir mitnehmen wollten.

Tatsächlich, der Kleiderhaufen meiner Liebsten wirkte deutlich kleiner. Was natürlich daran lag, dass sie kleiner ist als ich, also ihre Hemden und Hosen auch weniger Platz brauchten.

«Ich glaube nicht, dass das der Grund ist», sagte sie. «Was ist zum Beispiel das hier?»

«Sportzeug», erklärte ich. «Vielleicht schaffe ich es im Urlaub, wieder mehr zu laufen.»

Mit schnellen Bewegungen durchforstete sie den Stapel. «Dafür brauchst du vier Shirts, zwei Fleecepullover und je zwei Hosen und Laufjacken?»

«Zum Wechseln», sagte ich. «Du möchtest doch nicht, dass ich stinke?»

Sie wollte etwas erwidern. Ich wusste, was sie sagen wollte, und kam ihr zuvor: «Nein. Du weißt genau, dass das Wäschewaschen dort sehr schwierig ist. Und einen Waschsalon gibt es weit und breit nicht. Letztes Jahr musste ich fast mit dem Sport aufhören.»

«Das stimmt nicht», fiel ihr ein. «Du hast so viel Zeug dabeigehabt ...»

«Na eben», triumphierte ich.

«Hör auf, so frech zu grinsen», sagte sie. «Wofür brauchst du außerdem so viele Hemden? Du trägst im Urlaub doch fast nur Poloshirts.»

Ich zuckte die Schultern. «Es kann doch sein, dass ich mich beruflich mit jemandem treffe und einen guten Eindruck machen muss.»

«Im Urlaub?» fragte sie.

«Gut», sagte ich, «die Wahrscheinlichkeit ist nicht groß. Aber falls doch, bin ich heilfroh, angemessene Kleidung dabeizuhaben. In den Läden dort gibt es nur Holzfällerhemden.»

«Ich bitte dich!» rief sie. «München ist zwanzig Minuten entfernt!»

«Woher weiß ich, ob ich dann noch Gelegenheit habe, nach München zu fahren?» fragte ich.

Sie sah mich an, um herauszufinden, wie ernst ich das meinte. Ich nehme meinen Beruf sehr ernst.

«Gut», sagte sie. «Nehmen wir an, du hast im Urlaub zwei überraschende Treffen mit hochwichtigen Leuten. Reichen dafür zwei Hemden extra? Und dazu die Hemden, die du brauchst, wenn wir ausgehen. Wenn ich mich recht erinnere, bist du letztes Jahr mit vier Stück ausgekommen.»

«Aber das war sehr knapp», sagte ich.

«Knapp?» rief meine Liebste. «Als wir heimkamen, hattest du noch zwei übrig!»

«Ich habe auch wie verrückt Hemden gespart», sagte ich. «Sonst hätte ich keine Reserve gehabt, falls ich unvorhergesehenerweise welche gebraucht hätte.»

«Na gut», sagte meine Liebste. «Dann rechnen wir also fünf Ausgeh-Hemden und zwei Treffen-mit-wichtigen-Leuten-Hemden. Das bedeutet, wir können die restlichen sechs zu Hause lassen.»

«Wir sollten nicht zu knapp rechnen», gab ich zu bedenken. «Was ist, wenn ich in letzter Minute vor Aufregung ein Hemd bekleckere oder einen Knopf abreiße? Lass uns zwei Hemden zusätzlich mitnehmen.»

Sie holte tief Luft. «Eins», sagte sie.

Ich überlegte kurz. «Es wird knapp werden, aber meinetwegen», gab ich nach.

Sie legte die Hemden beiseite und widmete sich dem Stapel Poloshirts. Eigentlich waren es zwei, ein Stapel wäre zu hoch geworden und umgekippt.

«Wie viele sind das?» fragte sie.

«28», antwortete ich. «Für jeden Tag eins und noch ein paar als Ersatz.»

«Aber wir sind nicht mal drei Wochen weg!», erwiderte sie ungläubig. So ungläubig, als würde sie mich nicht kennen. «Und du hast doch noch deine Hemden ...»

«Ich kann doch nicht abends im Restaurant dasselbe Hemd tragen wie morgens beim Bergwandern», erläuterte ich nachsichtig. «Das heißt, ich könnte. Aber es würde dir nicht gefallen ...»

Sie winkte ab.

«Gut, ein Polo für jeden Tag, aber kein einziges mehr», sagte sie. «Das letzte Mal habe ich beim Auspacken acht unbenutzte gefunden!»

«Das reicht aber nicht. Wenn es sehr heiß ist, muss ich mich eventuell auch tagsüber ein-, zweimal umziehen», erklärte ich.

Meine Liebste schüttelte den Kopf: «Es ist September. So heiß wird es nicht.»

«Das ist heutzutage überhaupt nicht mehr abzusehen», sagte ich. «Denk an den Klimawandel!»

Meine Liebste sah mich mit großen Augen an und fing an, haltlos zu kichern.

«Außerdem», fügte ich hinzu, «gibt es Tage, an denen ich keine Lust auf ein schwarzes Poloshirt habe. Tage, an denen ich froh bin, wenn ich noch ein blaues oder ein rotes zur Wahl habe. Wenigstens im Urlaub möchte ich mir noch aussuchen können, was ich anziehe.»

Meine Liebste hatte sich wieder gefangen.

«22», sagte sie. «Das reicht absolut. Einverstanden?»

Ich nickte tapfer. Und ich war froh, dass ich diesen Schwund von vornherein einkalkuliert hatte.

«Pullover», kam sie zum nächsten Stapel. «Acht Stück! Hast du überhaupt noch einen einzigen im Kleiderschrank gelassen?»

«Das sind drei dünnere, zwei dickere und drei mitteldicke», verteidigte ich mich. «Du weißt ja, die Wetterlage ist nicht abzusehen. Letztes Jahr hatten wir sogar schon Nachtfrost. Aber von mir aus können wir einen der dünneren Pullover hierlassen. Ich dachte nur, dass dünne Pullover auch unter den Sakkos gut aussehen, als Alternative zu Hemden.»

Die Augen meiner Liebsten blitzten auf. «Unter den Sakkos?», fragte sie, mit Betonung auf dem Plural-s. «Wie viele Sakkos hast du denn eingeplant?»

Ich zuckte erneut mit den Schultern. «Ich habe drei in der engeren Auswahl und dachte …»

«Nein!», rief sie. «Eins reicht. Nimm das graue mit den Streifen. Basta! Und das mit den dünneren Pullovern als Alternative zum Hemd, das kannst du nicht ernst meinen, oder? Wir reisen schließlich nicht mit einem Tross von Dienern, wir müssen alles selber schleppen!»

«Aber ich schleppe doch immer alles!», protestierte ich.

«Weil du das unbedingt willst», sagte sie. «Aber deswegen möchte ich noch lange nicht, dass du dich unnötig abschleppst. Denk an deinen Rücken.»

Sie umarmte mich versöhnlich und legte alle dünnen Pullover und den mitteldicken grauen zur Seite.

«Wir verzichten darauf, ja?», fragte sie.

«Ungern», sagte ich zögernd, «aber gut». Ich trage meine dünnen Pullover eigentlich schon lange nicht mehr. Und der mitteldicke graue kratzt.

«Lass bitte meine Hosen in Ruhe», fügte ich pflichtgemäß hinzu, als sie sich dem letzten Stapel näherte.

«Wie viele sind das denn?», fragte sie entsetzt. «Mindestens zwölf, wie es aussieht!»

«Elf!», verkündete ich voller Inbrunst. «Zwei für jede Woche, jeweils eine für die Hin- und Rückfahrt, eine Bergwanderhose und zwei als Ersatzhosen, darunter eine dünnere und eine dickere.»

Möglicherweise hatte ich es bei den Hosen ein bisschen übertrieben. Meine Liebste sah mich an, als käme ihr der Verdacht, ich wolle sie veralbern.

«Gut», lenkte ich schnell ein. «Vielleicht reicht auch insgesamt eine Hose für die Hin- und Rückfahrt.»

«Und eine pro Woche», sagte sie.

«Das nicht», erklärte ich. «Bedenke, dass man viel schwitzt, wenn es heiß ist. Und dass man, wenn man sich bekleckert, sich meistens auf die Hose kleckert. Außerdem: Was mache ich, wenn wir beim Wandern einen Hund treffen, der mir die Hose zerfetzt? Zwei Hosen pro Woche sind das Minimum!»

«Aber das ist absurd!» rief sie. «Ich habe immer nur eine Hose pro Woche dabei und komme wunderbar aus!»

«Weil sich Hunde immer auf die Männer stürzen, nie auf die Frauen!», entgegnete ich. «Außerdem hast du doch sicherlich wieder ein paar Röcke dabei, die du sowieso nur zu besonderen Feiertagen anziehst.» Ich begann, in ihrem Stapel zu wühlen. «Aha, dachte ich es mir doch: Eins, zwei, drei … »

«Die nehmen nicht so viel Platz weg wie deine Hosen!» protestierte sie. «Zumal ich kleiner bin!»

«Was kann ich dafür?», erwiderte ich. «Also gut, ich mache dir ein Angebot: zwei Hosen pro Woche und eine Ersatzhose. Dafür habe ich nichts dagegen, dass du auch noch eine von deinen überflüssigen Handtaschen mitnimmst!»

Sie seufzte. «Na gut», sagte sie. «Ich bin sowieso froh, dass du nicht noch deine unsägliche braune Haushose einpacken willst.»

Ich lächelte, als wir uns in den Arm nahmen. Die braune Hose war mit den Ersatzhemden, Ersatzpullovern und Ersatzpolos in dem Paket, das ich gestern vorgeschickt hatte.

Eines Abends beschloss ich, mich zu weigern.

«Nein», sagte ich, als mir der Kellner im Restaurant an der Ecke nach der Bestellung die Speisekarte abnehmen wollte. «Lassen Sie die Karte noch etwas hier!».

Der Kellner nickte und verschwand. Nach fünf Minuten kehrte er zurück, leerte den Aschenbecher am Nachbartisch, tauschte auf meinem Tisch Pfeffer und Salz gegeneinander aus und griff dann wie nebenbei nach der Karte. Doch ich ließ sie nicht los.

Jahrelang hatte ich sie beobachtet, jene unerklärliche Angewohnheit, einem Gast, kaum hatte er bestellt, die Speisekarte abzunehmen wie einem unmündigen Kind. Heute würde ich nicht klein beigeben.

«Sie brauchen die Karte noch?», erkundigte sich der Kellner erstaunt.

«Ja», sagte ich.

Er blinzelte verwirrt. «Möchten Sie noch etwas bestellen?», fragte er dann.

«Vielleicht später», erwiderte ich.

Zufrieden nickend griff der Kellner nach der Karte, aber ich hielt sie fest.

Er lächelte verstehend. «Haben Sie doch noch etwas gefunden?»

«Nein», sagte ich, «ich bin vorerst ganz zufrieden mit meiner Würstchenpizza und dem Wein, auch wenn Sie noch nichts davon gebracht haben.»

«Entschuldigen Sie», sagte der Kellner, verschwand

und kam postwendend mit Weißwein und einem Brotkorb zurück, außerdem brachte er ein überdimensioniertes knallrotes Platzset. Das versuchte er mit seiner freien Hand ungelenk vor mir auf den Tisch zu legen – dort allerdings befanden sich schon mein Weinglas und mein Besteck.

Ich bin ein hilfsbereiter Mensch, manchmal bin ich zu hilfsbereit. Aber ich bin kein Trottel.

In der einen Hand das Weinglas, die andere unverändert auf der Speisekarte, zuckte ich lächelnd die Schultern.

«Netter Versuch», sagte ich. «Aber wie gesagt: Ich möchte die Karte noch behalten.»

Enttäuscht ließ der Kellner das Set hinter seinem Rücken verschwinden.

«Aber ich bringe Sie Ihnen für den Nachtisch wieder», versprach er.

«Warum lassen Sie sie nicht einfach so lange hier liegen?», fragte ich. «Sie haben doch genug Karten – da hinten in der Ecke ist ein ganzer Stapel.»

Er grinste verlegen.

Ich beugte mich vor. «Also», fragte ich, «wofür brauchen Sie in der nächsten knappen Stunde ausgerechnet meine Speisekarte?»

Ich rechnete nicht mit einer vernünftigen Antwort. Ich hatte schon unzählige Male so gefragt. Ich hatte kartentragende Bedienungen bis in die Restaurantküche verfolgt. Ich hatte einen zweiten Gang, dann einen dritten und vor dem Hauptgang überraschend Nachtisch geordert, und die mir vor jeder Bestellung gebrachte Karte jedesmal genau daraufhin überprüft, ob sie zwischenzeitlich manipuliert worden war. Vergeblich.

Statt zu antworten, sah mich der Kellner gleichgültig an.

«Es gibt keinen Grund, den Sie mir nennen könnten, richtig?», fuhr ich fort. «Also können Sie die Karte beruhigt hierlassen. Oder etwa nicht?»

Unvermittelt griff der Kellner nach der Speisekarte und versuchte, sie mir unter der Hand wegzuziehen.

Ich krallte meine Finger in den abgegriffenen Kartenbezug aus Kunstleder, bis sein Griff sich löste. Dann erhob ich mich, legte die Karte auf meinen Stuhl und ließ mich darauffallen.

Er sah mich irritiert an.

«Aber wie gesagt, ich kann sie Ihnen doch jederzeit wiederbringen», sagte er, «Sie brauchen nur etwas zu sagen ...»

«Warum sollten wir beide uns diese Mühe machen?», erwiderte ich. «Ist es nicht auch viel leichter für Sie, wenn ich die Karte schon habe? Und nicht erst warten muss, bis Sie zufälligerweise hersehen, damit ich Ihnen winken kann und Sie Ihre Zigarettenpause unterbrechen müssen?»

Der Kellner blinzelte nervös.

«Keine Sorge», beteuerte ich, «ich esse Ihre Speisekarte nicht auf.»

Er dachte nicht daran zu lächeln. «Ich habe gerade gesagt, ich bringe Ihnen die Karte wieder, wenn Sie etwas bestellen möchten», sagte er nachdrücklich. «Geben Sie sie mir jetzt bitte zurück.»

Ich senkte die Stimme: «Wozu? Warum brauchen Sie sie? Was haben Sie mit der Karte vor?»

Er bedachte mich mit einem finsteren Blick und holte einen älteren Kollegen zu Hilfe.

«Mein Herr», sagte der mit aufgetragen dunkler Stimme, «ich muss Sie bitten, meinem Kollegen die Speisekarte zu überlassen.»

«Vielleicht können ja Sie mir einen Grund nennen,

warum ich die Karte nicht noch einige Zeit behalten sollte», sagte ich.

«Wenn Sie noch etwas bestellen möchten, mein Herr, dann selbstverständlich», sagte der ältere Kellner, zückte seinen Block und musterte mich abwartend.

Ich sah ihn fragend an.

«Ich warte», sagte der ältere Kellner.

«Worauf?», fragte ich.

«Auf Ihre Bestellung natürlich», sagte er. «Und nach Ihrer Bestellung werden wir diese Speisekarte mitnehmen. Wenn Sie jetzt bitte wählen würden.»

«Ich weiß jetzt noch nicht, ob und was ich bestellen möchte», sagte ich. «Und genau deswegen, das sagte ich bereits zu Ihrem Kollegen, möchte ich die Speisekarte noch einige Zeit behalten.»

«Wenn Sie später überlegen möchten», sagte der ältere Kellner, «wird mein Kollege Ihnen gerne die Speisekarte wieder bringen.»

«Ich möchte überlegen, wann ich will», sagte ich. «Vielleicht jetzt. Vielleicht später. Vielleicht auch zwischendurch. Und ich möchte dabei ungern von Ihnen oder von Ihrem Kollegen abhängig sein. Verstehen Sie?»

«Mein Herr», sagte der ältere Kellner händeringend. «Bitte seien Sie vernünftig.»

«Ich bin sehr vernünftig», sagte ich. «Und deshalb denke ich nicht daran, mich Ihren absurden Kartenregeln zu beugen.»

Die zwei Kellner tauschten einen finsteren Blick und zogen sich schweigend zurück.

Ich positionierte meinen Stuhl so, dass ich die Küchentür im Blick hatte.

Wenig später öffnete sie sich, der erste Kellner brachte wortlos meine Pizza und knallte den Teller so vor mir auf den Tisch, dass ich zusammenfuhr. Auf einmal war der zweite Kellner hinter mir, kippte meinen Stuhl zurück, sodass ich mich unwillkürlich nach vorn warf, und griff nach der Karte unter meinem Gesäß.

Ich war vorbereitet: Ich parierte mit einem Hieb meines Unterarms und stieß einen gellenden Schrei aus.

Um uns herrschte entsetztes Schweigen, bis der Restaurantchef heraneilte und fragte, was los sei.

Ich klärte ihn darüber auf, dass ich die Karte noch etwas behalten wolle.

«Bedaure», sagte er.

«Warum?», fragte ich.

«Wir sind kein Selbstbedienungsrestaurant», sagte der Restaurantchef. «Bei uns werden Sie bedient. Von geschultem, freundlichem Personal.»

Mit einem Fußtritt wehrte ich einen neuerlichen Vorstoß des ersten Kellners ab.

«Ich habe nichts dagegen, mich bedienen zu lassen», sagte ich. «Ich möchte nur in die Karte sehen, wann ich will. Jetzt, gleich, später. Spontan, ohne sie mir erst bringen zu lassen.»

«Das ist nicht üblich», sagte der Restaurantchef. «Das gab es noch nie.»

«Warum nicht?», fragte ich. «Haben Sie schon mal darüber nachgedacht, dass Sie viel mehr Umsatz machen könnten, wenn Sie Ihre Gäste nicht nur fünf Minuten, sondern den ganzen Abend in die Karten gucken ließen?»

«Ich werde darüber nachdenken», versprach er. «Ob Sie mir kurz die Karte geben könnten? Nur für eine Sekunde?»

«Ich bedaure», erwiderte ich und begann zu essen.

«Ich würde Ihnen ein kostenloses Getränk Ihrer Wahl anbieten», sagte der Restaurantchef, «sofort nachdem Sie mir die Karte ausgehändigt haben.»

«Danke, nein», sagte ich.

«Zwei Getränke», sagte er mit gedämpfter Stimme.

Kauend schüttelte ich den Kopf.

Der Restaurantchef seufzte und griff zum Handy.

Ich hatte noch nicht zu Ende gegessen, da kam ein dicker kleiner Mann auf mich zu und stellte sich als Besitzer des Restaurants vor.

«Das ist überhaupt kein Problem; ich muss mich für meine Mitarbeiter entschuldigen», sagte er sofort. «Sie können Ihre Speisekarte selbstverständlich so lange behalten, wie Sie möchten. Hier, ich habe ein ganz neues Exemplar – darf ich es Ihnen statt des abgegriffenen überreichen, auf dem Sie sitzen?»

Nach dem Essen beschloss ich, noch einen guten Wein zu bestellen, um die Kellner zu ärgern und meinen Triumph zu feiern. Leise pfeifend schlug ich die Karte auf.

Sie war leer.

Spinnenfeind

ch hoffe», sagte meine Liebste, als wir uns Italien näherten, «ich hoffe, dass dieses Jahr kein Mückenjahr
wird! Und kein Spinnenjahr.»

«Ganz sicher nicht», sagte ich schnell, «du musst dir
keine Sorgen machen; die letzten vier Jahre waren ja
schon Mücken- und Spinnenjahre. Obwohl – wir werden natürlich draußen sein, und da kann es vorkommen,
dass wir doch den einen oder anderen Käfer treffen … ».

«Solange es nur ein Käfer ist», sagte meine Liebste
hoffnungsvoll.

«Sollen wir vielleicht umkehren?» fragte ich. «Wir
müssen nicht nach Italien fahren, das war nur so eine
spontane, verrückte Idee. In Bayern oder auch im Ruhr-
gebiet gibt es vermutlich deutlich weniger Insekten.»

«Wo denkst du hin?», fragte meine Liebste tapfer.
«Wo wir doch Italien so lieben!»

Wir hingen unseren Gedanken nach, bis wir unterbrochen wurden von einem mutmaßlich gefährlichen Flug-
insekt, das vor Florenz in unser Auto eindrang. Meine
Liebste hörte erst auf zu schreien, als ich es gefangen
und aus dem Fenster geworfen hatte. Der Rest der Fahrt
verlief ruhig.

Die Ferienwohnung lag in einer alten Burg. Vor dem
Burgtor am Waldrand drängten sich drei Häuschen aus
Feldsteinen. Zwei waren verfallen, das dritte diente zur
Hälfte als Hühnerstall. Die Burgbesitzerin musste uns
mehrfach versichern, dass die andere Hälfte unsere Fe-
rienwohnung war. «Kommen Sie, Sie werden sehen, sie

ist wunderhübsch eingerichtet», sagte sie. «Und das mitten in der Natur – was könnte es Romantischeres geben für ein junges Paar wie Sie?»

Die Wohnung war tatsächlich geschmackvoll und mit antiken Möbeln eingerichtet, und da ich ein Stück vor meiner Liebsten ging, schaffte ich es auch, die beiden riesigen Spinnen, die sich in der Dusche belauerten, ungesehen in einem Taschentuch verschwinden zu lassen. Nur die Fliegengitter vor den Fenstern hatten beunruhigend weite Maschen.

«Fliegengitter?», unsere Vermieterin lachte hell auf. «Nein, das ist, damit die Hühner nicht reinkommen. Hier ist der Schlüssel, und haben Sie viel Freude bei uns!»

«Fliegengitter gibt es in jedem Supermarkt, am besten, wir kaufen gleich morgen neue», sagte ich zu meiner Liebsten, als die Frau gegangen war. Wie nebenbei warf ich einen Blick in die Küche und erlegte unauffällig die Stechmücke, die am Kühlschrank saß.

«Ja, unbedingt», sagte sie, ließ sich aufs Sofa sinken und sah sich um. «Hast du schon irgendwelche Insekten gesehen?»

«Kein einziges», log ich und dachte an die dritte Spinne im Badezimmer, die über der Tür ihr Netz hatte, so hoch, dass ich einen Stuhl benötigen würde, um an sie heranzukommen. «Ich habe doch gesagt, es ist kein Ungezieferjahr.»

«Da bin ich froh», sagte meine Liebste. «Weißt du noch, beim letzten Mal, in Spanien, habe ich im ganzen Urlaub fast kein Auge zugetan.»

«Oh, ich erinnere mich sehr gut», sagte ich.

Ich bestand darauf, unser Gepäck alleine hereinzuholen, damit sich die Liebste nach der langen Fahrt erholen und ich heimlich die fünf Kellerasseln liquidieren konnte, die in der Zwischenzeit über die Türschwelle in den Flur gekrabbelt waren. Den zentimeterhohen Spalt unter der Tür verschloss ich notdürftig mit Putzlappen und einem Brett vom Gartenzaun.

«Dass du immer herumwerken musst; selbst im Urlaub findest du keine Ruhe», tadelte mich die Liebste, als sie mich fluchen hörte, der Holzsplitter in meiner Hand wegen. «Komm, wir setzen uns raus und schauen den Sonnenuntergang an!»

Ich hatte auf dem kurzen Weg vom Auto hierher drei Mückenstiche abbekommen und schaffte es, sie zu überzeugen, dass es viel zu kalt zum Draußensitzen und ich außerdem sehr hungrig sei. Während sie das Nudelwasser auf den Herd stellte, kümmerte ich mich um die Badezimmerspinne und um eine zweite, die überraschend in der Dusche aufgetaucht war. Bei einem schnellen anschließenden Kontrollgang durch die Wohnung erwischte ich ein halbes Dutzend Silberfischchen, drei Asseln, drei weitere Spinnen, die plötzlich im Schlafzimmer von der Decke baumelten und etliche unbekannte Käfer.

Als ich abschließend noch einmal ins Badezimmer schaute, waren über der Tür zwei neue Spinnen aufgetaucht, eine dritte bezog gerade die Dusche.

Ich überschlug, dass meine Taschentuchvorräte bei einem weiterhin so hohen Verbrauch in zwei Tagen erschöpft sein würden.

«Du hast so einen gehetzten Blick», sagte meine Liebste, als wir am Tisch saßen und aßen. «Und ständig starrst du die Wände an. Ist dir nicht gut?»

«Doch, doch», sagte ich.

«Ist es nicht schön hier?», fragte sie.

«Wunderbar», sagte ich und zwang mich zu einem sehr entspannten Lächeln.

Sie nahm meine rechte Hand. Mit der anderen wischte ich heimlich eine geflügelte Ameise von der Wand, kurz bevor sie das Blickfeld meiner Liebsten erreichte.

Als wir im Bett lagen – meine Liebste las, ich tat, als lese ich –, arbeitete ich im Kopf den Plan aus, nach dem ich fortan die gesamte Wohnung regelmäßig und systematisch nach Insekten absuchen würde. Zwischenzeitlich sah ich zur Zimmerdecke.

Dort saßen zwei Skorpione.

Ich verhielt mich ruhig, bis meine Liebste in seligen Tiefschlaf gefallen war. Dann ließ ich die Nachttischlampe brennen und fixierte die Biester unablässig, entschlossen, im Notfall den Hardcoverroman vom Nachttisch zu reißen und sie an der Wand zu zermalmen.

Als nebenan der Hahn krähte, zogen sie sich zurück. Ich nutzte die Zeit, um zum ersten Kontrollgang durch Badezimmer und Küche aufzubrechen.

Der folgende Tag verging wie im Flug, was daran lag, dass es länger dauerte, bis wir in einem Geschäft endlich Fliegengitter gefunden hatten, und dass die Insektenkontrollen (vier Spinnen, drei große und ein kleiner Käfer, vier Ohrenkneifer, sechs Asseln, zwei Handvoll Mücken und Silberfischchen) gehörig Zeit in Anspruch nahmen. Am Nachmittag ging ich in die mit eleganten elektrischen Fliegenfenstern ausgestattete Burg und suchte das Gespräch mit unserer Vermieterin. «Ja», sagte sie, «ein paar Insekten gibt es hier natürlich. Nein, eine andere Wohnung ist leider nicht mehr frei. Ach, das wäre ja schade für Sie, wenn Sie früher abreisen würden, denn Sie haben doch im Voraus bezahlt.»

«Du bist immer noch so unruhig», stellte meine Liebste abends fest. «Ständig durchstreifst du die Wohnung. Ist wirklich alles in Ordnung? Sollen wir über irgendetwas sprechen?»

«Alles okay», sagte ich. «Du weißt doch, ich hatte in letzter Zeit viel Stress …»

«Das verstehe ich», sagte meine Liebste. «Aber vergiss nicht, dass wir hier nicht im Büro, sondern ganz entspannt in einem wunderschönen kleinen Ferienhaus sitzen.»

«Ich werde mir Mühe geben», sagte ich.

In dieser Nacht krochen die Skorpione, mittlerweile waren es drei, ein Stück die Wand herunter in unsere Richtung, bevor sie bei Sonnenaufgang wieder umkehrten. Sie wirkten solider, als ich gedacht hatte; ich deponierte unter dem Bett ein paar große Gläser aus der Küche, die man über die Skorpione stülpen konnte, falls ein paar Schläge mit dem Roman nicht das gewünschte Ergebnis brächten.

Der Tag brachte eine Ausbeute von fünf Spinnen, zwei Tausendfüßlern, einer Assel und einer Horde Silberfischchen, dank der Fliegengitter war keine Mücke darunter. Die, stellte ich fest, lauerten alle in unserem Schlafzimmer (wir mussten irgendwo doch eine Öffnung übersehen haben). Glücklicherweise hatte meine Liebste einen so festen Schlaf, dass sie nicht bemerkte, wie ich eine nach der anderen erlegte; zugleich hatte ich so keine Mühe, wach genug zu bleiben, um die Skorpione beobachten zu können.

«Man merkt, dass du dich allmählich entspannst, Liebster», sagte meine Liebste zu mir, als ich beim Frühstück immer wieder einnickte. «Der Urlaub tut dir richtig gut. Hier ist es so schön, und vor allem, es gibt so gut wie keine Insekten.»

In den kommenden Tagen drängte ich darauf, viel zu unternehmen, um tagsüber nicht stündlich in der Wohnung auf Patrouille gehen zu müssen. Außerdem fand ich so immer wieder etwas Schlaf: in einer Kirche in

Pienza, während meine Liebste die umliegenden Läden auf der Suche nach einem Kleid durchstreifte, in einer öffentlichen Toilette in San Quirico d'Orcia, bis meine Liebste gegen die Tür hämmerte, in der Warteschlange eines Souvenirgeschäftes in Assisi, bis mein Hintermann mich gegen eine Glasvitrine lehnte.

Allerdings begann ich allmählich, Fehler zu machen. Die Assel im Kochtopf bemerkte ich erst, als die Nudeln schon fertig waren. Die Spinne neben der Dusche hatte bereits ein zweites Netz in Betrieb genommen. Und der Käfer auf dem Tisch im Wohnzimmer wurde von meiner Liebsten entdeckt, als wir von einem Spaziergang zurückkamen und sie mich nicht unter einem Vorwand hatte vorauslaufen lassen.

«Igitt», rief sie gellend, «was ist das?»

Es gelang mir, ihr zu versichern, dass es sich um eine harmlose italienische Abart des harmlosen deutschen Marienkäfers handele.

Drei Tage vor Ende unseres Urlaubs schlief ich beim Zähneputzen ein, schrak hoch, sah einen Skorpion zu meinen Füßen und trat wie von Sinnen auf ihm herum, bis er zerbrach. Es war meine rote Zahnbürste.

Zwei Tage vor Urlaubsende fand ich im Bücherregal im Wohnzimmer ein in braunes Kunstleder gebundenes Gästebuch (sowie eine Spinne und drei Ohrenkneifer). Der letzte Eintrag im Buch stammte von vor zwei Monaten und war auf Deutsch, geschrieben in zittriger Schrift.

«Wir sind am Ende», las ich, «seit Tagen kommen wir wegen des Ungeziefers kaum zum Schlafen. Sobald die Sonne aufgeht, reisen wir ab – wenn uns die Skorpione lassen …» Hier brach der Eintrag ab.

Ich vergrub das Buch im Garten.

«Was meinst du», sagte ich zu meiner Liebsten, «war-

um brechen wir nicht einfach schon heute auf? Und machen noch einen Abstecher, nach Venedig zum Beispiel, ich wollte schon immer nach Venedig. Oder irgendwoandershin, egal, Italien ist groß ...»

«Was für ein Unsinn», sagte sie liebevoll. «Wo es hier doch so erholsam ist. Ich glaube, die Verlängerungswoche wird auch dir guttun – bin ich froh, dass die Wohnung nächste Woche noch zu haben war ...»

Neulich betrat ich die Firmentoilette, verrichtete, was ich zu verrichten hatte, ging zum Waschbecken, wusch mir die Hände – und entdeckte neben mir meinen Kollegen Dr. Butterfass, braungebrannt, erholt, strahlend.

«Dr. Butterfass», sagte ich freudig und schüttelte ihm die Hand. «Sie haben einen schönen Urlaub gehabt?»

Dr. Butterfass reagierte anders als erwartet. Sein Gesicht verzerrte sich, er schluckte ein-, zweimal, nuschelte ein «Ja, danke».

Erst als er durch die Toilettentür verschwunden war, bemerkte ich meine feuchte Hand.

Ich musste vergessen haben, sie vor dem Händeschütteln abzutrocknen.

Es hatte keinen Sinn, Dr. Butterfass hinterherzulaufen und eine Entschuldigung zu stottern, ich würde mich lächerlich machen. Aber mir graute davor, dass er denken könne, ich habe es absichtlich getan: Unlängst erst hatte ich gelesen, dass Manager, die durch eine feindliche Übernahme an die Spitze einer Firma gelangen, üblicherweise die Herrentoilette aufsuchen und dem unterlegenen Manager die am Pinkelbecken benässte Hand bieten, um ihn zu demütigen (in Japan reagiert dieser umgehend mit Selbstmord). Vermutlich hatte Dr. Butterfass es auch gelesen.

Möglicherweise war es überhaupt falsch, jemandem, dem man nichts Böses will, auf der Toilette die Hand zu geben; Dr. Butterfass ist bekannt als sensibler Kollege, der Wert auf gute Umgangsformen legt und der zudem in der Firma nicht ohne Einfluss ist. Beim nächsten Toilettentreffen musste ich ihm unter allen Umständen richtig begegnen. Die Frage war nur: wie?

«Ich habe mir noch nie darüber Gedanken gemacht», wand sich mein Kumpel Sven am Telefon, «aber in diesen unsicheren Zeiten würde ich alles unterlassen, womit man negativ auffällt.»

«Sven», fragte ich, mich zur Ruhe zwingend, «wie grüßt du denn jemanden auf der Firmentoilette?»

«Na, ganz normal», sagte Sven zögernd. «Morgens sage ich guten Morgen, mittags sage ich Mahlzeit, abends sage ich guten Abend ...»

«Du sagst Mahlzeit?», fragte ich verwundert.

«Wieso nicht?», erwiderte Sven, Verunsicherung in der Stimme.

Auch das Internet half mir bei der Suche nach dem richtigen Toilettengruß nicht weiter; in einem Blog wurde lediglich nebenbei erwähnt, dass man sich in den Londoner Docklands an der Edelstahl-Pinkelrinne mit einem «Hi!» begegnet. In unserer Firma gibt es keine Pinkelrinne, und die Becken sind aus Keramik. Davon abgesehen erinnerte ich mich an einen Zwischenfall, dem ich in einer Bahnhofstoilette beiwohnte und der mit einem «Hey!» eingeleitet wurde, das sehr ähnlich klingt: Der Gegrüßte hatte aus diesem «Hey» den Vorwurf herausgehört, er habe seinem Toilettennachbarn auf den Schuh gepinkelt, und schlug empört zu.

Ich beschloss, sicherzugehen und Dr. Butterfass beim nächsten Mal mit einem unverfänglichen, freundlichen «Guten Tag» zu begrüßen.

Obwohl es ein heißer Sommer war, alle viel tranken und permanent zur Toilette mussten, traf ich dort Dr. Butterfass längere Zeit nicht.

Dann, endlich, als ich am späten Nachmittag vom Kopierer kam, sah ich ihn durch die Toilettentür verschwinden.

Ich musste handeln, sofort.

Mit großen Schritten eilte ich hinter ihm her, riss die Tür auf und schmetterte ein fröhliches «Guten Tag!» in den Raum.

Dr. Butterfass, am Pinkelbecken stehend, schrak zusammen und warf sogleich einen entsetzten Blick nach unten.

«Guten Tag», erwiderte er mit einem gezwungen Lächeln und trat vom Becken weg.

«Ganz schön heiß, was?», smalltalkte ich, als sähe ich den großen Fleck auf seiner hellen Hose nicht. «Haben Sie heute noch viel vor?»

«Eine Sitzung mit dem Vorstand ...», sagte Dr. Butterfass mit heiserer Stimme und hielt sich beide Hände vor die Hose.

«Oh, es wird sicher eine erfolgreiche Sitzung!», smalltalkte ich weiter, und als er keine Anstalten machte, die Hände von seiner Hose zu nehmen, hielt ich ihm verbindlich lächelnd die Tür auf.

Mit abgewandtem Blick huschte er wortlos an mir vorbei.

Ich hätte mich ins Knie beißen können vor Ärger. Ganz offensichtlich war auch «Guten Tag» der falsche Gruß, viel zu distanziert, jetzt war ich sicher, dass ein «Hallo!» deutlich angemessener wäre, immerhin arbeiteten wir seit Jahren zusammen. Und es war mit Sicherheit ein grober Fehler gewesen, sein kleines Missgeschick kaltlächelnd zu ignorieren; ich hätte ihm feuchte WC-Tücher reichen, zumindest mein Bedauern ausdrücken müssen.

Beim nächsten Toilettentreffen musste ich das wiedergutmachen, unbedingt. Schließlich wollte ich nicht meine Zukunft in der Firma aufs Spiel setzen.

Als ich mit Dr. Butterfass am folgenden Tag in einer Konferenz saß, lächelte ich ihm mehrere Male freundlich zu, aber er wich meinem Blick aus. Nach der Konferenz versuchte ich, ihn anzusprechen, aber er zog sich in eine Traube plaudernder Kollegen zurück.

Ich sandte ein Stoßgebet gen Himmel, dass es noch nicht zu spät sein möge, unser Verhältnis wieder zu normalisieren.

In den kommenden Tagen suchte ich häufiger die Toilette auf, häufiger, als ich tatsächlich musste, und benutzte stets die Toilette, die schräg gegenüber von Dr. Butterfass' Büro lag. Schließlich schloss ich mich einen ganzen Nachmittag lang in eine der WC-Kabinen ein und lugte bei jedem Eintretenden vorsichtig über die Trennwand, bereit, strahlend hervorzutreten. Allein, Dr. Butterfass kam nicht. Entweder hatte er aus Entrüstung über mich aufgehört zu trinken, oder er benutzte eine andere Toilette.

Am vierten Tag postierte ich mich an der Toilettentür und öffnete sie einen Spaltbreit, sodass ich seine Zimmertür im Auge behalten konnte.

Keine Viertelstunde später verließ Dr. Butterfass sein Büro, sah sich nach allen Seiten um und verschwand gebückt im Treppenhaus.

Ich folgte ihm, bis er drei Stockwerke tiefer hinter einer Tür am Ende des Ganges verschwand. Hinter einer Toilettentür. Es war so weit.

Ich atmete ein paarmal tief durch, setzte mein strahlendstes Lächeln auf, öffnete die Tür behutsam und folgte ihm, bereit, bedingungslos herzlich zu sein.

Der Raum war leer, nein, die hinterste WC-Kabine war besetzt.

Ich zog mich diskret ans Waschbecken zurück.

Ich hatte alle Seifenvorräte aufgebraucht, leichte Schrumpelfinger und war gerade dabei, die Hebel der Armaturen mit den letzten Papierhandtüchern feinzupolieren, da hörte ich die Tür der Kabine. Dr. Butterfass sah mich, erstarrte und wollte hinter mir vorbei zum Ausgang gehen.

Ich schnellte herum.

«Hallo, Dr. Butterfass, hallo!», rief ich, so herzlich ich konnte. «Das ist aber schön, dass wir uns mal wieder treffen! Neulich auf der Konferenz, was Sie da gesagt haben, das war einfach großartig!»

«Vielen Dank!», sagte Dr. Butterfass und versuchte weiterzugehen. Ich hielt ihn auf.

«Mich würde noch Ihre Meinung zur letzten Klausurtagung interessieren ...»

Dr. Butterfass schielte mit unglücklichem Gesicht auf seine Schulter. Auf seinem rosafarbenen Hemd war ein großer nasser Fleck. Ein Fleck, der die Form einer Hand hatte. Meiner Hand.

Diesmal schaltete ich sofort.

«Das tut mir leid», rief ich, «warten Sie, ich helfe Ihnen – mit ein paar feuchten Tüchern sieht das sicher gleich ganz anders aus!»

«Herzlichen Dank», presste Dr. Butterfass hervor. «Ich muss weg, ich habe einen Termin ...».

Er riss sich los und eilte aus der Tür, ohne meine guten Wünsche für den weiteren Tag zu erwidern.

Am Boden zerstört, schlich ich in mein Büro zurück und beschloss, solange ich noch hier war, die Firmentoilette nicht mehr zu benutzen.

Als es nicht mehr anders ging, suchte ich die WCs des Kaufhauses gegenüber auf. Vor der Tür saß eine ältere, freundlich nickende Toilettenfrau.

«Sagen Sie», fragte ich, einer Eingebung folgend, «wie grüßt man eigentlich einen Kollegen auf der Firmentoilette richtig?»

«Na so was», sagte sie, «das hat mich gerade schon ein Herr gefragt.»

Als ich eintrat, wartete Dr. Butterfass auf mich.

Wir befolgten den Rat der Toilettenfrau und grüßten uns mit einem kurzen, freundlichen Brummen.

Was ist?», fragte meine Liebste mich beim Frühstück. «Es ist doch was. Was ist los?»

«Nichts», erwiderte ich.

«Das stimmt nicht», sagte sie. «Du bist irgendwie –
bedrückt ... »

Ich schwieg.

Meine Liebste strich mir liebevoll übers schon viel zu
lange Haar und hielt inne.

«Ach so», sagte sie. «Dennis?»

«Dennis», seufzte ich.

«Und es gibt niemand anderen, der dir die Haare
schneiden könnte?», fragte meine Liebste. «Wirklich
niemanden?»

Ich schüttelte den Kopf.

Ich hatte getan, was ich konnte. Ich hatte sofort nach
der letzten Sitzung bei Dennis versucht, einen Termin
bei Marcus zu bekommen, dem anderen Friseur. «Nichts
zu machen, sorry», hatte die Frau an der Kasse gesagt.
«Aber Dennis hat doch noch jede Menge Termine frei.
Warum willst du zu jemand anderem?»

Ich hätte antworten können, dass ich ein eher schweigsamer Mensch sei und Dennis ein eher geschwätziger.
Und dass ich nicht zum Friseur gehe, um über Tropen-
krankheiten, T-Shirts mit Strickeinsatz und seine sämtlichen Freunde zu sprechen. Aber da näherte sich Dennis, um meinen Nachfolger zu begrüßen und mit einem
Wortschwall zu überschütten.

Ich hatte mit verstellter Stimme und unter einem anderen Namen angerufen und einen Termin bei Marcus verlangt, egal wann, und sei es in einem halben Jahr.

«Ein halbes Jahr im Voraus macht Marcus keine Termine», hatte die Frau am Telefon gesagt.

«Ich komme gerne auch schon früher», hatte ich angeboten.

«Sorry», hatte die Frau am Telefon erwidert. «Alles ausgebucht.»

Ich hatte mit einer anderen verstellten Stimme angerufen und mich erkundigt, wann Dennis Urlaub habe. «Keine Sorge, Dennis macht keinen Urlaub», hatte die Frau am Telefon gesagt.

Ich hätte natürlich zu einem anderen Friseurladen gehen können. Aber es gab keinen anderen, der nur fünf Minuten vom Büro entfernt lag, der so angesagt war und wo man die Haare so außergewöhnlich gut geschnitten bekam. Sagten die Kollegen, die allesamt bei Marcus waren.

Nur ich war immer bei Dennis.

«Hallo erst mal», trompetete Dennis mir wie immer zu, als ich den Laden betrat. «Ich bin gleich ganz für dich da. Ich habe Holger gerade die Geschichte von meiner Bruchoperation erzählt.»

Der Kunde an der Kasse nickte erleichtert und verfolgte mit leicht schadenfrohem Blick, wie mich Dennis zum Haarwaschbecken führte.

«Aber dieses Bruchband», fuhr Dennis fort, «war so was von unbequem, ich kann gar nicht sagen, wie. Das erinnert mich an meine Cousine – als die ihre Hüft-OP hatte, trug sie wochenlang ein Korsett. Das war nicht das Schlimme, das Schlimme war, was ihr Mann sagte. Der sagte nämlich zu ihr nur noch eiserne Jungfrau, weil sie so gerade gehen musste. Sie aber dachte, er meinte ihr Sternzeichen, was aber nicht Jungfrau ist, sondern Skorpion. Da war sie beleidigt – ich hoffe, das Wasser geht so – und dachte, er habe auch ihren Geburtstag vergessen, dass sie mehr als eine Woche lang … »

«Bitte etwas kälter», sagte ich mit zusammengebissenen Zähnen.

«… nicht mit ihm geredet hat. Stell dir vor: Er aber dachte, sie sei böse auf ihn wegen, na ja, du weißt schon – ist es so heiß genug?»

«Kälter, bitte kälter!», keuchte ich.

«Na gut. Jedenfalls, es war das Ende der Ehe, und alles nur wegen eines doofen Spruchs», sagte Dennis. «So ähnlich geht es meiner alten Freundin Claudia, die schon alles getan hat, um den Richtigen zu finden. Sie war auf einer Fisch-sucht-Fahrrad-Party, wo sie einen gewissen Torben traf. Na ja, du weißt schon, ein Typ, der Torben hieß und auch genau so aussah. Die beiden trafen sich ein paarmal, und dann erzählte Torben ihr, dass er verheiratet sei, mit einer Brasilianerin, aber dass er gerade in Scheidung lebe – komm bitte mit da drüben auf den Stuhl; so wie immer?»

«Nein, bitte mehr wegschneiden», sagte ich. «Beim letzten Mal war es so wenig, dass mir meine Haare schon nach ein paar Tagen wieder zu lang vorkamen.»

«Jedenfalls, diese Brasilianerin stand eines Tages vor der Tür», sagte Dennis, mit beiden Händen gestikulierend. «In einer Bluse von TrumpetStyle, dieser Marke aus New York, die du sicher kennst: Alles ist grellgelb und glitzert metallisch. Das liegt daran, dass der Typ, der dieses Label gegründet hat, gerne Trompete gespielt hat. Aber als Kind hatte er Klavier gelernt. Bis zu dem Zeitpunkt, an dem seine Mutter etwas Erstaunliches zu ihm sagte … »

«Sollten wir nicht mit dem Schneiden beginnen?», fragte ich. «Meine Mittagspause ist bald vorbei!»

«Ach so, klar», sagte Dennis, zog seine Schere aus dem Holster am Gürtel und fuhr klappernd ein paar Konturen nach. «Jedenfalls, ich komme gerade nicht auf den Namen von dem Typ, er hieß so ähnlich wie Saul Bellow, aber nicht wie der Saul Bellow, den du jetzt vielleicht meinst, sondern eher wie der eine, den ich mal in Thailand getroffen habe.»

Dennis setzte die Schere wieder ab, um besser gestikulieren zu können.

«Jedenfalls, stell dir vor, das war in einem Hotel am Meer, in dem man sich wunderbar erholen kann. Man kann konzentriert einen Comic nach dem anderen lesen, und wenn einem der Kopf raucht, legt man das Buch hin und sieht einfach raus aufs Meer. Nein, beunruhigen muss man sich nicht, das Tsunami-Frühwarnsystem ist da in der Ecke bestens. Eine meiner Schwestern war da mal und hat gesagt: Alles in Butter auf dem Kutter, ha-haha, das ist so eine Redensart bei uns …»

«Hahaha», sagte ich. «Ich muss bald wieder gehen. Wollten Sie nicht weiterschneiden, wenigstens das Gröbste, damit man sieht, dass ich beim Friseur war …»

«Entspann dich, das wird ein erstklassiger Haarschnitt», sagte Dennis, «du wirst begeistert sein, wie immer! – Jedenfalls: Meine Schwester hatte ja neulich dieses Problem mit dem Gucci-Gürtel, den sie zu eng geschnürt hatte …»

Als ich viel zu spät in den Fahrstuhl zum Büro stolperte, traf ich Michael. Er hatte eine Frisur, die prima aussah. So prima, dass ich eine Andeutung machen musste.

«Danke», sagte er, «Marcus.» Er sah mich kurz an. «Du müsstest auch mal wieder zum Friseur, oder?»

Am nächsten Tag rief ich bei ein paar anderen Friseurläden in der Innenstadt an und fragte nach Terminen. In einem Salon nur eine halbe Stunde entfernt hätte ich sogar schon einen am übernächsten Freitag um 15 Uhr bekommen. Am Freitag um 15 Uhr habe ich nie Zeit. Der Schnellfriseur drei Straßen weiter hatte sogar noch einen früheren Termin, am nächsten Mittwoch von 7.30 bis 7.40 Uhr. «Sie waschen und fönen selber, wer dann schneiden wird, weiß ich noch nicht genau», sagte der Mann am Telefon. Ich legte auf und ging wieder zum Salon an der Ecke.

Dennis hatte Zeit.

«Ich weiß, ich war erst gestern da …», begann ich.

«Genau», rief Dennis, «deine Frisur ist eigentlich auch noch tipptopp, aber wir können ja mal was anderes ausprobieren. Möchtest du einen Espresso oder lieber einen saftigen Latte? Meine Schwester …»

Ich bat um einen anständigen Haarschnitt, einen, den man als frisch erkannte.

«Natürlich», sagte Dennis, zog die Schere und schnippelte ein paar Haarbüschel an meinem Oberkopf kürzer. «Jedenfalls: Die haben im Keller einen Kinoraum eingerichtet, mit allem Pipapo: zwei Reihen Kinositze aus rotem Samt, ein großer Aufsteller von Lara Croft in der Ecke …»

Er ließ die Schere wieder sinken, um gestikulieren zu können.

«Und der Clou: eine Popcorn-Maschine aus dem Kino gegenüber, das pleitegegangen ist, warum, weiß ich nicht. Und die Technik vom Feinsten, aber hallo …»

«Bitte schneiden Sie!», rief ich. «Sie sollen schneiden, nicht reden! Schneiden!»

«… sicher, also: ein Subwoofer, Festplattenspieler, Plasma sowieso, apropos Plasma, es gibt da doch dieses neue Warzenentfernungsmittel, das habe ich ausprobiert am Hund meines Nachbarn …»

Ich bin nicht nur ein eher schweigsamer Mensch, sondern auch ein eher langmütiger. Aber jetzt reichte es mir.

«Das ist mir scheißegal!», rief ich. «Ich bin hergekommen, weil ich die Haare geschnitten bekommen will und nicht weil ich mich über Warzenentfernungsmittel für Hunde informieren möchte, über Schwestern, Gucci-Gürtel, Kinosäle oder sonst irgendetwas anderes ...»

Dennis verzog keine Miene, nickte und hob die Schere. Gleich würde er auf mein Ohr einstechen, aber das war mir in dem Moment egal.

«... was Sie aber dennoch für so interessant halten, dass Sie mir alles bis ins kleinste Detail nahebringen müssen, ob ich will oder nicht», fuhr ich fort. «Und ich will, ganz ehrlich gesagt, nicht. Ich will einfach nur, dass Sie meine Haare ...»

Ungläubig nahm ich wahr, dass Dennis zu schneiden begonnen hatte. Er schnitt meine Haare. Aber auch das war mir nun egal.

«... ich brauche Ihr Gerede nicht! So wie ich mich auch nicht permanent vor den Fernseher setze, um mich berieseln zu lassen», fuhr ich schnell fort, während große Haarbüschel von mir zu Boden fielen. «Oder nicht immer Radio hören muss. Ich weiß, das ist ungewöhnlich für Sie, ja, ich sage Sie, Sie haben es sicher noch nie bemerkt in Ihrer egozentrischen Ichbezogenheit, weil ich auch nicht permanent geduzt werden will.»

Ich hörte auf zu sprechen, um Luft zu holen. Sofort verlangsamte Dennis seine Schneidegeschwindigkeit und öffnete den Mund.

«Jedenfalls, meine Schwester hat das Warzenmittel auch ausprobiert, ich darf es zwar eigentlich nicht erzählen, aber sie hat eine Stelle ...», begann er und setzte die Schere ab, um besser gestikulieren zu können.

Aber ich hatte begriffen. Es war so einfach; nicht zu fassen, dass ich nicht schon längst darauf gekommen war: Dennis konnte nur eins: schneiden oder reden. Und wenn er redete, schnitt er nicht. Also durfte er keine Gelegenheit zum Reden bekommen. Keine einzige.

«Ich habe heute morgen zwei Vollkornbrötchen mit Butter und Honig gegessen», fiel ich ihm mit aller Kraft ins Wort. «Sehr schmackhaft und nicht zu süß. Honig ist ohnehin eine ungeheure Energiequelle, die Bienen legen all ihre Energie hinein, vor allem morgens …»

Dennis setzte die Schere wieder an.

Als ich mit meinen Kindheitserlebnissen und der Zusammenfassung eines Dokumentarfilms über das Sexualleben der Katzen durch war, griff ich nach einer herumliegenden Männerzeitschrift und las einen Artikel über die richtige Ausstattung einer 50-Meter-Yacht vor. Bevor ich mich der Witzeseite zuwenden konnte, war Dennis fertig.

Ich war heiser vom vielen Reden, aber ich hatte noch nie eine so gut geschnittene Frisur gehabt.

«Marcus?», fragte Michael im Aufzug nickend.

«Dennis», sagte ich wie nebenbei.

Michael zog interessiert die Brauen hoch.

Beim nächsten Mal musste ich eine halbe Stunde warten, bis Dennis für mich Zeit hatte; ich las beim Schneiden aus einer philosophischen Abhandlung vor.

Beim übernächsten Mal sagte die Frau am Telefon: «Nichts zu machen, sorry. Aber Marcus hat noch Termine frei.»

Es gibt viele Menschen, die ihre berufliche Position missbrauchen. Am schlimmsten war der Fahrer der S-Bahn um 8 Uhr 42.

Wenn ich die Treppenstufen zum Bahnsteig emporklomm, außer Atem, stand die Bahn meist schon da, mit ungeduldig summendem Motor. Das Gesicht des Fahrers konnte ich nur schemenhaft erkennen, die Kabine hatte getönte Scheiben, und er trug ein buntes Basecap mit großem Schirm, wahrscheinlich um seine bösen Augen zu verbergen.

Denn sobald ich einsteigen wollte, schloss er die Türen.

Ich hatte schon alles probiert. Ich hatte ihn nicht beachtet. Ich hatte ihm zugelächelt. Ich hatte drohend die Faust gehoben. Ich hatte zu meinem Anzug ein buntes Basecap aufgesetzt.

Aber es war immer dasselbe: Sobald ich der S-Bahn näher kam, schloss er die Türen. Egal, ob ich in vollem Lauf von der Treppe heranstürzte oder erst auf den letzten Metern beschleunigte und dann vor allen Fahrgästen gegen die sich schließenden Türflügel klatschte wie ein plumper Frosch.

All das wäre nicht weiter schlimm gewesen, wenn ich nicht ständig mit ruinierter Kleidung und zu spät zur Arbeit gekommen wäre. Und ich nicht eines Tages bemerkt hätte, dass andere Anzugträger grinsten, wenn sie mich der S-Bahn zustreben sahen. Dass Frauen sensationslüsternd tuschelten, während ich an ihnen vorbei die Bahnsteigtreppe nach oben sprintete. Dass Jugendliche johlten und klatschten, lange bevor ich gegen die Türen prallte.

An diesem Tag wurde mir unwiderruflich klar, dass es für mich nur zwei Alternativen gab: Einen Umzug in eine Gegend, wo man mich nicht kannte. Oder den Sieg über den sadistischen Kerl mit dem Basecap, dessen größte Freude es war, dass ich mich jeden Tag völlig umsonst beeilte.

Also beeilte ich mich nicht mehr.

Tags darauf verdoppelte ich zwar meine Spurtgeschwindigkeit auf der Treppe zum Bahnsteig, bremste dann aber scharf ab und schlenderte lässig in sein Blickfeld (und in das der bereits lauernden Fahrgäste). Als wolle ich nicht wirklich mitfahren; fast so, als sei ich es gar nicht.

Der Fahrer bemerkte meinen Trick erst, als es zu spät war. Ich spazierte in aller Ruhe durch die sich schließenden Türflügel; im Wageninneren machte man mir respektvoll Platz. Ich gab mir Mühe, nicht heftig zu atmen und so meinen Spurt zu verraten.

Beim zweiten Mal, ich war sehr schnell gelaufen und musste heftig nach Luft ringen, täuschte ich mit Hilfe eines abgelaufenen Schnupfensprays einen Asthmaanfall vor (was mir obendrein zu einem Behindertensitzplatz verhalf).

Beim dritten Mal schloss der Basecap-Mann die Tür so schnell, dass ich es nicht mehr schaffte.

In den Augen der Fahrgäste glomm schon erste Häme auf, aber ich war vorbereitet. Mit großer Geste drehte ich mich zu einem Rentnerpaar um, hakte mich bei der Frau unter – abwinkend und liebevoll lächelnd, als hätte ich schon x-mal wegen Oma und Opa die Bahn versäumt.

Danach verfeinerte ich meine Technik des desinteressierten Auftretens. Ich steuerte nicht mehr gezielt auf eine Wagentür zu, sondern schlenderte mit großem Abstand den Zug entlang, am Ohr das Handy, scheinbar in ein wichtiges Gespräch vertieft. Nachdem ich zwei offene Türen passiert hatte, machte ich bei der dritten unerwartet ein paar schnelle Seitwärtsschritte ins Innere (ich meinte, aus der Fahrerkabine einen Wutschrei zu hören).

Ein andermal hielt ich eine Zeitung, als wolle ich im Gehen ein wenig lesen und sei rein zufällig auf dem Bahnsteig gelandet, bis ich durch eine offene Tür in den Wagen schlüpfte. Dann wieder gestikulierte ich zum entgegengesetzten Bahnsteigende hin, als habe ich dort einen Bekannten entdeckt. Die mir unbekannte Frau, die irritiert, aber freudig auf mich zulief, starrte mir fassungslos nach, als ich in einen Wagen der S-Bahn abbog.

Irgendwann begann der Basecap-Mann, auch diese Taktik zu durchschauen. Als ich am nächsten Morgen den Bahnsteig entlangspazierte, den Blick verzückt zum Himmel gerichtet, in den Händen einen grellroten Flugdrachen, schloss er die Türen, noch bevor ich am zweiten Einstieg vorüber war.

Beim nächsten Mal trat ich maskiert mit einer Sonnenbrille auf den Bahnsteig und tat, als warte ich auf die S-Bahn aus der Gegenrichtung – um es mir plötzlich anders zu überlegen. Nach ein paar schnellen Sprüngen warf ich mich zwischen den zugehenden Türflügeln hindurch, blieb mit dem Fuß hängen, verlor das Gleichgewicht und schlug auf den Wagenboden auf.

Um mich herum breitete sich betroffene Stille aus, Stille, die in höhnisches Gelächter umschlagen konnte.

Doch dazu ließ ich es nicht kommen. Reflexartig riss

ich mein Handy aus der Tasche. «Zentrale, wir haben einen sechsundsiebzigneun, wir haben einen sechsundsiebzigneun, wir brauchen keine Verstärkung, alles unter Kontrolle!», bellte ich. Dann federte ich hoch (wie ich es zu Hause bei der Morgengymnastik seit Wochen geübt hatte), zückte einen Skiausweis mit Foto, nickte den Umstehenden kernig zu und wies die besorgte Frage einer Dame nach meinem blutenden Knie lächelnd zurück («nur ein Streifschuss»).

Und dann, unter den bewundernden Blicken der Fahrgäste, fiel mir ein, wie ich den Basecap-Mann so verunsichern konnte, dass er mich in Ruhe ließ.

Tags darauf fuhr ich mit dem Taxi eine S-Bahn-Station weiter.

Der Zug kam um einiges zu spät, vermutlich hatte der Basecap-Mann auf mich gewartet. Als die Bahn hielt, näherte ich mich gebückt der Fahrerkabine, richtete mich auf und sah durch das getönte Glas ins Innere. Während der Fahrer zusammenzuckte, sprintete ich zur ersten Wagentür und sprang hinein. Es dauerte einige Zeit, bis sich die Tür schloss und die Bahn abfuhr. Ich summte den ganzen Fahrtweg über triumphierend vor mich hin.

Am folgenden Tag hatte ich frei, aber ich fuhr trotzdem mit dem Taxi zu der S-Bahn-Station, die vor meiner lag. Als der Zug kam, spazierte ich ohne Tarnung den Bahnsteig entlang, exakt in der Mitte und unendlich langsam. Ich wusste, dass mich der Basecap-Mann unablässig aus der Fahrerkabine fixierte, die vor Aufregung zitternde Hand auf dem Türschließschalter. Nach endlosen Sekunden blieb ich stehen und blickte auffällig nach allen Seiten. Ich wusste, dass er jetzt kaum zu atmen wagte, dass sich Schweißperlen unter seinem Basecap sammelten.

Und dann, endlich, machte ich eine schnelle Bewegung, ein bloßes Schulterzucken. Doch mein Feind verlor die Nerven. Ich lachte höhnisch, als die Türen sich vergeblich schlossen.

Als die Bahn schließlich anfuhr, fuhr sie langsam und schleppend.

Ich hatte gewonnen.

Am Morgen danach konnte ich es kaum erwarten, zum Bahnhof zu kommen.

Geradewegs steuerte ich auf die S-Bahn zu und stieg ein, ohne dass der Basecap-Mann den leisesten Versuch unternommen hätte, die Tür vor meiner Nase zu schließen. Die Tür blieb offen, auch als ich längst drinnen war.

Triumphgefühl stieg in mir auf. Und ich konnte nicht mehr anders. Ich stieg aus, ging mit wiegenden Schritten zur Fahrerkabine, klopfte gegen die Scheibe, die sich zögernd öffnete, und sah meinem Feind grinsend ins Gesicht.

«Na?», fragte ich höhnisch. «Wollen Sie heute denn gar nicht die Tür vor meiner Nase schließen?»

«Warum?», fragte der Basecap-Mann. «Heute sind Sie doch mal pünktlich.»

Unsere nagelneue Küche hatte einen tollen Herd, einen tollen Kühlschrank und eine tolle Mikrowelle, kurz, sie war fantastisch.

«Das wahre Highlight aber ist das Abfallfach mit dem unglaublich praktischen Trittschalter», sagte der Monteur und trat mit dem Fuß unter eine Schranktür. Eine große Schublade sprang auf, in der sich drei Behälter zum Müllsortieren verbargen.

«Zum Schließen schieben Sie die Tür schwungvoll mit dem Knie zu, sehen Sie, so!», erklärte er.

Wir nickten fasziniert.

«Ich verspreche Ihnen», sagte der Monteur feierlich, bevor er ging, «heute beginnt für Ihren Müll eine neue Zeitrechnung.»

Kaum war er weg, verzehrte ich einen Schokoriegel und betätigte den praktischen Trittschalter. Die Müllschublade schoss fauchend heraus und donnerte so heftig gegen meine Beine, dass ich die Plastikverpackung in den falschen Behälter, den für Glas, fallen ließ.

«Das macht nichts», sagte meine Liebste, «wir werden uns schnell daran gewöhnen.»

Wir konnten es kaum erwarten, zum Abendessen ein kompliziertes Menü zuzubereiten, ein Menü, bei dem jede Menge Abfall anfallen würde.

Nachdem ich die Müllschublade zum dritten Mal benutzt hatte, schmerzte mein rechtes Knie leicht, denn es musste sich noch daran gewöhnen, die Tür abzufangen. Beim fünften Öffnen der Schublade ertappte ich mich dabei, wie ich zur Seite sprang, um ihr auszuweichen.

«Lass mich mal», bat meine Liebste. «Da gibt es sicher einen Trick!»

Auch ihr gelang es nicht, sich so schnell in Sicherheit zu bringen, dass die Schublade sie nicht erwischte. Außerdem hatten wir zunehmend Schwierigkeiten, den Trittschalter zu treffen, möglicherweise weil wir wussten, was passieren würde, wenn wir trafen. «Wir werden uns daran gewöhnen», wiederholte die Liebste, als wir die leichten Dellen an der Müllschubladentür begutachteten.

Am darauffolgenden Tag erwachten wir beide mit Knieschmerzen. Abends beim Kochen versuchten wir, die Müllschublade abwechselnd mal mit den Unterarmen, mal mit dem Gesäß abzufangen. Doch gerade Letzteres setzte eine enorme Treffsicherheit beim Rückwärtstreten voraus, eine, die wir nicht besaßen.

Kurz nach dem Nachtisch löste sich die Zierleiste an der Müllschublade; die links danebenstehende Spülmaschine und der rechts danebenstehende Topfschrank wiesen nun ebenfalls Dellen auf.

«Oje!», sagte meine Liebste. «Die Küche hat so viel Geld gekostet!»

«Wer guckt da schon so genau hin», beruhigte ich sie, als ich im Bett ihre blaugefleckte Hüfte mit Franzbranntwein einrieb. «Und ohne ein paar Gebrauchsspuren ist eine Küche doch keine richtige Küche!»

Am Abend darauf fiel mir auf, dass ich zögerte, den Mülleimer zu bedienen. Statt die leere Reispackung, die Steinpilztüte, einen Weinkorken und einen ungenießbaren Rest Gurke sofort wegzuwerfen, deponierte ich alles in einer Schale neben dem Waschbecken, in der schon die Teebeutel vom Frühstück und eine leere Milchtüte lagen. Auch meine Liebste blieb später wie angewurzelt am Tisch sitzen, statt wie sonst sofort die Teller abzuräumen und die Reste zu entsorgen.

Ich bin kein Mann, der Angst vor einer Müllschublade hat. Als uns der Gesprächsstoff ausging, trat ich dem Müllfach entschlossen gegenüber und fing die herausschnellende Tür mit bloßen Händen ab.

«Mach dir nichts draus», sagte meine Liebste, als sie mein linkes Handgelenk bandagierte, «du schreibst sowieso mit rechts».

Am folgenden Morgen löste sich die Zierleiste am Kühlschrank. Wenig später bemerkte ich, wie meine Liebste vergeblich gegen die Unterseite der Spülmaschine trat, um sie zu öffnen. Ich war erleichtert; mir war dasselbe schon mehrfach mit dem Apothekerschrank passiert.

Unser nächstes Abendessen bestand nur aus Brot und Käse, wobei wir – in stillem Einverständnis – darauf achteten, dass ein winziges Stück Käse übrig blieb, damit wir das Käsepapier nicht wegwerfen mussten.

Am Abend darauf führte ich die Liebste zum Essen aus.

«Morgen rufe ich im Küchenstudio an», sagte ich nach dem zweiten Glas Wein.

«Sie haben ein hochwertiges Qualitätsprodukt erworben», unterbrach die Verkäuferin mich am Telefon. «Keine Abfallschublade verlässt die Fabrik ohne aufwendige Qualitätstests.»

«Kann es sein, dass der Monteur möglicherweise beim Einbau ...», begann ich.

«Auf gar keinen Fall», sagte die Verkäuferin. «Unsere Monteure machen keine Fehler!»

Ich entschuldigte mich für meinen Anruf.

Als ich heimkam, lag meine Liebste in sicherem Abstand zur Müllschublade auf dem Bauch und versuchte, den Trittschalter mit einem Besenstiel auszulösen, was nicht klappte, auch nicht, als die Liebste so kräftig zustieß, als wolle sie einen Hecht harpunieren. Erst als ich mich dem Trittschalter entgegenbückte, um zu sehen, ob etwas verklemmt war, sprang die Schublade auf.

Meine Liebste kühlte die Beule an meinem Kopf mit einer Tiefkühlpackung Spinat.

In der darauffolgenden Nacht erwachte ich, weil ich träumte, dass mich jemand trat. Es war meine Liebste.

«Entschuldige», stammelte sie, «ich habe einen Alptraum gehabt: Die Müllschublade wollte mich an die Küchenwand drücken …»

«Beruhige dich», sagte ich, «es ist alles in Ordnung!»

«Nichts ist in Ordnung», sagte meine Liebste. «Erinnerst du dich, dass wir vor zwei Wochen Sabine und Nikolaus für morgen zum Essen eingeladen haben? Wir wollten doch unsere neue Küche einweihen!»

Sabine lachte, als sie die dicken Knieschützer sah, die wir sonst zum Inlineskaten trugen. «Warum habt ihr die denn an?»

Wir erzählten es ihr und auch warum wir ständig gegen alle Küchenschränke traten; unterdessen inspizierte Nikolaus, ohne auf meine Warnungen zu achten, die Müllschublade und taumelte mit schmerzverzerrtem Gesicht zurück. «Das ist ja irre», sagte Sabine, als wir mit dem Essen fertig waren. «Fast wie in diesem Thriller, in dem ein Auto seinen Besitzer terrorisiert!»

Die Liebste seufzte, als wir uns vor dem Schlafengehen gegenseitig mit Franzbranntwein verarzteten. «Übermorgen habe ich einen Termin bei meiner Frauenärztin. Was soll ich ihr nur sagen, woher die vielen blauen Flecken an meinen Beinen kommen?»

«Die Wahrheit!», sagte ich. «Was sonst?»

«Ich hoffe, sie glaubt mir das», sagte sie.

Ich nickte, ging in die Küche und betrachtete die von Dellen übersäten Vorderfronten, die sich lösenden Zierleisten und die Topfschranktür, die nur noch an einem Scharnier baumelte.

Dann versetzte ich der Müllschubladentür einen Tritt.

«Warum?», fragte ich. «Warum terrorisierst du uns? Warum machst du unsere schöne neue Küche kaputt? Was haben wir dir getan?»

Die Müllschublade schwieg.

«Antworte!», rief ich. «Antworte, du dreckiges Stück!»

Sie schwieg noch immer.

Ich ging auf sie zu, um ihr einen deutlich heftigeren Tritt zu versetzen.

Plötzlich sprang sie fauchend auf; ich konnte gerade noch zur Seite springen.

«Ich habe die Federn etwas weicher eingestellt», sagte der Monteur, den uns das Küchenstudio geschickt hatte, als ich drohte, einen Schubladen-Thriller mit Klarnamen zu verfassen. «Jetzt dürften Sie problemlos zurechtkommen, sehen Sie!».

Langsam glitt die Schublade aus ihrer Öffnung und ließ sich von seiner linken Hand mühelos stoppen.

Viel zu mühelos.

«Tun Sie mir einen Gefallen», sagte ich schnell. «Schrauben Sie diese Schublade zu.»

Er sah mich verwirrt an.

«Na los!», rief ich. «Schrauben Sie diese Schublade so fest zu, dass sie keinesfalls mehr aufgehen kann!»

Wir kauften drei Tretmülleimer. Die waren unglaublich praktisch.

A m Mittwoch vor Ostern öffnete ich den Küchenschrank, in dem die Osterhasen der vergangenen Jahre saßen: Die gut schmeckenden, die mit ihrem Schnäuzchen und dem Glöckchen so niedlich aussahen, dass ich es nie geschafft hatte, sie zu essen. Und die, die nicht so gut schmeckten, mit denen ich aber zu viel Mitleid hatte, um sie wegzuwerfen.

«Nein», seufzte ich. «Nein. So kann das nicht weitergehen.»

Am Donnerstag vor Ostern schlich ich mich entschlossen in aller Frühe ins Büro. Meine Schreibtischplatte war noch leer, aber kaum hatte ich mich hingesetzt, hörte ich Schritte, die sich verstohlen näherten. Dann schwang die Tür auf.

«Oh, so eine Überraschung, das ist sehr nett, vielen Dank», sagte ich und knipste die Schreibtischlampe an, «aber ich habe schon so viele davon, ich weiß einfach nicht mehr, wohin damit.»

Meine Kollegin Susanne zuckte zusammen, in der ausgestreckten Hand einen scheußlich grinsenden mittelgroßen Osterhasen.

«Bist du sicher?», stotterte sie.

«Eindeutig», sagte ich, stand auf und geleitete sie mitsamt dem Hasen freundlichst zur Tür hinaus. «Frohe Ostern!»

Fünf Minuten später öffnete sich meine Tür erneut.

«Frohe Ostern!», rief Pascal, in der Hand eine lila Tüte. «Ich habe nur eine Kleinigkeit …»

«Lass mich raten: ein lila Osterhase», lächelte ich. «Das ist sehr freundlich von dir. Aber du weißt ja sicher, ich mag Schokolade gar nicht. Warum stiftest du ihn nicht dem Sekretariat?»

«Nein, er ist für dich», bestand Pascal, «ich wollte mich bedanken für die gute Zusammenarbeit, und das Sekretariat hat schon fünf ...»

«Pascal, wahnsinnig nett, dass du an mich gedacht hast», sagte ich, «aber ich hasse Schokolade. Es tut mir leid. Wenn du ein kleines Schnitzel in Osterhasenform dabeihättest, wäre es etwas anderes ...»

Pascal nickte verständnisvoll, zog sich mit gesenkter Tüte zurück und übergab die Türklinke an Dr. Butterfass.

«Moin», dröhnte der, in beiden Armen ein halbes Dutzend überdimensionierte Osterhasen mit roten und grünen Latzhosen und dümmlichem Lächeln, «frohe Ostern!»

«Frohe Ostern», erwiderte ich, noch bevor er mein Büro betreten hatte, und riss den Telefonhörer hoch. «Entschuldigen Sie, ein wichtiges Gespräch aus London ...»

Dr. Butterfass war so damit beschäftigt, seine Hasen festzuhalten, dass er nicht verhindern konnte, dass meine Tür direkt vor seiner Nase ins Schloss fiel.

Als ich sie wieder öffnete, um ein hastig gemaltes «Bitte nicht stören»-Schild an die Klinke zu hängen, sah ich mich Annette gegenüber. Zwischen uns, auf meiner Türschwelle, stand ein in Zellophanpapier eingepackter Osterhase aus verdächtig gräulicher Vollmilchschokolade.

«Ich wollte nur kurz danke sagen», sagte Annette, «für deine Hilfe ...»

«Aber das ist doch nicht nötig», sagte ich lächelnd, hob den Hasen hoch und drückte ihn ihr wieder in die

Hand. «Das ist doch mein Job, dafür musst du mir doch nichts schenken. Zumal ich Schokolade überhaupt nicht gut vertrage, gerade ältere Schokolade.»

«Der Hase ist ganz neu», protestierte Annette errötend.

«Das kann schon sein», sagte ich, «aber ich möchte meinen Magen nicht überreizen. Wär doch blöd, wenn ich nächste Woche ausfiele, oder?»

Annette zog sich mit zitternder Unterlippe zurück, um ihren verjährten Hasen jemand anderem anzudrehen.

Bevor ich ging um mein Postfach zu leeren, überzeugte ich mich, dass der Flur nach beiden Seiten hin menschenleer war, dann spurtete ich los.

Ich schaffte den Weg hin und zurück in weniger als zwei Minuten; inzwischen waren lediglich zwei Hasen auf meinem Schreibtisch gelandet: ein winziger goldener und ein angeschmolzener mit dem Werbeaufdruck einer innerdeutschen Airline. In meiner Post befanden sich weitere drei verdächtig ausgebeulte Hauspostumschläge von Kollegen mit dem Vermerk: «Dringende Terminsache, bitte vor Ostern öffnen». Jeder von ihnen enthielt einen Osterhasen, einer sogar zwei.

Ich besorgte mir im Sekretariat den größten Hauspostumschlag, der zu haben war, steckte sämtliche Hasen hinein, inklusive der zwei, die die Sekretärinnen mir überreicht hatten, und sandte den Umschlag anonym an die Abteilung Controlling.

Auf meinem Schreibtisch warteten schon drei neue Osterhasen, darunter ein riesiger, dessen dümmliches Lächeln mir bekannt vorkam, und einer, den man offenbar schon einige Male aus- und wieder eingewickelt hatte.

Ich schloss meine Tür, hielt den Telefonhörer ans Ohr

und tat in der nächsten Viertelstunde gegenüber fünf bis sechs Kollegen, die samt Osterhasen eintreten wollten, als telefoniere ich angestrengt.

Als ich später die Tür wieder öffnete, saß auf der Schwelle ein halbes Dutzend Hasen in allen Größen und Farben.

Ich stopfe die Viecher in meine Aktentasche und suchte die umliegenden Büros heim.

Die wenigsten Kollegen konnten sich gegen meine überschwängliche Herzlichkeit wehren, zumal ich stets vorgab, allein wegen des bevorstehenden Firmenkickerturniers zu kommen. Nur Klaus hatte unglücklicherweise Sven und Jörg zu Besuch. Alle drei hielten jeweils zwei Osterhasen in den Händen, hatten sich offenbar zufällig getroffen und waren sichtlich froh, dass sie nun mir die Hasen schulterklopfend überreichen konnten.

Doch praktischerweise war die EDV gleich gegenüber. Ich betrat geduckt den Raum und zog unauffällig einen Stecker aus einer Steckdose. Während die Kollegen fluchend auf ihre Tastaturen schlugen, setzte ich die Hasen auf ihren Tischen aus.

Auf dem Rückweg begegnete ich im Flur dem Personalchef. «Sie wissen ja, die Zeiten sind nicht die besten, aber ich habe wenigstens eine kleine Aufmerksamkeit für Ostern», sagte er und überreichte mir feierlich einen gigantischen Osterhasen mit grüner Latzhose und dümmlichem Lächeln. «Danke vielmals», sagte ich gerührt und betrat hinter unserer Marketingleiterin den Aufzug. Ich gab ihr den Hasen nur kurz zum Halten, um meine Schnürsenkel neu zu binden, und sprang im dritten Stock unvermittelt durch die sich schließende Tür nach draußen. Ungeschickterweise ließ ich dabei meine Aktentasche zurück.

Als der Aufzug wieder hielt, hatte jemand einen grell-gelben Osterhasen und einen schrumpeligen Nikolaus hineingesteckt.

Auch mein Zimmer hatte ich zu lange allein gelassen. Als ich zurückkehrte, häuften sich die Hasen auf und unter dem Schreibtisch, darunter der zellophangraue und der mehrfach gewickelte. Zusätzlich hatte ein Witzbold eine beträchtliche Zahl von No-Name-Hasen in Schubladen, Hängemappen, selbst in meinen Manteltaschen versteckt.

Das war zu viel.

Ich steckte den Zellophangrauen in einen großen Briefumschlag, den ich anonym an Annettes Privatanschrift adressierte. Dann lief ich zum Discounter an der Ecke.

«Geben Sie mir fünfzig der billigsten und hässlichsten Osterhasen, die Sie haben», verlangte ich. Der Verkäufer grinste verstehend.

Ich schleppte die zwei Tüten zurück ins Büro und füllte die Hasen aus meinem Zimmer, die sich inzwischen stark vermehrt hatten, in eine dritte. Dann hängte ich das «Vorsicht: Konferenz»-Schild vor meine Tür, setzte ein eisernes Lächeln auf und begann eine wahllose Tour de Force durch das Haus.

Ich fand schnell heraus, dass es am besten klappte, wenn ich einfach die Türen aufriss, ein paar Hasen in rascher Folge in die Büros hineinwarf und dabei meinen MP3-Player auf volle Lautstärke stellte, um die abwehrenden Rufe nicht zu hören.

Nachdem ich in mein Zimmer zurückgekehrt war – auf dem Weg hatte mir noch eine Kollegin im Hasenkostüm drei Hasen in die Hand gedrückt, darunter einen, den ich vorhin erst gekauft hatte –, stellte ich fest, dass der mehrfach Gewickelte schon wieder auf mich lauerte, diesmal im Papierkorb. Ich musste zu drastischeren Abschreckungsmaßnahmen greifen.

Ich legte ihm eine Schlinge aus Paketschnur um den Hals und befestigte das andere Ende außen so am Türrahmen, dass der gehenkte Hase auf Augenhöhe baumelte. Obwohl ich dazu auf meinem Computer ununterbrochen und in voller Lautstärke das Thema aus «Spiel mir das Lied vom Tod» laufen ließ, sammelten sich vor meiner Tür bis zum späteren Nachmittag zwei weitere Hasen an.

Schließlich klingelte das Telefon. Der Chef. «Wir warten hier mit der Konferenz!», rief er.

«Entschuldigung», stotterte ich, «aber ich wusste nicht ...»

Die Konferenz bestand darin, dass der Chef jedem von uns einen anderen Osterhasen überreichte. Ich bekam einen großen mit grüner Latzhose und dümmlichem Lächeln; Christian, der neben mir saß, einen mehrfach gewickelten mit lädiertem Hals. Wir zückten unsererseits unsere mitgebrachten Osterhasen, aber der Chef erinnerte sich an einen wichtigen Termin, zu dem er in dieser Sekunde aufbrechen musste.

Zurück in meinem Zimmer, entsorge ich den Schwung neu eingetroffener Osterhasen im Fahrstuhl, ohne auf die lauten Proteste der Darinstehenden zu achten. Erst dann fiel mir auf, dass jemand den gehenkten Hasen an meiner Tür entfernt hatte. Ich erwog kurzzeitig, den mit der grünen Latzhose an meine Tür zu nageln, aber da kam Dr. Butterfass mit ein paar Besuchern aus Japan vorbei. Ich begrüßte die Gäste und behauptete, ich sei Mitglied des betrieblichen Osterkomitees.

«Unser lieber Doktor Butterfass ist eben zum Oster-Mitarbeiter des Monats gewählt worden», erklärte ich, «und deshalb haben alle Kollegen zusammengelegt und

ihm einen Osterhasen mit grüner Latzhose und dümmlichem Lächeln gekauft, den er nun ganz alleine aufessen darf!»

Butterfass warf mir hasserfüllte Blicke zu, aber die Japaner feuerten ihn händeklatschend an, bis er auch den letzten Brocken heruntergewürgt hatte.

Ich drapierte das zerfetzte Zellophanpapier vor meiner Zimmertür und konnte so tatsächlich weitere Hasenlieferanten auf Abstand halten; abgesehen von dem unbekannten Wahnsinnigen, dem es gelungen war, ein abgrundtief hässliches Hasenduo von außen – ich sitze im fünften Stock – auf mein Fensterbrett zu schmuggeln.

Vorsichtshalber verließ ich an diesem Tag als einer der Letzten das Büro.

Meine Liebste wartete unten am Empfang, um mich abzuholen. Vor ihr stand eine große Firmenumzugskiste.

«Du musst ja unheimlich beliebt sein», sagte sie ganz gerührt, «jeder, wirklich jeder, der hier rausgegangen ist, hat mir noch einen Osterhasen für dich mitgegeben!»

Der Pantoffelmann

Am Tag nach unserem Einzug s   ir im Wohnzimmer erschöpft vor dem Fe.   .r, als jemand begann, vor der Zimmertür auf und ab .u gehen: Trappschlurf, machte es, trappschlurf, trappschlurf.

Nach einer Überraschungssekunde sprang ich zur Tür und riss sie auf, seitwärts gewandt, um nicht zu viel Angriffsfläche zu bieten. Der Flur war leer.

Ich schnellte zur Schlafzimmertür und riss sie auf. Nichts.

Als ich schon auf dem Weg zur Küche war, mit der Rechten einen massiven Kleiderbügel umklammernd, fiel mir auf, dass die Schritte in unserem Flur weitertappten, obwohl ich niemanden sah: Trappschlurf, trappschlurf, trappschlurf.

«Es ist über uns», sagte meine Liebste, die mir gefolgt war.

Wir kehrten ins Wohnzimmer zurück und konzentrierten uns auf den Fernsehthriller, in dem ein Held – trappschlurf – versuchte, seinem maskierten Verfolger dadurch zu entkommen, dass er auf einem Motorrad durch die Pariser Metro raste – trappschlurf –, bis ihn ein zweiter Verfolger vom Motorrad riss, ihn in einen Faustkampf verwickelte und seine Nase an den Metroschienen blutig schlug. Trappschlurf.

«Ich halte das nicht mehr aus», sagte meine Liebste. «Was tut dieser Mensch da oben nur?»

«Er ist ins Wohnzimmer gegangen, vermutlich zu einem Schrank, hat etwas herausgeholt, ist zum Fenster gelaufen, hat ein paar Sekunden nach draußen geguckt und ist zurück zur Wohnzimmertür gegangen, wahrscheinlich um sie zu schließen. Dann ist er zu einem Sessel gegangen und hat sich hineinfallen lassen, möglicherweise um ebenfalls fernzusehen», sagte ich, ohne den Blick vom Fernseher zu heben.

«Ist das normal?», fragte meine Liebste empört.

«Mit Bergschuhen macht man das normalerweise nicht», sagte ich.

Wir kamen zu dem Schluss, dass dieses Wesen im oberen Stock höchstwahrscheinlich keine Bergschuhe trug.

«Um Himmels willen», sagte meine Liebste, «was für ein hellhöriges Haus.»

«Wir werden uns im Nu daran gewöhnen», sagte ich leichthin und entkorkte zur Feier des Tages eine Flasche kräftigen Rotwein.

Den Rest des Abends hörten wir keine Schritte mehr, erst als wir im Bett lagen, ging auch ES – trappschlurf, trappschlurf – ins Bett, das sich dem Anschein nach ziemlich genau über unserem befand.

Am nächsten Abend beim Abendessen hörten wir die schweren Schritte wieder. Trappschlurf, trappschlurf.

Wir sahen zur Zimmerdecke, wo noch keine Lampe hing, die hätte wackeln können, aber wir waren uns dennoch sicher, dass sich die Zimmerdecke leicht durchbog. «Sie muss hauchdünn sein», schauerte meine Liebste, «um Himmels willen, hoffentlich bricht niemand durch.»

Als wir es im Wohnzimmer nicht mehr aushielten, zogen wir uns in die Küche zurück und verbrachten den Rest des Abends auf Pappkisten kauernd. «Morgen», sagte meine Liebste, «morgen gehen wir hoch. Egal was das ist, ES muss seine Schuhe ausziehen!»

Als wir am nächsten Abend wieder trappschlurf, trappschlurf hörten, ging ich einen Stock höher, baute mich vor der Wohnungstür zu meiner vollen Größe auf und klingelte.

Es öffnete ein älterer Herr, der deutlich kleiner war als ich.

«Entschuldigen Sie», sagte ich, als ich mich von meiner Überraschung erholt und mich vorgestellt hatte, «wohnt noch jemand hier?»

«Nein», erwiderte der ältere Herr erstaunt. «Warum?»

Ich erzählte ihm, dass wir schwere Tritte gehört hatten.

Der ältere Herr schüttelte langsam den Kopf. «Ich habe so etwas nicht gehört. Aber wissen Sie, das kann schon sein: Dies ist ein hellhöriges Haus.»

Ich warf einen Blick auf seine Füße. Was er trug, sah aus wie ein Paar Holzpantoffel.

«Tragen Sie diese Schuhe öfter?», fragte ich.

«Das sind meine Hausschuhe», sagte er. «Warum?»

«Glauben Sie nicht», fragte ich vorsichtig, «dass Ihre Schuhe etwas laut sein könnten?»

«Ach, wissen Sie», sagte er lächelnd, «ich trage sie schon so lange, das kann ich mir nicht vorstellen. Haben Sie noch weitere Fragen? Gleich fängt nämlich die große Volksmusik-Parade an.»

«Ein netter alter Herr, aber er hat nicht verstanden, was du ihm sagen wolltest», sagte meine Liebste, die einen Stock tiefer im Türrahmen gelehnt und alles mitgehört hatte.

Am nächsten Abend ging sie mit nach oben.

«Ach, wie nett, kommen Sie doch rein», sagte der ältere Herr, als er uns sah, und ging trappschlurf, trappschlurf vor uns her in sein Wohnzimmer. Herr Blunz, so hieß er, öffnete einen Schrank und bot uns einen Orangenlikör an.

«Vielen Dank», sagte meine Liebste und zog einen Zettel aus der Tasche, «Sie waren ja heute ganz schön früh wach – um 6 Uhr 36 sind Sie erst dreimal im Schlafzimmer auf und ab, anschließend ins Bad, dann in die Küche gegangen. Sind Sie oft so früh auf?»

«Es kommt drauf an», sagte Herr Blunz. «Seit meine Frau tot ist ...»

«Dann sind Sie von der Küche zurück in den Flur gewechselt. Dort gingen Sie zweieinhalb Minuten fast auf der Stelle auf und ab», fuhr meine Liebste fort, trat zur Wohnzimmertür und deutete durch den Flur, «bis Sie irgendwann in dieses Zimmer dort hinten abbogen ...»

«Die Kleiderkammer», sagte Herr Blunz.

«... Sie verließen das Zimmer nach neun Minuten, gingen zurück in die Küche, setzten sich offenbar an einen Tisch, um nach elf Minuten wieder aufzustehen und dann, nach einem einminütigen Zwischenstopp im Badezimmer, ins Wohnzimmer zu gehen.»

«Ja, denn die Serienwiederholungen fingen an», sagte Herr Blunz unbeeindruckt freundlich.

«Wundern Sie sich nicht, woher ich das so genau weiß?», fragte meine Liebste. «Wir haben Sie ganz deutlich gehen gehört.»

Herr Blunz lächelte verbindlich.

«Wir hören jeden Ihrer Schritte», fuhr meine Liebste fort, «ob wir wollen oder nicht. Und dank Ihrer Holzhausschuhe hört man Ihre Schritte so laut, dass man sie bei aller Mühe nicht überhören kann. Zumal die Decke erbärmlich dünn ist.»

«Das können Sie laut sagen», sagte Herr Blunz, «das ist ein sehr hellhöriges Haus. Möchten Sie noch einen Likör?»

«Wann also», fragte ich, als ich den Likör heruntergestürzt hatte, «wann also werden Sie im Interesse eines harmonischen Nachbarschaftsverhältnisses neue, leisere Hausschuhe kaufen?»

«Neue Hausschuhe?», fragte Herr Blunz verwundert. «Ich habe diese Hausschuhe seit zehn Jahren und bin sehr zufrieden mit ihnen. Ich bin kein Mensch, der sich alle naselang etwas Neues kaufen muss.»

«Es gibt nur einen Weg», sagte die Liebste, als wir wieder in unserem Wohnzimmer saßen, während Herr Blunz weiter durch seine Wohnung trappschlurfte; er musste viermal aufs WC, ging dreimal in die Küche und zweimal zum Telefon. «Wir werden ihm schöne neue, leise Pantoffeln kaufen.»

Schon im ersten Geschäft fanden wir Pantoffeln mit einer so weichen Sohle, dass wir sie beim Probelaufen fast nicht hörten.

«Lieber Herr Blunz», schrieben wir auf eine Karte, «würden Sie uns einen großen Gefallen tun und die beiliegenden Hausschuhe ein paarmal probeweise in Ihrer Wohnung tragen? Sie werden sicher so begeistert sein wie wir!»

Wir stellten die Hausschuhe vor seine Tür und warteten.

Keine Veränderung. Auch am dritten Abend klang das Trappschlurf immer noch wie vorher. Mittlerweile hatten wir unseren Rhythmus dem von Herrn Blunz angepasst. Nach dem Nachhausekommen zogen wir uns nicht ins Wohn-, sondern ins Schlafzimmer zurück, das Herr Blunz bis zum Ins-Bett-Gehen nur gelegentlich aufsuchte. War es so weit, wechselten wir ins Wohnzimmer, um nach ihm schlafen zu gehen. Aber unser Schlafzimmer war klein, und Herr Blunz ging spät zu Bett, denn er hatte morgens keine Termine; im Gegensatz zu uns.

Deshalb schob ich es zuerst auf meine Müdigkeit, als ich beim Nachhausekommen einen unserer Nachbarn sah, der in Pantoffeln am Briefkasten stand. Unseren Pantoffeln.

«Die hat mir der alte Herr Blunz geschenkt», sagte er, als ich ihn ansprach. «Ich kaufe ab und zu für ihn ein. Geld habe ich immer abgelehnt, aber wenn man Pralinen oder Pantoffeln geschenkt bekommt, sagt man doch nicht nein. Und die sind saubequem, für die hat er sicherlich nicht wenig bezahlt.»

«37 Euro 99», sagte ich und verabschiedete mich.

Meine Liebste und ich kauften die besten Ohrstöpsel, die wir kriegen konnten. Allerdings konnten auch sie das Trappschlurf nicht komplett ausblenden. In einer der folgenden Nächte wurden wir sechs- bis siebenmal wach, weil Herr Blunz offenbar unter Verdauungsstörungen litt. «Wir müssen es noch einmal versuchen», brüllte meine Liebste mir durch die Ohrenstöpsel zu. «Und diesmal überreichen wir dem alten Sack die Pantoffeln persönlich!»

«Sie haben großes Glück», sagte der Verkäufer, den wir in unsere Not einweihten, «es gibt genau die Hausschuhe, die Sie suchen: Flüsterlatschen, mit superweicher Sohle aus abriebfreiem High-Tech-Material. Dazu ein ungeheurer Tragekomfort! Die Innovation auf dem Pantoffelmarkt.»

Wir bezahlten 99 Euro 35, aber ein Makler oder ein Auftragskiller wäre deutlich teurer gewesen.

«Vergessen Sie die lumpigen Pantoffeln, die wir Ihnen neulich geschenkt haben», sagten wir, als Herr Blunz die Tür öffnete, «es gibt noch viel bessere: High-Tech-Pantoffeln mit ungeheurem Tragekomfort. Die Innovation auf dem Pantoffelmarkt!»

«Aber ich bitte Sie, das kann ich nicht annehmen»,

lächelte Herr Blunz. «Ich habe doch noch meine alten ...»

«Doch», sagte meine Liebste, «wir bestehen darauf
– wollen Sie sie denn nicht probieren? Bitte!»

Herr Blunz fuhr in die Pantoffeln und glitt fast unhör-
bar seinen Flur entlang. Meine Liebste und ich wechselten einen kurzen Blick.

«Die passen wie angegossen, unglaublich, wie gut die
Ihnen stehen», rief die Liebste. «Lassen Sie sie am besten
gleich an. Sollen wir die alten runter zur Mülltonne mitnehmen ...?

«Aber machen Sie sich doch keine Umstände», sagte
Herr Blunz, «ich kann doch noch selber zur Mülltonne
gehen.»

Meine Liebste strahlte übers ganze Gesicht, als wir
wieder in unserer Wohnung waren. «Er hat angebissen»,
sagte sie.

Drei Tage später hörten wir das Trappschlurf noch
immer. Wir waren mittlerweile dazu übergegangen, unsere Abende auswärts, im Büro, bei Freunden, in Bars
und Kneipen zu verbringen, bis Herr Blunz mutmaßlich im Bett war. Am vierten Tag klingelten wir morgens
seinen Nachbarn heraus und verwickelten ihn in ein Gespräch über Pantoffeln.

«So ein Zufall, dass Sie davon anfangen», sagte er.
«Gestern war ich wieder bei Herrn Blunz, und wissen
Sie, was der in seiner Büchervitrine stehen hat? Ein Paar
Hausschuhe, High-Tech mit ungeheurem Tragekom-
fort, eine Revolution auf dem Pantoffelmarkt. Hat er
von irgendjemand geschenkt bekommen.»

«Warum ... warum trägt er sie nicht?», fragte ich.

«Er hebt sie auf, für besondere Anlässe», grinste der
Nachbar.

In einer Krisensitzung beschlossen meine Liebste und

ich, zum Äußersten zu greifen. Wir kauften ein weiteres, billiges Paar Pantoffeln, klingelten bei Herrn Blunz und baten ihn eindringlich, diese zu probieren, sie seien noch viel besser als die vorigen.

Kaum hatte Herr Blunz uns mit den neuen Pantoffeln am Fuß den Rücken zugedreht, ließ ich die alten Holzschuhe unter meinem Sakko verschwinden. «Unser Telefon!», riefen wir dann, eilten in unsere Wohnung und klebten schnell die vorbereiteten Filzeinlagen unter die Holzsohlen. «Oh, entschuldigen Sie», sagte ich, als Herr Blunz auf mein Klingeln wieder die Tür öffnete, «ich hatte Ihre Schuhe noch in der Hand …»

Dann standen meine Liebste und ich mit angehaltenem Atem im Wohnzimmer. Die Schritte über uns waren deutlich leiser.

«Endlich», sagte ich, da drang aus Blunz' Wohnung ein ohrenbetäubender Rums.

Als er aus dem Krankenhaus zurückkam mit Gipsbein und Krücken, hörten wir ihn – Klackwummschlurf – doppelt so laut wie vorher.

Der Senkelgänger

Wenn ich neue Schuhe brauche, warte ich normalerweise, bis irgendwo in der Stadt ein neuer
Schuhladen eröffnet, mit neuen Verkäufern, die mich
noch nicht kennen. Diesmal konnte ich nicht so lange
warten. Als schon wildfremde Menschen begannen,
mir schamlos auf die Füße zu glotzen, setzte ich die alte
Brille auf, die ich sonst nie mehr trug, und fuhr in ein
großes anonymes Schuhgeschäft am Stadtrand.

In der Herrenabteilung tat eine Verkäuferin, als sor-
tiere sie Schuhe. Erfreulicherweise kannte ich sie nicht.

«Ich brauche Schuhe», eröffnete ich und zeigte auf das
mir einzig verbliebene Paar, das ich trug. «Am besten
die gleichen wie diese hier.»

Sie sah längere Zeit auf meine Füße.

«Dieses Modell wird nicht mehr hergestellt», sagte sie
endlich.

Damit hatte ich gerechnet, das ist immer so; sobald
ich ein passendes Paar Schuhe finde, stellt die Schuhindustrie die Produktion dieses Modells ein, damit ich
wieder bei null anfangen muss.

«Haben Sie etwas Ähnliches?» fragte ich. «Ein Nach-
folgemodell?»

«Welche Größe?», fragte sie.

«Versuchen wir es mit 44», sagte ich und bemühte
mich, meine Stimme optimistisch klingen zu lassen.

«44», nickte die Verkäuferin, führte mich zu einem
Regal und zeigte auf einen Schuh, der meinem alten
Modell sehr entfernt ähnelte.

«Gefällt er Ihnen?» fragte sie.

«Das ist egal», sagte ich, «ich bin schon froh, wenn er passt.»

Sie lachte auf, in der Annahme, ich hätte einen Witz gemacht.

Ich zog meinen Schuh aus, schlüpfte in den Probeschuh, schnürte ihn zu und stand auf.

Es gibt Menschen, die ich rückhaltlos bewundere. Menschen, die auf Anhieb sagen können, ob ihnen ein Schuh passt. Ich kann das nicht, ich habe nicht das richtige Gefühl im Fuß.

«Und?», fragte die Verkäuferin, viel zu früh.

Ich machte ein paar erste, vorsichtige Schritte zwischen den Regalen auf und ab.

«Passt er?», fragte sie weiter.

«Ich weiß es noch nicht», erwiderte ich. «Ich habe ihn ja gerade erst angezogen.»

Sie schwieg, leichte Enttäuschung im Blick.

Ich fing an, gemessenen Schrittes um ein Regal herumzugehen, setzte mich, entspannte kurz mit kreisenden Bewegungen meinen Fuß und drehte eine zweite Runde in die Gegenrichtung.

Ich spürte – nichts. Keinen Schmerz, kein Scheuern, nichts Unangenehmes.

Ich vollzog zwei weitere Runden mit leicht erhöhter Geschwindigkeit. Ich fühlte noch immer nichts.

Ich lockerte die Schnürsenkel etwas, sicherheitshalber, damit meine Fußnerven richtig durchblutet wurden.

Nichts.

Nach der nächsten Runde bückte ich mich und drückte mit dem Daumen auf die Schuhkappe, um zu spüren, ob meine Zehen noch da waren.

«Zufrieden?» fragte die Verkäuferin, die mir gefolgt war.

«Ich weiß nicht», erwiderte ich. «Was meinen Sie?»

Sie lächelte und zuckte die Schultern. «Das kann ich Ihnen nicht abnehmen. Ob Sie sich in einem Schuh wohlfühlen, das können nur Sie selber merken.»

Ich kannte diesen Spruch; seit meiner Kindheit weigert sich die Schuhindustrie so, Verantwortung für ihre Produkte zu übernehmen.

«Soll ich Ihnen», bot die Verkäuferin schnell an, als sie mein Gesicht sah, «dazu den anderen Schuh bringen?»

«Ja bitte», sagte ich.

Auch der linke Schuh fiel mir nach drei Regalrunden nicht unangenehm auf, beide Schuhe zusammen bei drei weiteren Runden ebenso wenig. Zu meinem Leidwesen, denn sonst hätte ich das Paar guten Gewissens aussortieren und zum nächsten übergehen können.

«Wie fühlen Sie sich?», fragte die Verkäuferin, als ich mit gesenktem Kopf in die sechste Runde ging. Aus den Augenwinkeln bemerkte ich, dass sie unruhig von einem Bein aufs andere trat.

Bis dahin waren allerdings kaum fünfzehn Minuten vergangen. Jetzt schon zu behaupten, dass die Schuhe passten, wäre ein schrecklicher Fehler gewesen. Ich habe einen Kollegen, der seine Schuhe immer sehr schnell kauft und sie dann viele Abende vor dem Fernseher massieren muss, weil sie zu eng sind. «Ich kann es noch nicht sagen», erwiderte ich.

«Gibt es denn etwas, das Sie stört?», fragte die Verkäuferin, leichte Ungeduld in der Stimme.

Ich zuckte die Schultern.

Sie gab nicht auf: «Nur von der Tendenz: Ist der Schuh zu klein? Oder zu groß?» Ihr Tonfall ähnelte dem, in dem man mit einem Kind spricht. Kindern allerdings vermisst man im Schuhgeschäft sorgfältig die Füße, Erwachsenen hilft niemand.

«Ich versuche, es herauszufinden», beschied ich.

Nachdem ich die Schnürsenkel nachgezogen hatte – sie hatten sich um Nuancen gelockert –, drehte ich zwei neue Runden ums Regal und versuchte, systematisch zu überlegen: Ich hatte keine Schmerzen, was hieß, dass die Schuhe nicht deutlich zu eng waren. Andererseits rutschten die Schuhe auch nicht so sehr, dass ich sie fast verlor.

Aber vielleicht spürte ich all das auch nur in der Aufregung des Schuhkaufs nicht.

Mein Blick begegnete dem der Verkäuferin.

«Es ist schwierig», sagte ich.

Sie nickte und stieß geräuschvoll die Luft aus.

Ich begann eine neue Runde. Ich schloss die Augen. Ich versuchte, mich zu entspannen und zu vergessen, dass ich in einem Schuhgeschäft war. Ich dachte an grüne Bergwiesen und glückliche Kühe. Ich dachte an das schwarze Paar Schuhe, das ich vor ein paar Jahren angeblich passend gekauft hatte und das ich tags darauf mit blutigen Fersen und halb wahnsinnig vor Schmerzen einem kichernden Radfahrer hinterhergeworfen hatte.

Da. Da war es. Etwas Unbestimmtes am linken Fuß, fast unmerklich und nicht genau zu lokalisieren. Ein Druck? Ein Ziehen? Jedenfalls ein Indiz, dass diese Schuhe offenbar doch zu klein waren.

Ich schlug eine weitere Runde ein und horchte intensiv in mich hinein. Das Gefühl blieb. Und dann spürte ich noch etwas, etwas Hartes, an beiden Füßen und am Oberkörper zugleich.

Ich riss die Augen auf.

Es war das Regal.

Die Verkäuferin starrte mich an.

«Da ist etwas», sagte ich, «am linken Fuß, ich bin mir ziemlich sicher …»

«Ich bringe Ihnen die Schuhe eine Nummer größer», sagte sie erleichtert.

Ich achtete darauf, die 45er Schuhe nicht fester zuzuschnüren als vorher die 44er, um den Größenunterschied nicht zu verfälschen.

Dann drehte ich eine Regalrunde. Da war kein Drücken und kein Ziehen, es war ein herrliches Gefühl.

Ich drehte zwei weitere Runden, bevor mir etwas einfiel: Was, wenn diese Schuhe am Ende zu groß waren?

Ich hatte schon einmal Schuhe besessen, die sehr bequem waren, die sich aber trotz immer dickerer Einlegesohlen weiteten und die ich verlor, als ich eines Heiligabends in letzter Sekunde vom Bahnsteig in den Zug sprang; die Blicke der Mitreisenden demütigten mich fünfeinhalb Stunden lang.

Ich drehte drei Runden ums Schuhregal und warf meine Füße dabei schwungvoll so hoch wie möglich. Die Schuhe blieben am Fuß, mein Unbehagen jedoch wuchs.

«Wie fühlen Sie sich?», fragte die Verkäuferin, die mittlerweile Gesellschaft von zwei Kolleginnen bekommen hatte.

«Ich bin mir nicht ganz sicher, ob die 45er nicht doch zu locker sitzen», sagte ich schwer atmend.

Die Verkäuferin warf einen Blick auf die Uhr.

«Vor allem an den Fersen bin ich mir nicht sicher», präzisierte ich. In Ermangelung einer anderen Treppe ging ich zur Rolltreppe.

«Was haben Sie vor?», fragte die Verkäuferin, hinter mir herlaufend.

«Ich will überprüfen, ob meine Füße beim Treppensteigen aus den Schuhen herausschlüpfen», sagte ich. Die Verkäuferin sprang hinter mir auf die Rolltreppe.

Nachdem ich etliche Minuten gegen die fahrende Treppe angegangen war, erhärtete sich mein Verdacht, dass die Schuhe zu viel Spiel hatten.

«Und?», fragte die Verkäuferin leicht angenervt und noch atemlos von der Rolltreppe. «Sind Ihnen die Schuhe nun zu groß?»

«Was denken Sie?», fragte ich.

Ihre Gesichtsfarbe veränderte sich leicht.

«Nicht ich kaufe mir Schuhe», sagte sie heftig. «Sie kaufen Schuhe. Und wichtig ist, wie Sie sich fühlen!»

Ich bewegte mich auf ein Dilemma zu. Konnte es tatsächlich sein, dass mir die 45er zu groß waren, die 44er aber zu klein?

«Haben Sie diese Schuhe in einer Zwischengröße?», fragte ich.

«Nein, warum?» fragte die Verkäuferin.

Ich zog wieder die 44er an und umrundete das Schuhregal dreimal, ohne den Druck von vorhin zu spüren. Ich tauschte die 44er gegen die 45er, ging drei weitere Runden, ließ meine Füße kurz ausruhen und zog erneut die 44er an. Wieder war kein Druck da, was aber auch daran liegen konnte, dass meine Füße vom ständigen Probieren so abgestumpft waren, dass ich keine Schmerzen mehr spürte.

Ich zog die Schuhe aus und kniff mir mehrfach in beide große Zehen. Doch, ich spürte noch etwas.

Die Kolleginnen der Verkäuferin zogen sich hinter ein Regal zurück und begannen zu schnaufen und zu prusten.

«Wissen Sie nun endlich, welche Ihnen besser passen?», fragte die Verkäuferin mit bebender Stimme.

«Noch nicht ganz», sagte ich wahrheitsgemäß. «Es ist nicht leicht, und ich möchte nicht die falschen Schuhe kaufen.»

«Dann habe ich einen Vorschlag», sagte sie, ihre Stimme mühsam beherrschend. «Sie probieren hier in aller Ruhe weiter; wir haben noch etwa zwei Stunden geöffnet. Und falls Sie irgendwann wissen, welcher Schuh es sein soll, sagen Sie mir Bescheid!»

Sie wollte sich hastig entfernen.

«Bitte warten Sie», bat ich. Sie blieb widerwillig stehen.

«Ich hatte doch vorhin den Verdacht, dass meine Zehen in den 44ern etwas zu wenig Platz haben, vor allem im linken», sagte ich. «Könnten Sie als Expertin sicherheitshalber mal fühlen?»

Sie seufzte, kniete vor mir nieder und drückte mit dem Daumen auf den Schuhkappen herum.

«Sie haben jede Menge Platz», sagte sie, sich aufrichtend.

«An beiden Füßen?», fragte ich, «auch am linken?»

«Am linken haben Sie besonders viel Platz», sagte sie. «Sie können völlig unbesorgt sein. Wenn Sie mich entschuldigen würden: Ich hatte heute noch keine Nachmittagspause ...»

Aber ich war alles andere als unbesorgt.

«Heißt das, die 44er könnten am Ende nicht zu klein, sondern vielleicht sogar eine Spur zu groß sein?» rief ich ihr hinterher.

«Das kann ich mir nicht vorstellen», bellte sie über die Schulter zurück.

Um sicherzugehen, drehte ich vier Runden mit unterschiedlich fest angezogenen Schnürsenkeln. Dann zwei weitere, bei denen ich meine Füße erneut schwungvoll nach oben warf. Zum Schluss absolvierte ich den Rolltreppentest.

Wenn die 44er zu groß waren, waren sie so wenig zu groß, dass es nicht leicht zu merken war.

Ich beschloss, das durch eine letzte Gegenprobe abzusichern.

«Würden Sie mir diese Schuhe zur Sicherheit noch einmal in 43 holen?», fragte ich, als ich die Verkäuferin gefunden hatte; sie kauerte in der entferntesten Ecke der Abteilung hinter einem Schuhregal.

Sie warf mir einen verächtlichen Blick zu, als sie mir die 43er vor die Füße knallte.

Ich hatte Mühe, meine Füße hineinzuzwängen.

«Es sieht aus, als passten Ihnen diese Schuhe perfekt», sagte die Verkäuferin mit gespielter Euphorie. «Die Kasse ist gleich da hinten!»

Ich beachtete sie nicht.

Nach vier gehumpelten Regalrunden mit zusammengebissenen Zähnen zog ich wieder die 44er an. Die Verkäuferin trat mir in den Weg: «Also sollen es die 44er sein?»

«Eine Frage noch», sagte ich. «Kann es sein, dass mir diese Schuhe morgen oder übermorgen auf einmal viel schlechter passen als jetzt?»

Die Verkäuferin sah mich fassungslos an.

«Ich meine, kann es sein, dass meine Füße jetzt, zu dieser Tageszeit, gerade ungewöhnlich klein oder ungewöhnlich groß sind?», fügte ich hinzu.

«Es ist kurz vor neunzehn Uhr», herrschte sie mich an. «Das ist die beste Zeit, Schuhe zu kaufen, denn der Fuß ist vom vielen Herumgehen am Tag am größten.»

«Ich habe einen eher sitzenden Beruf», erklärte ich. «Ich gehe tagsüber nicht so viel herum wie beispielsweise ein Bauarbeiter ....»

«Das macht gar nichts», zischte sie, «Sie sind ja schon seit Stunden hier und rennen um dieses Schuhregal!»

«Sie meinen also, diese Schuhe passen mir?», fragte ich.

«Ich sagte: Sie haben genug Platz», schrie sie. «Ob Ihnen die Schuhe passen, das können nur Sie selber beantworten! Kapieren Sie endlich?»

«Ich habe aber etwas schwierige Füße», sagte ich, «und wäre Ihnen dankbar für einen kleinen Tipp …»

«Ich darf Ihnen keine Kaufempfehlung geben», schluchzte sie, «aus rechtlichen Gründen. Aber ich kann Ihnen anbieten, dass Sie diese dämlichen Schuhe mit nach Hause nehmen. Sie können Sie zu Hause tragen, Sie können die ganze Nacht überlegen, ob sie passen, zusammen mit Ihrer gesamten Familie. Sie können auch noch drei weitere Tage und Nächte überlegen. Und wenn die Schuhe nicht passen, dann bringen Sie sie zurück!»

«Nein danke», sagte ich und dachte an meine Liebste, die niemals log, die aber behauptet hatte, sie sei krank, nur um nicht mit mir in dieses Schuhgeschäft zu müssen. Ich musste selbst zu einer Entscheidung kommen, zumal meine Finger schon blutig vom vielen Zuschnüren waren.

«Ich nehme die 44er», sagte ich.

Die Verkäuferin ließ das Taschentuch sinken, mit dem sie ihre Tränen abgewischt hatte.

«Danke», sagte sie. «Ich bringe Sie zur Kasse.»

«Einen Moment», sagte ich und sah auf meine Füße. «Diese Schuhe wirken ja bereits ein bisschen mitgenommen, vermutlich haben die schon viele Kunden anprobiert …»

«Überhaupt kein Problem», sagte die Verkäuferin und zückte ihr Handy, «ich lasse Ihnen ein nagelneues Paar zur Kasse bringen. Gehen wir! Los!»

Ein Spalier von Verkäuferinnen verfolgte mit angehaltenem Atem, wie ich an der Kasse meine neuen Schuhe in Empfang nahm und dem Kassierer meine Kreditkarte reichte.

Und dann, gerade noch rechtzeitig, fiel mir etwas Wichtiges ein.

«Sagen Sie», fragte ich die Verkäuferin, «sollte ich die neuen Schuhe nicht schnell noch mal anprobieren?»

Wie gefällt dir meine neue Tasche?», fragte meine Liebste und deutete auf ihren Arm, an dem etwas Silbernes baumelte.

«Prima!», sagte ich etwas kurz, denn wir näherten uns unserer Haustür, und ich trug in beiden Händen schwere Einkaufstüten.

«Habe ich mir gestern gekauft», sagte meine Liebste und schlenkerte die Handtasche hin und her. «Meine alte rote war seit langem hoffnungslos zu klein.»

«Oder du hattest zu viel drin», sagte ich.

Meine Liebste öffnete schon den Mund, um das entschieden abzustreiten, als wir vor unserer Haustür ankamen.

«Moment», sagte sie, «der Schlüssel, warte … »

Sie griff in ihre neue Handtasche, suchte und zog ihre Hand leer heraus. Sie legte die Stirn in Falten. Sie griff mit der anderen Hand in die Handtasche. Vergeblich.

«Warte», sagte sie, denn ich wollte schon die Einkaufstüten abstellen und meinen eigenen Schlüssel aus der Tasche ziehen, «warte doch, ich habe ihn schon!»

Sie nahm ihre Handtasche von der Schulter, hielt einen Henkel mit dem Kinn und durchwühlte sie mit monotonen Bewegungen, so ähnlich, wie eine Katze sich ein Klo gräbt. Schließlich setzte ich die Tüten doch ab, rücksichtsvoll bemüht, nicht zu seufzen. «Soll ich … »

«Nicht nötig», unterbrach meine Liebste eindringlich, «er muss irgendwohin gerutscht sein, einen Augenblick nur … »

Als sie beim dritten Wühldurchgang war – mittlerweile waren zwei Nachbarn mit hilfsbereitem Blick vorbeigekommen –, zog ich sanft meinen Schlüssel aus der Tasche und schloss auf.

«Ich verstehe das nicht», sagte meine Liebste im Fahrstuhl, immer noch wühlend, «ich weiß genau, wie ich ihn eingesteckt habe …»

«Möglicherweise liegt es an deiner neuen Handtasche», sagte ich. «Kann es sein, dass sie etwas zu – voll ist?»

Meine Liebste warf mir einen beleidigten Blick zu.

Auch mit ihrer vorigen Handtasche, der kleinen roten, hatte es schon Vorfälle gegeben. Etwa die Kreditkarte, die nicht auffindbar war, als wir in London an der Rezeption standen und das Hotel bezahlen wollten. Stattdessen hatte sie alte Kinokarten, zerbröckeltes Aspirin, ein Haarshampoo, einen abgelaufenen Müsliriegel und den Flaschenöffner aus dem Hotelzimmer hervorgeangelt, unter dem genervten Blick des Rezeptionisten.

«Ist eigentlich die Kreditkarte wiederaufgetaucht?», fragte ich, als die Liebste ihre Tasche auf den Küchentisch gestellt und den Schlüsselbund mit einem Handgriff herausgefischt hatte.

«Schau!», sagte sie und hielt eine kleine Plastikhülle hoch. «Ich habe meinen Führerschein wiedergefunden, ist das nicht toll?»

«Toll», sagte ich und sah fassungslos zu, wie sie den Führerschein wieder in die Handtasche gleiten ließ. «Warum machst du das? Du hast ihn doch gerade erst gefunden!»

Sie sah mich verständnislos an. «Ich muss ihn schließlich dabeihaben. Und es ist genug Platz in der Tasche.»

Meine Liebste arbeitete heftig daran, das zu ändern. Allein an einem einzigen Morgen ließ sie vor meinen Augen ein Deo, eine Sonnenmilch, ein Parfum und eine

Ersatzhalskette in der Handtasche verschwinden und fügte in der Küche noch eine Packung Studentenfutter, Kekse und ein kleines Mineralwasser hinzu.

«Es geht mich zwar nichts an», sagte ich, «aber warum schleppst du unseren halben Badezimmerschrank und ein Mittagessen mit dir herum?»

«So viel ist es nun auch nicht», sagte sie.

«Doch», insistierte ich, «das wäre so, als würde ich in meine Laptoptasche zusätzlich meinen Rasierapparat, mein Aftershave, eine Ersatzuhr, ein paar Tafeln Schokolade und eine Flasche Cola quetschen. Du brauchst das ganze Zeug doch gar nicht!»

Meine Liebste lächelte überlegen. «Wenn ich es nicht bräuchte, würde ich es doch nicht mit mir herumtragen!»

In nächster Zeit häuften sich die Vorfälle.

Da war der Geldautomat, an dem meine Liebste heftig wühlend ihre EC-Karte suchte, während die fünf Wartenden hinter uns die Augen verdrehten und ich alles, was beim Suchen aus der Tasche fiel – eine Handvoll Tampons, ein Joghurtlöffel und ein mumifizierter Apfel –, hastig aufsammelte. Schließlich zog ich auch Geld, bevor man uns vom Kassenautomaten wegdrängte.

Da war das Rezept für ein Heuschnupfenmittel, das meine Liebste in der Apotheke nicht finden konnte, weswegen sie zurück zum Arzt ging und sich ein weiteres ausstellen ließ. Aber zurück in der Apotheke, fand sie auch das Neue nicht. Da der Arzt sich weigerte, ihr ein drittes auszustellen, kam sie abends ohne Heuschnupfenmittel nach Hause, kippte ihre Tasche auf dem Sofa aus und fand beide Rezepte in Sekunden.

«Was für ein Unsinn», sagte sie, als ich ihr riet, künftig immer eine große flache Schale mitzunehmen, in die sie ihre Tasche direkt im Geschäft oder am Geldautomaten auskippen könnte. «Ich finde doch alles, was ich brauche!»

Und dann kam kurz darauf der Anruf meiner Liebsten. Sie war einkaufen, und ihre Stimme klang bedrückt.

«Ich bin im Laden an der Ecke», sagte sie. «Und ich finde meinen Geldbeutel nicht. Komm schnell!»

Sie stand mit rotem Kopf vor der Kasse; der stämmige Filialleiter, der uns sonst immer freundlich grüßte, versperrte breitbeinig und mit bissigem Blick den Ausgang.

«Wurde aber auch Zeit!», pampte er, als ich ankam.

Unter hasserfülltem Gemurmel der schlangestehenden Gaffer löste ich meine Liebste aus.

«Warum nimmst du beim nächsten Mal nicht einfach den größeren Geldbeutel?», fragte ich, nachdem sie zu Hause auf dem Sofa den kleinen Geldbeutel gefunden hatte.

«Aber der größere», sagte meine Liebste, «ist doch fast so groß wie die ganze Handtasche.»

«Eben», sagte ich, «den findest du sofort!»

Meine Liebste beobachtete, wie ich den mumifizierten Apfel unter einem Berg von Notizzetteln, einer Gefriergeräte-Gebrauchsanweisung, einem Schreiben der Bank zur Jahrtausendwende und einem nicht eingelösten vergilbten Lottoschein hervorzog und nachdrücklich zur Seite legte.

«Vielleicht hast du ja Recht», sagte sie.

Am nächsten Tag war ich beruflich unterwegs. Als mich die Liebste abends vom Flughafen abholte, starrte ich sie ungläubig an. Das heißt nicht sie, sondern die Handtasche, die sie trug. Sie war blau. Und deutlich größer als die silberne.

«Die habe ich heute Mittag gekauft», sagte meine Liebste nebenbei. «In der silbernen war viel zu wenig

Platz, allein für den großen Geldbeutel. Keine Sorge, sie war ein echtes Schnäppchen.»

«Du weißt, ich mache mir wegen etwas anderem Sorgen», sagte ich. «Diese Tasche ist noch viel größer als die andere.»

Sie lachte.

«Komm, so groß ist sie nun auch nicht. Ich habe es heute gleich ausprobiert: Ich habe mir neue Hausschuhe gekauft und sie problemlos unterwegs wiedergefunden.»

«Hast du es auch mit der Kreditkarte probiert?», erkundigte ich mich.

«Die suche ich bei Gelegenheit raus», sagte sie.

Wir waren mittlerweile beim Auto angekommen, und sie begann, nach dem Autoschlüssel zu wühlen. Vor Wochen hatte ich an ihrem Schlüssel einen gehörigen Klotz aus Holz befestigt, aus sehr leichtem Holz, in der Hoffnung, dieses würde in der Tasche oben schwimmen. Meine Hoffnung erfüllte sich nicht; auch als ich nach geschlagenen fünf Minuten selber zu suchen begann, fand ich nur einen Glasengel, eine Faksimileausgabe von Winnie-the-Pooh und einen neuen Hausschuh.

«Der andere muss auch noch irgendwo sein», sagte meine Liebste, «ich hatte noch keine Zeit, sie auszupacken ...»

«Natürlich nicht», sagte ich, «lass uns zurück in die Ankunftshalle gehen und diese verdammte Tasche auskippen!»

Der leere Lufthansa-Counter war ziemlich groß und reichte knapp für den Tascheninhalt. Als Erstes kollerte mir der mumifizierte Apfel entgegen. Ich warf ihn mit Nachdruck in einen Mülleimer und deutete auf ein paar von Gummibärchen zusammengehaltene Papiere. «Warum schleppst du all diese Kassenbelege mit dir herum?»

«Ich hebe sie nur in der Tasche auf, bis wir uns einen Aktenvernichter kaufen», sagte meine Liebste, «darüber wollte ich bei Gelegenheit mit dir sprechen.»

Ich stieß ein schrilles Lachen aus und riss den abgelaufenen Schokoriegel auf, den ich gefunden hatte, denn ich hatte starken Hunger.

«Was suchen Sie da?», fragte eine Stimme hinter uns. Es war ein Zollinspektor.

«Sie werden es nicht glauben», stotterte ich, «aber …»

«Ich glaube Ihnen, ich kenne das», nickte er. «Also: Was ist in der Handtasche verschwunden?»

Er hatte ein geschultes Auge, nach kaum einer halben Minute hatte er unseren Autoschlüssel ausfindig gemacht.

«Behalten Sie ihn unbedingt in der Hand, bis Sie am Auto sind», raunte er mir zum Abschied zu. «Ich habe am Schlüssel meiner Frau einen Piepser befestigt, damit man ihn leichter orten kann …»

Auf der Heimfahrt legte ich meiner Liebsten ultimativ nahe, den Tascheninhalt zu reduzieren. «Ich mache mir sonst Sorgen», schloss ich, «Sorgen, dass du irgendwann alleine nicht mehr zurechtkommst!»

Nach kurzem Nachdenken schlug meine Liebste vor, eine zweite, kleinere Innentasche anzuschaffen, für Gegenstände, die man besonders schnell finden müsse.

Ich rang die Hände. «Dann wird die Tasche nur noch schwerer! Denk an deine Wirbelsäule!»

Meine Liebste sagte, das sei kein Problem; seit sie immer zwei, drei Bücher für die U-Bahn eingesteckt habe und diesen Wasserkocher, den sie ihrer Mutter schenken wolle, fahre sie sowieso lieber mit dem Taxi.

«Aber warum?», rief ich. «Warum nur musst du ständig den sinnlosesten Krimskrams mit dir herumschleppen?»

«Krimskrams?», rief sie. «Wenn wir ins Kino gehen, bist du doch ganz dankbar, dass ich deine Brille in meine Handtasche packen kann.»

«Das würde ich nie wieder tun», rief ich schaudernd. «Wo ist eigentlich meine Brille?»

«Ich suche sie bei Gelegenheit raus», sagte meine Liebste.

In der kommenden Woche beobachtete ich, dass sich auch die blaue Tasche unerbittlich füllte, trotz ihrer Größe sogar noch schneller als die Taschen vor ihr. In wenigen Tagen, das ließ sich ganz einfach errechnen, würde meine Liebste wieder eine neue, größere Tasche kaufen.

In dieser Nacht träumte ich, dass sie sich eine gigantische rosafarbene Handtasche auf Rädern zulegte, die ich hinter ihr her durch die Fußgängerzone zerren musste, zum Gespött aller männlichen Passanten.

Als ich am nächsten Abend nach Hause kam, stand im Flur eine nagelneue, riesige lilafarbene Handtasche. Meine Liebste kam bestürzt auf mich zugelaufen.

«Meine blaue Tasche», sagte sie mit roten Augen, «meine blaue Tasche ist weg, mit allem, was drin war. Ich habe schon überall in der Wohnung gesucht, ich habe im Handtaschenladen angerufen, bei der Taxizentrale, nirgends eine Spur. Was soll ich nur machen?»

Ich nahm sie tröstend in den Arm. Ich hatte Mühe, meine ungeheure Erleichterung zu verbergen. Meine Liebste würde Monate brauchen, um wieder so viel Kram zusammenzukriegen.

«Du hast schon alles versucht; mehr kann man nicht machen», sagte ich sanft. «Komm, ich lade dich zum Essen ein. Soll ich die kleine rote Handtasche aus dem Handtaschenschrank holen?»

Als ich die große lila Handtasche schulterte, um sie wegzuräumen, fiel mir auf, dass sie ziemlich schwer war.

Ich linste unauffällig hinein. Dort war die blaue Handtasche.

Meine Liebste wird es nie erfahren.

Lass uns Feinde bleiben

Für Sarah würde Tim alles tun: Er raucht nicht mehr, kocht vegetarisch, ist offen für Feng Shui und Tango.Kein Wunder, dass Sarah kurz darauf einen neuen Freund hat, einen ganzen Kerl. Tim wird klar: Er muss aufhören, nett zu sein. Doch wo lernt man so was? Und wie fies muss ein Mann sein, damit die Frauen ihn unwiderstehlich finden? rororo 25494

«Sebastian Schnoy ist erfrischend unkorrekt.»
Frankfurter Allgemeine Zeitung

Heimat ist, was man vermisst

Immer wieder suchen die Deutschen ihr Glück im Ausland: als trottelige Auswanderer, die mit drei Worten Englisch Currywurstbuden an der Costa Brava eröffnen, oder sie träumen vom romantischen Leben als Winzer in der Provence. Wir sind unglaublich international, aber was bedeutet Heimat für uns? rororo 62647

Smørrebrød in Napoli

Warum ist Norwegen das Saudi Arabien des Nordens? Warum geben Weißrussland, die Ukraine und Ex-Jugoslawien Deutschland so wenig Punkte beim Eurovision Song Contest? Sebastian Schnoy erklärt temporeich Geschichte und Macken der europäischen Völker. Wo Europa draufsteht ist Lebenskultur drin. rororo 62449

Weitere Informationen in der Rowohlt Revue *oder unter* www.rororo.de

Stefan Schwarz

Hüftkreisen mit Nancy

Roman

ISBN 978-3-87124-674-3

«Stefan Schwarz ist ein bisschen wie Axel Hacke. Nur eine ganze Ecke jünger, experimentierfreudiger und, nun ja, dreckiger.» Rheinische Post

Unser Held ist in Not: Zehn Jahre verheiratet, zwei Kinder, hat er immer häufiger das Gefühl, sich in einer Sackgasse zu befinden. Er beschließt zu handeln und zunächst die Bewunderung seiner Frau zurückzugewinnen. Er begibt sich also ins nächstgelegene Fitnessstudio, um dort leider auf Nancy zu treffen. Angesichts der fleischgewordenen Versuchung überdenkt er seine Zukunft in zwei Varianten: als alter Sack an der Seite der schönen blutjungen Nancy oder als künftig verantwortungsvollerer, interessanterer, charmanterer, erotischerer Ehemann seiner Frau. Aber lesen Sie selbst!

B 220-1